Warum wir von Beethoven erschüttert werden und andere Aufsätze über Musik

herausgegeben von Peter Schleuning

Verlag Roter Stern

© 1978 Verlag Roter Stern
Postfach 180147, Frankfurt am Main
Alle Rechte vorbehalten
1. Auflage
ISBN 3–87877–094–4

Bitte fordern Sie unseren kostenlosen Almanach an!

Schleuning (Hrsg.) · Warum wir von Beethoven erschüttert werden

Inhalt

Ein paar Gedanken zum Anfang 1

Peter Schleuning
Deponite potentes de sede! Stoßt die Mächtigen vom Thron!
Ein Bach-Zitat in Hanns Eislers Musik zur „Mutter". . 75

Peter Schleuning/Hans-Peter Graf
Flöte und Akkordeon
Zur Soziologie des Instrumentenbaues im 19. Jahrhundert 95

Freia Hoffmann
„Gewaltig viele Noten, lieber Mozart!"
Über die gesellschaftliche Funktion von Musikeranekdoten 165

Renate Brandmüller/Bernward Bücheler/Mechtild Fuchs/Werner Fuhr
Musik am Arbeitsplatz 207

Wolfgang Martin Stroh
Moses und Aron
Dramatische Konstellation 235

Wolfgang Martin Stroh
Tausch- und Gebrauchswert elektronischer Musikinstrumente 257

Anmerkungen 281

Zu den Autoren 292

Ein paar Gedanken zum Anfang

Inzwischen sind Erlebnisse wie das folgende ziemlich selten, machen mich aber noch genau so traurig wie vor fünf Jahren. Frauke, eine Musiklehrerin, besuchte mich und erzählte mir von allerhand Problemen, die sie bewegen. Wir besprachen dies und das, tranken Wein, und es war eine sehr offene und freundliche Atmosphäre. Ich war sehr friedlich und fühlte eine Vertrautheit zwischen uns, die mir den Mut gab, Frauke etwas zu fragen, um das ich schon lange niemand mehr angegangen hatte: „Hast du nicht Lust, mit mir eine Bach-Sonate zu spielen? Du bist doch Pianistin!" (Ich bin Flötist, mache jeden Vormittag Tonübungen, um dann allein die Solostimmen von Sonaten und Konzerten zu spielen, die ich früher mal an der Musikhochschule geübt habe.) Die Reaktion von Frauke war ein großer Schreck, ein Zurückzucken: „Nein, nein, bloß nicht! Da bin ich wirklich zu befangen irgendwie! Ich kann das nicht einfach so."

So ist es, wenn man als Musiker zum Linken geworden ist und dabei nicht seine musikalische Naivität verloren hat, wenn man gerne Musik macht und hört, auch „klassische". Da ist man fast immer allein, denn fast alle anderen haben sich das Musikmachen austreiben lassen. Ja, gerade mit ihnen, die sich so viel Gedanken übers Musikmachen gemacht haben, kann ich jetzt keine Kammermusik mehr spielen. Und mit Leuten, die sich überhaupt nichts denken und nur „Schönheit" und „Größe" empfinden, kann ich auch keinen Telemann, Bach, Mozart, Beethoven, Reger oder Ibert mehr spielen.

Ich wäre musikalisch ein Einsiedler, wenn es nicht etwas so Fantastisches gäbe wie freie Gruppenimprovisation, die ich mit ein paar Bekannten betreibe, darunter auch Bernward und Renate, die an dem Aufsatz über Musik am Arbeitsplatz mitgearbeitet haben. Da erfindet und spielt man mit anderen zusammen, mal mit selbsterfundenen, mal ganz ohne Regeln, immer aufmerksam, was die anderen gerade erfinden, was man damit anfangen kann . . . Eine tolle

Erfahrung, zumal sie auch die Notwendigkeit der Diskussion und Kritik der eigenen Produktionen einschließt und die Möglichkeit zur Herstellung und Aufführung politischer Musikprogramme bietet.

Aber es ist eben nicht die einzige Erfahrung, die ich als traditionell ausgebildeter Musiker machen möchte. Wie andere mit Lust und Kritik historische Sachen wie Schillers „Räuber" hören, lesen und diskutieren, will ich das entsprechend auch mit Stücken von Bach und Beethoven tun. Aber daraus wird vorerst nichts!

Für so etwas fehlt noch die kollektive Basis. Und deshalb ist es auch nicht möglich für mich, meine positiven Haltungen zur „klassischen" Musik im Schreiben von Aufsätzen darzustellen. Das ist zu gefährlich und fallenreich, bedarf auch unbedingt einer breiten Erfahrung mit anderen Leuten. Nein! Ich will und könnte im Spielen deutlich machen, was ich gut finde. Nur ist diese Möglichkeit im Moment sehr verstellt.

Was ich Kritisches denke zur traditionellen Musik, könnte ich vielleicht auch beim Spielen klarmachen, z. B. so, daß ich vom Notentext abweiche, Satirisches, Kritisches, Ironisches, Zitate zusetze usw. Aber da gibt es kaum praktische Erfahrungen. Auch die müßte man zusammen machen, etwa auch in einer Improvisationsgruppe, die nicht das Spiel nach Noten scheut. Einstweilen ist es mir aber nur möglich, meine kritischen Gedanken und Fragen zur traditionellen Kunstmusik schriftlich zu äußern. Und meine positiven Gefühle und Gedanken kommen dabei kaum zum Ausdruck. Das ist ein Dilemma.

Beispielsweise höre ich gerne, wenn auch nicht sehr oft, Musik von Beethoven, vor allem seine Sinfonien. Das wird von dem Text her, den ich über Beethoven und seine Hörer geschrieben habe, nicht ohne weiteres deutlich sein. Vielleicht wird jemand sogar auf den Gedanken kommen, ihn dazu zu benutzen, das Hören von Beethoven einzustellen oder als „kleinbürgerlich" zu diffamieren. Das wäre ganz falsch. Ich habe da nur eine Seite meines widersprüchlichen Verhältnisses zu Beethovens Musik dargestellt, die auf jeden Fall ihre Berechtigung denen gegenüber hat, die zu unkritischer Verherrlichung neigen. Was ich an Beethovens Musik gut finde, kann ich in dem Aufsatz nur ganz am Rande deutlich machen. Das würde ich gerne auf der Flöte deutlich machen!

Das Verhältnis zu dieser Musik ist ähnlich kompliziert und widersprüchlich wie das zu Eltern. Immerhin habe ich sowohl die Zuneigung zu Beethovens Musik von meinem Vater übernommen (er spielte, als ich klein war und abends im Bett lag, Beethoven-Klaviersonaten) als auch den Anlaß zu ihrer kritischen Betrachtung (er hört versunken und erschüttert zu, will über Unebenheiten und Widersprüche nicht so gern reden). Vieles über Haltungen zur Musik, was mich aufmerksam und kritisch gemacht hat, habe ich an ihm beobachtet, und es hat mich, eben weil er mein Vater ist und ich sein Sohn, doch recht unruhig gemacht und langfristig beschäftigt.

Auch finde ich Eislers Musik weitgehend sehr brauchbar. Mein Aufsatz soll das nicht verdecken, sondern kritische Stellen bei Eisler deutlich machen und die besinnungslose Lobhudelei über Eislers Dienst an der Arbeiterklasse, seine Solidarität, Stärke usw. relativieren.

Und schließlich spiele ich auch sehr gerne Flöte, und zwar auch die elitäre Musik, die durch die Entwicklung der „Boehm-Flöte" erst möglich wurde und anderen so schwer zugänglich ist, die keine professionelle Ausbildung haben wie ich.

Aber: Ich glaube, daß jemand, der auch gerne Beethovenmusik hört, auch gerne Eisler singt, auch gerne Flöte spielt, einen besseren Zugang zu den schwierigen und widersprüchlichen Punkten dieser Dinge hat, als jemand, der alles von vornherein als bürgerlich abtut, von den Sachen folglich nichts in sich hat und erkennt, deshalb auch keine überzeugende Kritik zu Stande bringen kann. Ich möchte ja niemand diese Sachen vermiesen, sondern auf kritische Punkte aufmerksam machen, durch deren Überdenken sich vielleicht die Haltung oder gar die Praxis ändern könnten. Diese Meinung scheint auch Wolfgang Strohs Aufsatz über Moses und Aron zu Grunde zu liegen.

Nicht so ist es aber offensichtlich bei den Beiträgen

über E-Orgel-Werbung, Musikeranekdoten und Musik am Arbeitsplatz. Da ist eine andere Ebene erreicht, die nicht mehr ein verständnisvolles Herumanalysieren mit Einerseits-Andererseits zuläßt. Hier werden nicht schädliche und möglicherweise nützliche Seiten abgewogen, sondern diese Phänomene als reine Ausprägungen indoktrinierenden und unterdrückenden Umgangs mit Musik beschrieben.

Ein Linker kann vielleicht gerne Beethovens Musik hören. Kann er auch eine Anekdote über Beethoven und Goethe erzählen, wenn er mit weniger musikbeflissenen Freunden beim Wein sitzt? Ein Linker kann vielleicht gerne Eisler-Lieder singen. Könnte er es befürworten, daß in DDR-Betrieben gedämpfte Eisler-Chöre aus dem Lautsprecher dringen – ein hoffentlich nur erfundenes Beispiel? Ein Linker kann vielleicht gerne Flöte spielen. Könnte er jemand eine Flöte mit dem Argument anpreisen, das Instrument verschöne die Wohnung, wenn man es waagerecht zwischen Revox-Maschine und Picasso-Druck aufhänge? Es gibt da schon Grenzen.

Aber es gibt auch Grenzüberschreitungen, die zumindest ich nicht für möglich gehalten hätte, z. B. bei einem Dirigenten, also jemandem, der mit dem Taktstock einem Instrumentalkörper Stücke eintrainiert und sie, mal freiwillig, mal unfreiwillig, einem zahlenden Publikum vorspielen läßt. Das erscheint den meisten mit „linkem" Bewußtsein unvereinbar. Aber man kann das Proben der Stücke zu einer Gruppendiskussion machen, nur bestimmte Stücke spielen, sich nur an bestimmte Publikumskreise wenden, die auch nicht immer zu zahlen brauchen.

All das hat Fabio Schaub angestrebt, ehe er mit 27 Jahren im September 1975 starb. Er war auch Mitglied der Freiburger Improvisationsgruppe. Alle Mitarbeiter dieses Bandes haben ihn gekannt, und über viele Beiträge ist mit ihm diskutiert worden (Sie sind alle in den Jahren 1973/74 entstanden). Zu einem davon, dem über Eisler, hat er den Anstoß gegeben. Denn er kannte, weil er in seinem widersprüchlichen Dirigentenberuf ständig auf der Suche nach linker Musik war, Eislers Musik viel früher und viel besser als wir. Um 1971 spielte er mir vom Band die Kantatenfassung der „Mutter" vor, von der er auch kurz vor seinem Tod in Italien noch eine Plattenfassung einstudiert und dirigiert hat.

Er hätte sich nie damit begnügt, seine kritische Haltung zu mancher Musik in Aufsätzen niederzuschreiben und seine positive Haltung in isolierter Beschränktheit oder beim Gruppenimprovisieren zu finden – wie ich es mache. Er hat versucht, trotz des Konzertbetriebes sich auf die Musik zu konzentrieren, die er politisch richtig fand, z. B. Eisler oder Gruppenimprovisation, und sie auch praktisch zum Klingen zu bringen.

In einer einundhalbstündigen Sendung unserer Gruppe im Südwestfunk III konnte man ihn als unwahrscheinlichen Stimmimprovisator hören („Mutter wirft ihr Kind aus dem Fenster. Improvisationen mit Stimmen und Instrumenten gegen die Dummheit in der Musik" war der Titel dieser Sendung vom 22. 6. 74, die später auch im WDR III lief). Sein Dirigieren kann man auf der italienischen „Mutter"-Kassette anhören (Vedette Editoriale Sciascia Rozzano/Mailand).

Als ich Fabio Schaub 1972 bei seinen Eltern in der Nähe von Lugano besuchte, sahen wir im Fernsehen einen Verdi-Film, in dem der Pianist Muzio Clementi als geckenhafter Dummkopf dargestellt wurde. In diese Szene hinein sagte der Vater von Fabio, der den ganzen Abend über kaum ein Wort gesagt hatte: „Muzio parla col prepuzio!" (Muzio spricht mit der Vorhaut!) Über diesen Ausspruch hat Fabio noch stundenlang und noch Jahre später ungeheuer gelacht. Er sagte, er hätte ihn auch als Musikerwitz so gut gefunden.

Freiburg, Dezember 1976

Peter Schleuning

Peter Schleuning

Warum wir von Beethoven erschüttert werden

Gründe und gesellschaftliche Folgen des Siegeszuges „absoluter" Instrumentalmusik seit Beethoven

1. Eine Peanuts-Geschichte

Von diesem Kampf und seinen sozialen Bezugspunkten handelt der folgende Aufsatz.

2. Herrschaft der Vokalmusik im Feudalismus

Seit dem Beginn der abendländischen Kunstmusik, also dem Beginn von Komposition, Notenschrift und Musiktheorie um 800 nach Christi Geburt, war die Vokalmusik für lange Zeit die herrschende Musikart. Denn der erste und dann noch lange bestimmende Anlaß und Zweck der Kunstmusik war die Verschönerung und Schmückung der Worte im Gottesdienst. Der Text bestimmte Dauer und Struktur der Musik, was auch für die ab dem 12. Jahrhundert entstehende weltliche Kunstmusik galt. Diese Bevorzugung der Vokalmusik hatte bis in die Zeit des Feudalismus ihre Gültigkeit, und es scheint, daß Kirche oder Hof in der Struktur der Vokalmusik Möglichkeiten sahen, die ihrem Anspruch einer zentralen und unmißverständlichen Herrschaft sehr entgegenkamen.

Denn in der Vokalmusik wird uns durch Titel und Text klar bedeutet, um welche Gefühle und Gedanken es geht. Wir werden innerlich festgelegt. Selbst wenn beispielsweise ein Oratorium mit einem instrumentalen Vorspiel beginnt, also noch kein Text gesungen wird, so haben wir dennoch nicht die Freiheit, uns unseren eigenen Reim auf diese Musik zu machen. Denn das ganze Stück ist z. B. als „Requiem" im Programm, auf der Plattenhülle oder vom Rundfunksprecher angekündigt. Wir fragen gar nicht erst, was aus dem Instrumentalbeginn zu uns spricht, sondern höchstens, auf welche Weise uns die Trauergedanken vermittelt werden. Wir fragen nicht nach der Richtung, sondern höchstens nach der Technik, mit der unsere Gefühle gelenkt werden. Wir sind beim Hören auf ein Gefühlsziel festgelegt und in unserer Gefühlsbreite eingeschränkt. Dies sind die üblichen Bedingungen der Vokalmusik.

Durch ihren Titel und ihren Text liegt in der Vokalmusik immer etwas Hinweisendes, Bestimmtes und Eindeutiges. Die Hörer werden relativ zweifelsfrei gelenkt, auf einen Punkt hin ausgerichtet, zentriert. Dadurch werden die Hörer innerlich zusammengefaßt und bilden eine Art Gefühlskollektiv.

Diese Merkmale der Eindeutigkeit und Klarheit hat die Vokalmusik auch in anderer Hinsicht. Wenn sie begleitet ist, wie meist, so kann der Hörer stets den vokalen Vordergrund und den textlosen, instrumentalen Hintergrund klar voneinander scheiden. Er weiß, woran er sich halten kann. Es gibt kein Durcheinander. Dies gilt auch im Hinblick auf den zeitlichen Ablauf der Vokalmusik: Durch ihre Bindung an die Prinzipien des gesprochenen Satzes, dessen grammatikalischen und inhaltlichen Aufbau, wird ein beliebiges Abbrechen oder Umschlagen verhindert. Allzuviele und allzuschnelle Gefühls- und Sinnsprünge werden dem Hörer auf diese Weise nicht zugemutet. Es besteht durch den Text eine Tendenz zu Konstanz und Beharrlichkeit innerhalb der Vokalmusik.

So hat die Vokalmusik stets etwas von einem wohlüberlegten, geduldigen Vortrag, etwas Offizielles und Aufzeigendes. Die Hörer werden innerlich auf ein Ziel hin organisiert.

Es ist also kein Wunder, daß diese Musikart während des gesamten Mittelalters und dann vor allem in der feudalistischen Epoche als wichtigste Musik angesehen und behandelt wurde. Die Funktion der Hofoper, der Messe, der Kirchenkantate oder der weltlichen Fest- und Huldigungskantate sind beispielhaft für diese Vorrangstellung der Vokalmusik. Zur Schmückung der feudalistischen Hochfeste wie Geburten, Hochzeiten, Siegen, Krönungen wurden eigens Festmusiken bestellt, deren Texte unter ständiger Beobachtung und Zensur durch Hofbeamte entstanden. In diesen Vokalstücken wurde die offizielle Rechtfertigung von Gottesgnadentum und Absolutismus festlich verkündet und verbreitet.

Es gibt sowohl auf musikalischer als auch auf politischer Ebene während der feudalistischen Epoche eine ausgesprochen zentralisierende Kommunikationsstruktur. Während sie sich auf musikalischem Gebiet in der Bevorzugung der stets zusammenfassenden und auf einen bestimmten inhaltlichen Punkt ausrichtenden Vokalmusik zeigt, wird sie auf politischem Gebiet im hierarchischen Bezug des gesamten sozialen Geschehens des Staates auf das Machtzentrum deutlich, auf den König und seinen Hof. Diese Affinität der Kommunikationsmuster machte die Vokalmusik ideal verwendbar für die politischen Ziele des Feudalstaates. Politischer und musikalischer Zentralismus arbeiteten Hand in Hand.

Beim Erklingen einer prächtigen „Sinfonie" hätte sich der Hörer diesem Zugriff des Königs entziehen und eigene Gefühls- und Gedankenbahnen gehen können. Wenn überhaupt eine prächtige Sinfonie, dann nur zu einem repräsentativen Auftritt des Königs oder als Vorspiel zu einer Oper. (Entsprechend gering war dann auch die zeitliche Dauer solcher Instrumentalstücke bemessen.)

3. Anfänge instrumentaler Kunstmusik

Eine auf Komposition und Notenschrift basierende Instrumentalmusik gibt es erst seit dem 15. Jahrhundert. Aber schon in ihrer Entstehungsart zeigte sich jene Unterordnung unter die Vokalmusik, die ihr noch lange anhaftete: Die frühen instrumentalen Kunstmusiken waren meist Bearbeitungen von Vokalstücken für Saiten- und Tasteninstrumente. Waren sie es nicht, so führten sie die Tradition der schriftlosen Instrumentalmusik der Pfeifer und Spielleute des Mittelalters fort, gaben also nicht mehr ab als eine untermalende Unterstützung geselliger Vorgänge wie Tanzen, Mahlzeiten, Gespräch oder auch feierlicher Aufzüge. Prächtige bunte Anblicke, der Geschmack der Speisen, die Tanzbewegung oder das gesprochene Wort raubten der Instrumentalmusik einen guten Teil der Aufmerksamkeit der Hörer. Volle Konzentration auf die wortlose Instrumentalmusik war ein unübliches Verhalten. Und wenn, dann gab es solche Konzentration im sehr intimen Rahmen wie in der frühen Kammermusik oder mit einer varieté-haften, staunenerregenden Komponente wie in den frühen Solokonzerten und Solosonaten. Überhaupt ist der Beginn solcher selbständiger Instrumentalmusik zum großen Teil an den Begriff des Virtuosen gebunden, hängt also mit einer kunststückhaften Beherrschung des Instrumentes zusammen.

Daß man im 16. und 17. Jahrhundert über ein Vokalstück hat weinen können, ist sicher. Daß man es bei einem Instrumentalstück konnte, war wohl seltener. Die Instrumentalmusik erregte, wenn sie nicht bei Gottesdienst, Fest und Feier diente, sondern allein sich selbst darstellte – wie im beginnenden Konzertleben des 17. Jahrhunderts –, wohl eher Staunen und Bewunderung.

Andererseits begann diese noch ganz untergeordnete Instrumentalmusik aber strukturelle Prinzipien zu entwickeln, die für die spätere Kompositionsgeschichte von großer, bestimmender Bedeutung sein sollten. Wollte die Instrumentalmusik nämlich selbständig werden, so mußte sie mit dem Problem fertig werden, wie ohne die Leitlinie des

Textes Dauer und formaler Ablauf eines Stückes zu bestimmen sind. Und diese Frage beantwortete die europäische instrumentale Kunstmusik mit einer Reihe von einschneidenden Ordnungsmaßnahmen, die sich im 16. Jahrhundert bildeten und ihre Geltung allmählich auf fast alle musikalischen Formen ausdehnten, auch in der Vokalmusik.

Im 16. Jahrhundert bildete sich die Norm heraus, daß ein Satz oder auch ein mehrsätziges Stück mit der gleichen Tonart zu beginnen und zu enden habe. Vier Jahrhunderte lang, also bis zur Entwicklung der Neuen Musik um 1900, haben sich so gut wie alle Komponisten in all ihren Stücken daran gehalten: Wenn man mit C-Dur anfängt, muß man auch dahin zurück, sonst ist das Stück nicht fertig. Dies ist mit solcher Ausnahmslosigkeit befolgt worden, daß es heute schon kaum noch als etwas Besonderes, Erwähnenswertes erscheint.

Aus dieser Norm der Tonarteinheit ergab sich ein formaler Zwang, der sich allmählich für alle kleineren Stücke, später im 18. Jahrhundert auch für größere Stücke durchsetzte: Die Melodie oder das Thema, die zu Beginn mit der Haupttonart zusammen aufgetreten sind, haben am Ende des Satzes mit dem Wiedereintritt der Haupttonart ebenfalls einzutreten, ein Phänomen, das die Musiktheorie als Reprise bezeichnet, und das praktisch alle Musik seit dem 18. Jahrhundert in sich trägt.

Also eine große Zahl von tonartlichen und formalen Fesseln, die die Komponisten sich im 16. Jahrhundert offenbar speziell für die Instrumentalmusik erdachten und die sie sich dann weiterhin in allen Musikarten anlegten, im ausgehenden 19. Jahrhundert allerdings immer widerwilliger, bis die Wiener Schule um Schönberg sie ganz abstreifte.

4. Die Wende im 18. Jahrhundert

Mit der allmählichen Überwindung des Feudalismus vollzog sich dann ein Bedeutungsrückgang der Vokalmusik. Und zugleich gelangte im Zuge der großen frühbürgerlich-kapitalistischen Revolution im 18. Jahrhundert die Instrumentalmusik zur Herrschaft. Innerhalb der offiziellen Kunstmusik überflügelte sie nun bald die Vokalmusik an Bedeutung.

Die Klaviermusik der Bachsöhne (z. B. Carl Philipp Emanuel) und die Sinfonien der Italiener und Mannheimer (z. B. Sammartini und Johann Stamitz) waren um die Mitte des Jahrhunderts deutliche Signale für diesen Wandel, und die sogenannten Wiener Klassiker haben diese Entwicklung abgeschlossen. Das Schwergewicht von Beethovens Werken zum Beispiel liegt mit Sicherheit nicht auf dem Gebiet der Oper, der Messe, der Kantate oder des Liedes, auch wenn er dort wichtige Werke geschrieben hat, sondern auf dem Gebiet der Sonate, der Sinfonie und des Streichquartetts. Wie Haydn hat er innerhalb dieser Instrumentalgattungen seine entscheidenden Durchbrüche und Neuerungen vollzogen, nicht in der Vokalmusik. Und dieser Umstand blieb, vor allem in Deutschland, für das ganze folgende Jahrhundert bestimmend. Es bedurfte schon eines so manischen Durchsatzwillens und einer so bedingungslos treuen Jüngergemeinde, wie sie Richard Wagner besaß, um halbwegs erfolgreich und gegen massiven Widerstand die Herrschaft der Instrumentalmusik zu bekämpfen und offen die Vokalmusik zu favorisieren.

In Frankreich und Italien war es dagegen nie zu einem derart eklatanten Umschlag zur Instrumentalmusik gekommen. Dennoch aber waren die Vorgänge in Deutschland auch für das Ausland von Wichtigkeit, denn alles, was sich im 19. Jahrhundert instrumentalmusikalisch in Europa tat, war von den Pionieren der Wiener Klassik abhängig und durch die Konflikte und Auseinandersetzungen ihrer Nachfolger geprägt. Die deutschsprachigen Länder waren

Angelpunkt und Zentrum der gesamten sinfonischen Instrumentalentwicklung.

Daß der Wandel zugunsten der Instrumentalmusik im Zusammenhang mit der bürgerlichen Erhebung im 18. Jahrhundert zu sehen ist, wird durch das starke Interesse an Instrumentalmusik in den um 1720/30 auch in Deutschland immer stärker zunehmenden bürgerlichen Konzertgesellschaften und Laienorchestern deutlich. Da die groß angelegte Produktion von Instrumentalmusik erst allmählich begann, vor allem in Italien (Vivaldi, Corelli), wurden häufig auch instrumentale Teile aus höfischen oder kirchlichen Werken benutzt.

Wie ein Signal für diese mit dem Bürgertum heraufkommende Besessenheit für die Instrumentalmusik wirken zwei Tagebuch-Eintragungen des Londoner Berufsbeamten Samuel Pepys aus den Jahren 1667 und 1668:

> (Was ihm am meisten an einer gehörten Oper gefallen habe, sei die Bläsermusik.) Sie ist so herrlich, daß sie mich in Extase versetzt. Und sie hat mich derart hingerissen, daß sie mich ganz krank gemacht hat – so wie früher, als ich in meine Frau verliebt war. Den ganzen Abend daheim konnte ich an nichts anderes denken, und ich war die ganze Nacht davon so völlig benommen, daß ich mir nicht denken kann, die Musik könne über die Seele irgendeines Menschen soviel Gewalt haben wie über die meine.

Diese bis zu Wahnsinn, Krankheit und Schlaflosigkeit gehende Sucht, diese an Liebeserlebnisse erinnernde Raserei nimmt Gefühlshaltungen voraus, die später allgemeiner im Bürgertum aufkommen und noch erwähnt werden sollen. Auch die Selbsteinschätzung als Einziger, Auserwählter stimmt dazu.

An einer anderen Stelle wendet Pepys seine Vorliebe für Instrumentalmusik sogar gegen die Textabhängigkeit der Vokalmusik an:

> Ich überzeuge mich mehr und mehr, daß mehrstimmiger Gesang eigentlich keine Vokal-, sondern eher Instrumentalmusik sei, weil sich der Sinn der Worte, die man nicht versteht, verliert, und das besonders beim Fugieren.

Es scheint, daß das aufstrebende Bürgertum nicht nur in seinen wirtschaftlichen Ansprüchen über die alten Verhältnisse hinauskommen wollte, sondern auch in seinen sinnenhaften. Auch hierin wollten die Bürger ihre Fähigkeiten über das hinaus erweitern, was unter dem Feudalismus möglich war. Hierzu gehörte auch der Widerstand gegen die Gängelung der Gefühle in der Vokalmusik alten Schlages.

Das Emporkommen der neuen Instrumentalmusik ordnet sich dem allgemeinen antifeudalistischen Zug zu ungebundener individueller Empfindung ein, wie wir ihn auch in der zeitgenössischen Ich-Lyrik kennen.

Der Hörer der neuen Instrumentalmusik ist nicht mehr durch einen Text auf einen bestimmten Punkt oder ein bestimmtes Thema hin gezwungen, sondern er kann sich beim Hören auf sich selbst stellen, auf sich zurückziehen. Er fühlt sich privater und ungebundener in seinen Gefühlsentscheidungen. Als ein Fortschritt erscheint ihm, daß er nun Herr seiner Gefühle beim Musikhören ist. Es ist ein neuartiges Für-Sich-Fühlen.

Hiermit unvereinbar wäre es gewesen, sich durch ein ganzes Musikstück, ob vokal oder instrumental, beständig auf das gleiche Gefühl zu beschränken. Genau dies aber hatte die ältere Musik, gestützt von einer feststehenden Kunstlehre, stets getan: Das Dogma von der Affekteinheit im Satz besagte, daß die Vokalmusik – und damit selbstverständlich auch die ihr untergeordnete Instrumentalmusik – denjenigen Gefühlstypus oder Affekt, der zu Beginn eines Satzes angeschlagen war, auch den gesamten Satz durch beizubehalten habe. Daß dies nicht einfach eine Lehrmeinung, sondern die allenthalben übliche Praxis war, beweist das Anhören von Sätzen aus den Brandenburgischen Konzerten.

Die neue bürgerliche Sinfonik kam zwar nicht soweit, die überkommenen, in der Instrumentalmusik selbst entwickelten Ordnungsnormen wie Tonarteinheit und Reprisentechnik zu überwinden – welche Probleme sich daraus ergaben, wird sich noch zeigen! –, aber mit der Affekteinheit räumte sie gründlich auf.

Das Aufsehenerregende, ja Revolutionäre an den neuen Instrumentalstücken um 1750 war, daß in ihnen die Affekte wild durcheinander sprangen und frei aufeinander folgten, und daß diese Wirrnis nicht durch irgend ein Programm oder einen Text erklärt wurde. Für die rationalistischen Ästhetiker war das eine Ungeheuerlichkeit, aber auch die fortschrittlichen Geister anderer Kunstsparten hörten oft etwas indigniert zu: Lessing, Klopstock, Claudius, alle die Freunde Philipp Emanuel Bachs, standen etwas verlegen vor dem beispiellosen Gebilde von Bachs erster Freier Fantasie in c-Moll von 1753. Der Sturm und Drang-Dichter von Gerstenberg konnte diese unerklärten neuen Gefühlsdramen nicht ertragen: Er schrieb eine textierte Gesangsstimme zu der Fantasie und degradierte das Klavierstück zur Begleitung.

Das breitere Publikum jedoch schien in diesen neuen Stücken eher seine Bedürfnisse erfüllt zu sehen. Das Pariser Publikum sprang elektrisiert von den Sitzen auf, als die ersten Mannheimer Sinfonien erklangen. Diese neue, überraschende Gefühlsdynamik, diese Gefühlsdramen ohne Text waren offenbar das Angemessene für die Bedürfnisse uneingeschränkter und individueller Aktivität, wie sie das neue Bürgertum auch auf wirtschaftlichem Gebiet hatte.

5. Der Komponist

Daß dieser Aufschwung des Bürgertums nicht ins Reich der Freiheit führte, daß der Wunsch nach individueller Befreiung und der Aufbau des bürgerlichen Konkurrenzmarktes unvereinbar sind, an diesem Widerspruch hatte zunächst nicht einmal so sehr das Publikum zu leiden, denn es war davon fasziniert und damit beschäftigt, was es jetzt plötzlich alles genießen und kennenlernen konnte, wieviel bisher vorenthaltene Freuden und Sinnengenüsse ihm nun zugänglich waren. Es konnte sich unterhalten und sich bilden, zwei zentrale Kategorien der bürgerlichen Erhebung.

Der Komponist dagegen bekam die Widersprüchlichkeit der Situation voll zu spüren. Während das Publikum das Konsumieren auf musikalischem Gebiet entdeckte und erprobte, mußte ihm, dem Produzenten, bald auffallen, daß für ihn durch die bürgerliche Revolution die Produktionsverhältnisse kaum erleichtert, sondern eher erschwert wurden.

Einerseits erhielt er nun leichter die Möglichkeit, sich aus der persönlichen und stilistischen Bevormundung von Hof und Kirche zu lösen – eine zentrale Errungenschaft des bürgerlichen Individuums des 18. Jahrhunderts. Von Mozart sind die endlosen Erniedrigungen durch seinen Herrn bekannt, auch seine energische Lösung aus dieser Unterdrückung. Weniger bekannt ist, daß der deutsche Heros der musikalischen „Verbürgerlichung", Carl Philipp Emanuel Bach, sein angesehenes Amt als Hofcembalist von Friedrich II. in Potsdam 1768 aufgab, u. a. weil er die Nörgeleien und die stilistische Rückständigkeit seines Herren nicht mehr ertragen konnte.

Andererseits barg die neuartige, von Hof und Kirche unabhängige Existenzmöglichkeit, nämlich das Publizieren auf dem „freien" Markt, derartige Risken und Unsicherheiten in sich, daß viele der so emanzipierten Musiker sich bald fragten, ob sich die „Befreiung" für sie gelohnt hatte, ob sie nicht vom Regen in die Traufe geraten waren. Mozart erhoffte sich bis ans Lebensende eine feste Stelle als Hofkom-

Ein nachdenklicher Komponist: Mozart am Billardtisch, wie ihn der Illustrator Batt sieht, dessen Bildern aus dem Oxford Companion to Musik ([8]1954) wir noch häufiger begegnen werden. Komponiert er im Geiste, oder fragt er sich, ob seine Befreiung wirklich die Richtung nimmt, die er sich erhofft hat?

ponist, C. Ph. E. Bach konnte sich nur über Wasser halten, indem er neben dem Publizieren seiner Musik noch ein Amt als städtischer Musikdirektor in Hamburg bekleidete.

Die Problematik dieser neuartigen Situation bezog sich für die Komponisten nicht einfach nur auf die Sorge ums Überleben, sondern auch auf die Unkenntnis, wie man sich musikalisch auf etwas so Unklares und Uneinheitliches wie einen Markt einstellen sollte. Hier gab es keine Erfahrungen, die Risiken beim Experimentieren waren groß. Dies „hing mit den Ansprüchen einer sich formierenden, bürgerlichen Publikumsschicht zusammen, die in Oper und Konzert unterhalten sein wollte. Die Komponisten wurden erstmals dem anonymen Markt konfrontiert. Ungedeckt durch Zunft und fürstliche Protektion mußten sie wittern, was gefragt war, anstatt nach ihnen durchsichtigen Orders sich zu richten. Sie mußten sich bis ins Innerste zu Organen des

Marktes machen; dadurch drangen dessen Desiderate ins Innerste ihrer Produktion". So charakterisiert Theodor W. Adorno in seiner *Einführung in die Musiksoziologie* (Hamburg 1968, S. 222) sehr treffend die Lage.

Vor allem das Fehlen der „durchsichtigen Orders" und der Zwang zu „wittern, was gefragt war", das waren Umstände, die die Komponisten noch nie zuvor gekannt hatten und die ihnen als Kennzeichen des bürgerlichen Konkurrenzmarktes teilweise zum Albtraum wurden.

Für sie ergab sich nun zum ersten Mal, wie für alle Kunst im Bürgertum, eine Unsicherheit beim Bestimmen von Stil- und Qualitätskriterien. Welches war der neue Maßstab fürs Komponieren? Da die fürstliche oder kirchliche Absegnung nicht mehr galt und gelten sollte, entstand häufig ein unvereinbarer Gegensatz von persönlichen Qualitätskriterien des Komponisten und den „Desideraten des Marktes".

Stellvertretend für viele andere Komponisten soll hier der 1747 in Erfurt geborene, hochgerühmte Klaviervirtuose Johann Wilhelm Hässler genannt sein. „Warum schrieb ich Dummkopf nur für wenige?" fragte er sich, nachdem er in seiner Jugend Klaviermusik veröffentlicht hatte, dramatisch und technisch schwierig, aber schwer verkäuflich. „So angenehm mir auch die jüngsten Urtheile seyn müssen, die ich von verschiedenen Tonkünstlern über meine Sonaten erhalte", schrieb er 1776, „so ist mir doch der Gedanke: meine Absicht nur halb erfüllt zu haben, unerträglich. Die Liebhaber zanken gewaltig mit mir. Ich habe ein zweites Werkchen geschrieben, alle Kunst vermieden, und nur Gesang und Leichtigkeit beobachtet." Er sah sich genötigt, „den Geschmack vieler zu befriedigen."

Hier beginnt auf Grund der Zwänge des „freien" Marktes die Aufspaltung der Produktion in leichte und schwere Musik oder – wie es heißt – in Unterhaltungs- und ernste Musik.

Die Komponisten produzierten einzeln, in Rivalität zu den anderen Konkurrierenden, mit unsicherem Blick auf die unklaren Marktgesetze. Viele waren weit davon entfernt, zugleich mit der Abhängigkeit von Hof und Kirche auch die traditionellen Kunstgesetze über Bord zu werfen, denn nur sie stellten ihnen das musikalische „Material", d. h. die musikalisch-technischen Probleme und Sprachmittel, in gewohnter Weise. Hier hatten sie zumindest auf dem Gebiet der Produktionstechnik einen sicheren Boden, den sie nur allmählich verließen, und wenn, dann entweder mit schlechtem Gewissen gegenüber der „eigentlichen" Kunst oder in einer völlig skrupellosen, ungehemmten Anpassung an die Marktgesetze. Sie schwankten also immer zwischen den von ihnen als „Qualität" und „Popularität" eingeschätzten Polen. Sie konnten sich dem Markt nicht entziehen, trauerten dem „Eigentlichen" nach, schrieben mit oft schlechten Gefühlen für die „breite Masse".

Diese Haltung ist bis heute bei den Künstlern, die ihre gesellschaftlichen Abhängigkeiten nicht reflektieren, die gleiche geblieben, eine zwiespältige, schwankende Haltung, zwischen Resignation und Hochnäsigkeit hin und her gerissen, ohne festen gesellschaftlichen Bezugspunkt zwischen Traditionalismus, Marktanbiederung und dem Ausbruch in Avantgardismus.

Es ist ein Gefühl des Ausgeliefertseins, als dessen Ausgangspunkt gern das Schicksal, nicht aber das ökonomische System gesehen wird. Der Schock dieser Unsicherheit brachte eine erregende, aufwühlende Dynamik mit sich, wie sie in den neuen Instrumentalstücken als „erschütternd" und „schicksalsträchtig" gemeint und empfunden wurde. Diese Gefühlsqualität hatte es in der älteren Vokal- und Instrumentalmusik nicht gegeben. Sie ist eine Errungenschaft und der ureigenste Ausdruck der Bürgerlichen Erhebung.

6. Die Allmacht des Komponisten

Diese Art der Musikproduktion trug und trägt aber auch immer einen Keim zum Größenwahn, zur Selbstüberschätzung in sich, nämlich dann, wenn der Komponist sich nicht zur Marktanpassung, sondern für Nonkonformismus, „Qualität" und Avantgardismus entschieden hat bzw. in seinem Schwanken und seiner Unsicherheit diesem Pol zuneigt.

Das kommt darin zum Ausdruck, daß der Komponist die musikalische Position der allgemeinen bürgerlichen Ideologie repräsentiert, die Probleme und Nöte der eigenen Klasse seien die allgemeinmenschlichen, Schwanken und Unsicherheit seien nicht gesellschaftlich bedingt, sondern schicksalhafter Bestimmung aller Menschen entsprungen. Und dies lasse sich nur dadurch bewältigen, daß man das gemeinsame Schicksal teile und gemeinsam trage, daß „alle Menschen Brüder" werden.*

---

* Daß auch für Musiker die Lektüre von Marx-Schriften nützlich sein kann, zeigen zwei Stellen aus Band 8 der Marx-Engels-Werke, die – speziell aufs Kleinbürgertum gemünzt – dieses Phänomen des Aufwiegens der eigenen gesellschaftlichen Bedeutungsarmut behandeln (S. 141 f.):
„Man muß sich nur nicht die borniertе Vorstellung machen, als wenn das Kleinbürgertum prinzipiell ein egoistisches Klasseninteresse durchsetzen wolle. Es glaubt vielmehr, daß die besonderen Bedingungen seiner Befreiung die allgemeinen Bedingungen sind, innerhalb deren allein die moderne Gesellschaft gerettet und der Klassenkampf vermieden werden kann."
Marx fährt fort mit einer Bemerkung, die wichtig ist für die Beurteilung der ökonomisch oft nicht ganz exakt den Bedingungen der kleinbürgerlichen Händler, Advokaten, Angestellten und Selbständigen entsprechenden sozialen Lage von Künstlern wie etwa Beethoven:
„Man muß sich ebensowenig vorstellen, daß die Repräsentanten des Kleinbürgertums nun alle Krämer sind oder für dieselben schwärmen. Sie können ihrer Bildung oder ihrer individuellen Lage nach himmelweit von ihnen getrennt sein. Was sie zu Vertretern des Kleinbürgers macht, ist, daß sie im Kopf nicht über die Schranken hinauskommen, über die auch die Kleinbürger nicht im Leben hinauskommen und daß sie daher zu denselben Aufgaben und Lösungen getrieben werden, wohin den Kleinbürger das materielle Interesse und die gesellschaftliche Lage praktisch treiben. Dies ist überhaupt das Verhältnis der politischen und literarischen Vertreter einer Klasse zu der Klasse, die sie vertreten."

Diese Selbstüberschätzung des Sinfoniekomponisten kommt außerdem noch auf eine besondere Weise zum Ausdruck, die deutlich wird, wenn man einmal den immer wieder von linken Musikschriftstellern und Rundfunkautoren unternommenen Versuch überdenkt, Produktionstechniken des beginnenden Industriekapitalismus mit musikalischen Kompositionstechniken in Vergleich zu setzen.

Da sind zunächst einmal Spekulationen über die Vergleichbarkeit der bearbeiteten Grundstoffe. Der Naturstoff, der in der Industrie verarbeitet wird, das Material sozusagen, ist in der Komposition ein sehr komplexer und unklarer Sachbestand, in dem vor allem sehr viel von den Entwicklungen und Arbeitsweisen der vorangegangenen Kompositionsgeschichte steckt. Das Material im musikalischen Sinne ist kein Naturprodukt, auch nicht ein physikalisch-physiologisches Element wie ein Ton, sondern es ist eine musikalische Gestalt, die von einer Summe gesellschaftlich-historischer Erfahrungen und Bedeutungen bestimmt ist.

Die typischen Schlußwendungen in der Sinfonik, die sogenannten Kadenzen, könnte man als solches Material bezeichnen. Sie sind historisch repräsentative und bewährte Garanten formaler und tonartlicher Einheit, zugleich aber stets in der Gefahr, zu unterbrechen, zu lähmen und ein Gefühl der Monotonie zu erzeugen. Hier zu vermittelnden Lösungen zu kommen, Kadenzgestalten zu finden, die zugleich die Konstruktion stützen und dem spezifischen Charakter eines Stückes entsprechen, dies könnte man als eine Art Materialbehandlung des Komponisten bezeichnen.

Aber auch das Ziel dieser Materialbearbeitung, der Gebrauchswert, ist in den wenigsten Fällen ganz klar. Was bearbeitet wird und wozu, ist im Bereich der bürgerlichen Kunstproduktion eine höchst unklare Sache, und schon dies läßt jede Parallelisierung künstlerischer und industrieller Produktionsweisen als äußerst problematisch erscheinen.

Ein weiterer Unterschied zur industriellen Produktion liegt in der Tatsache, daß alle künstlerischen Produktionsschritte und -überlegungen nicht von einem zusammenarbeitenden Kollektiv geleistet werden, sondern von einer einzelnen Person. In der zur Frage stehenden Entsprechung von künstlerischer und industrieller Produktion ginge nämlich im Höchstfalle der technische Teil des Produktionsprozesses auf, nicht aber die Funktion des Menschen darin:

Auch wenn man noch so deutliche Entsprechungen zwischen Bachs Fugentechnik und der Manufaktur in Bezug auf Arbeitsteilung und Absonderung von Arbeitsgängen feststellen sollte – so in einer WDR-Sendung „Manufaktur und Fuge" (1971) von Hanns-Werner Heister –, so bleibt doch der entscheidende Unterschied, daß in der Manufaktur viele Menschengruppen getrennte Prozesse durchführen, während bei der Fugenarbeit ein einzelner an einem zusammenhängenden Prozeß arbeitet, auch wenn er manufakturähnlich ein Werkstück, angeblich das Thema, in seine Motive aufspaltet und diese sukzessiv verarbeitet bis zum Endprodukt Fuge.

Auch Vergleiche im Bereich des tätigen Kollektives, also zwischen Fabrikarbeiterschaft und Orchestermusikern, sind nicht möglich – einen Versuch am Beispiel von Berlioz machte 1971 Hans G. Helms in einer WDR-Sendung. Sie sind vor allem gerade nicht zur Zeit des beginnenden Bürgertums möglich, zu der nämlich gerade den Musikern die Möglichkeit genommen wurde, sich produktiv an den Werken zu beteiligen. Dies war bis zur Jahrhundertmitte in beschränkterem oder frei improvisierendem Zusatzspiel grundsätzliche Praxis der Orchestermusiker (sog. Verzieren: „wesentliche und willkürliche Manieren"). Das Erklingende war Gemeinschaftsprodukt der vom Komponisten erstellten Grundlage und der vom Musiker dazu improvisierten Abwandlung. Gerade diese Möglichkeit setzten die Komponisten ab der Jahrhundertmitte durch immer genauere und für die Musiker fesselnde Festlegungen der gesamten Spielweise außer Kraft. Eine produktive Parallele zur Industriearbeiterschaft hatten die Orchestermusiker also nicht mehr. Eine Parallelgruppe zu ihnen läßt sich auf dem Gebiet der industriellen Produktion nicht finden. Sie produzieren nicht mehr. Dies tut allein noch der Komponist.

Das würde vielleicht auf den Gedanken führen können: die bürgerliche Kunst werde eben immer individualistisch hergestellt, immer nur einer führe ohne jede kollektive oder summierte Zusammenarbeit – wie in der Industrie – sämtliche Prozesse durch. Aber das wäre nur zum Teil richtig, denn der Komponist arbeitet durchaus nicht ganz allein, sondern auch er arbeitet kollektiv, allerdings in geschichtlicher Perspektive. In seiner Tätigkeit laufen, und zwar für ihn ganz bewußt, die Anstrengungen, Muster und Probleme der Komponisten um ihn und vor allem vor ihm zusammen und bilden die Grundlage für sein Material und für die Probleme der Strukturierung.

In dieser Hinsicht ist er also in keiner Weise dem Industriearbeiter vergleichbar, der von dem Wissen über die geschichtlichen und strukturellen Probleme seiner Tätigkeit abgehalten wird. Eher vergleichbar ist er dem Erfinder oder Konstrukteur in der kapitalistischen Produktion, denn dieser ist ebenfalls daran tätig, das Wissen derjenigen, die früher oder gleichzeitig mit ihm am gleichen Problem wie er arbeiteten, aufzugreifen und auf dieser Grundlage neue Lösungen zu finden. Nur daß der Erfinder nach den eindeutigen Gesetzen der Nützlichkeit und Rationalität für den Betrieb, in dem er arbeitet oder dem er seine Neuentwicklung anbieten will, vorzugehen hat. Die Ziele des im geschichtlichen Kollektiv arbeitenden Komponisten dagegen sind eher ethischer oder ideeller Art.

Er ist eine Art Ingenieur ohne festen Auftrag. Woher er sein Geld bekommt, von einem Fürsten, von einer Stiftung oder üblicherweise auf dem Musikmarkt, ist zwar für die Machart seiner Werke meist von wesentlicher Bedeutung, aber die Bewertung seiner Produkte hängt für ihn, wenn er ein echter bürgerlicher Künstler in Art Beethovens ist, nicht in erster Linie davon ab, ob sie „funktionieren", also technisch oder verkaufstechnisch einschlagen wie im Falle des Industriekonstrukteurs, also ob sie sofort ankommen und Erfolg haben.

Dies ist die Grenze der Qualifizierbarkeit beim bürgerlichen Künstler. Selbst wenn er – in Parallele eines erfolglosen Ingenieurs – von seinem Geldgeber entlassen wird oder sich fast kein Käufer findet, so ist das – auch in der öffentlichen Meinung – noch nicht unbedingt ein Grund, ihn für disqualifiziert zu halten, vor allem nicht für ihn selber. Es gibt keinen gesellschaftlichen, objektiven Maßstab für das Funktionieren einer Sinfonie. Der Komponist ist oft nicht nur der Hersteller, sondern auch der Schiedsrichter seiner Werke, allein verpflichtet einem von ihm erwählten Gremium von Vorgängern, deren Material und Muster er sich zur weiteren Verarbeitung ausersehen hat. Vor ihrer Autorität ist für den wahren bürgerlichen Kunstheroen der momentane Publikumserfolg, das augenblickliche „Funktionieren", oft nicht ausschlaggebend oder wesentlich, ja manchmal sogar ein Indiz für mangelnde Qualität. Daß er dabei in Zwiespalt zu seinem materiellen Fortkommen geraten kann und sich widerwillig zu Zugeständnissen und Milderungen herabläßt, paßt ins Bild.

Diese heroische Art der Selbstbewertung und Selbsteinschätzung ist Mittel und Ergebnis der bürgerlichen Befreiung aus der Abhängigkeit von Adel und Kirche, und dort war sie auch fortschrittlich im Sinne der Emanzipation des Individuums. Beethovens oft trotziges und herablassendes Verhalten gegenüber Fürsten ist ein Markstein in dieser Entwicklung.

Bedenklich ist diese Haltung jedoch von Anfang an, wenn sie auf eine allgemeingültige Unangreifbarkeit der Kunstprodukte hinausläuft. Und genau dies ist der Punkt, an dem man sich selber gegenüber deutlich machen kann, wiewit das bürgerliche Kunstdenken noch in einem drinsitzt oder wiewit man sich bereits davon frei gemacht hat. Die Frage ist, inwieweit man bereit ist, den für jede Publikums- oder Fachkritik tauben Durchsatzwillen unserer bürgerlichen Kunstheroen anzuerkennen und damit den Heroen eine uneingeschränkte Beurteilungsvollmacht ihrer eigenen Werke zuzugestehen. Wenn man bereit ist, den letztendlichen Erfolg von Wagner oder Bruckner oder Schönberg mit dem Argument anzuerkennen, daß Qualität sich eben doch durchsetzt und die Künstler recht daran getan haben, nicht auf Kritik zu hören, so akzeptiert man das

Chaos des Bürgertums, also das Prinzip, wonach nicht bessere Argumente, sondern längerer Atem und größere Sturheit siegen. Und genau das dachte wohl auch der Plattentext-Schreiber einer Brucknerkassette bei dem Satz: „Die Kritik, die zu jener Zeit Eduard Hanslick an Bruckners 8. Sinfonie äußerte, hat sich längst als unberechtigt herausgestellt, wie der beständige Erfolg des Werkes im Konzertsaal wohl genügend bewiesen hat."

7. Komponieren ohne Text

Wie die schwankende und unsichere Haltung der Komponisten sich in den technischen Einzelheiten des Komponierens äußerte und wie der „erschütternde" Affektwechsel bewerkstelligt und verständlich gemacht wurde, will ich an einigen Beispielen erläutern.

Die Sinfonien des Bürgertums hatten ein sehr buntes, oft verwirrendes Äußeres, waren an der Hör-Oberfläche sprunghaft und „bewegend". Wie sollte der Komponist aber verfahren, damit in diesem gänzlich neuen Medium der instrumentalen Sinfonik die Affekttypen in ihrem schnellen Wechsel den Hörern – unbegrifflich – deutlich wurden?

Die frühen Komponisten behalfen sich oft damit, daß sie Melodie- und Satzweisen aus der Vokalmusik aufgriffen. In der langen Tradition der Vokalmusik hatten sich für bestimmte Affekte feststehende Melodie-, Harmonie- oder Rhythmustypen herausgebildet. Sie waren den Hörern vertraut. So konnte der Instrumentalkomponist damit rechnen, daß die Hörer in seinen Stücken zugleich mit diesen aus der Vokalmusik bekannten Kompositionstypen auch den entsprechenden Affektgehalt miterkannten. Es ergab sich auf diese Weise eine textlose Sprachtradition innerhalb der Instrumentalmusik. Die Hörer wurden innerlich mittels eines Vorrates von musikalisch-sprachlichen Bedeutungsformeln gelenkt, die der Musikwissenschaftler Arnold Schering als Symbole bezeichnet hat.

Frühe Beispiele dafür, daß sich aus der älteren Instrumentalmusik solche neuen, vokal geprägten Sprachformeln herausheben, sind die ersten Fälle des sogenannten Instrumentalrezitatives um 1700: Eine seit dem Beginn der Oper um Monteverdi typisch vokale Ausdrucksform wurde aufs Instrument übertragen, war aber trotz der Textlosigkeit nicht beliebig im Affekt. Denn es wurden aufs Instrument nur ganz bestimmte, an einen spezifischen Affekt gebundene Rezitativ-Formen übernommen, allen voran das aus Oper und Kantate bekannte Klagerezitativ, z. B. mit schweren Orchesterschlägen zwischen den Gesangsfloskeln und absteigender Chromatik in den Baßtönen. Ein Beispiel hierfür ist der *Recitativo* überschriebene Teil aus Johann Sebastian Bachs *Chromatischer Fantasie*.

Wenn aber das ganze Geheimnis des Hörens von Instrumentalmusik darauf beruhen würde, daß Muster aus der Vokalmusik identifiziert werden, so ließe sich der Hörprozeß als automatische Tätigkeit des Wiedererkennens beschreiben. Die Faszination, die von der wortlosen Sinfonie-Musik ausgeht, wäre damit noch nicht verständlich.

Hier ergibt das Durchbrechen der Norm von der Affekteinheit einen neuen Sinn. Die neue Instrumentalmusik nutzte ihre Textlosigkeit, indem sie die aus der Vokalmusik übernommenen Affekttypen frei, d. h. ohne den Zwang zur durchgehenden Affekteinheit, kombinierte. Und für diese neue Möglichkeit gab es zwei Verwirklichungsformen. Entweder die Symbole folgten aufeinander, oder sie erklangen zugleich.

Bei der ersten, sukzessiven Kombinationsart stammten die Affekte oft aus ganz unterschiedlichen vokalen Gattungen, folgten oft sehr rasch und anscheinend unmotiviert aufeinander, schienen in ihrer Abfolge unbegründet. Die Hörer wurden aus einem Affekt in den anderen geschleudert, und es ist aus frühen Berichten bekannt, daß dadurch bei den Hörern Überraschung, Verwirrung, ja Bestürzung und Entsetzen hervorgerufen wurden.

Wenn man sich diese für uns inzwischen allbekannte Technik einmal an besonders deutlichen Beispielen klarmachen will, so empfiehlt sich etwa der langsame Satz von Mozarts Prager Sinfonie oder seine große Fantasie in c-moll KV 475. Gerade das letztgenannte Stück zeigt, wenn man die Teile auf ihre „Symbole" hin untersucht, eine wahre Besessenheit im Aneinanderfügen der heterogensten Muster: Vorspiel zu einem Trauer-Oratorium (z. B. Stabat mater), welches aber nicht folgt, sondern ein melancholisches Lied, dann verzweifelte Opernszene, 2. Thema eines Sonatensatzes, Konzertkadenz, Menuett, Toccata in Bachscher Art, Instrumentalrezitativ, Trauergestus des Beginns. Und das alles in kurzen und überraschend abgebrochenen Zitatfetzen.

Bei der zweiten, simultanen Kombinationsart war die Wirkung auf die Hörer aber ganz anders und womöglich noch verwirrender: So z. B. – um einen Extremfall zu nehmen –, wenn gleichzeitig in den Bässen Trauersymbole erklangen, in den Holzbläsern aber Freudensymbole. Hier reichte beim Hörer eine Reaktion wie Entsetzen oder Überraschung nicht aus. Er mußte versuchen, für diese von der Vokalmusik völlig unbekannte Art der Affektkoppelung eine neuartige psychische Reaktion zu finden. Und dabei gab es die Möglichkeit, daß er in eigener Gefühlsarbeit neue und eigene Affekttypen oder Mischformen fand.

Ein Beispiel hierfür kann der Beginn der 1. Sinfonie von Johannes Brahms abgeben. Fast alle Einzelheiten der Setzweise stimmen mit denen des Einleitungssatzes von Bachs Matthäuspassion überein: Moll, 3/8-Rhythmus, Baßorgelpunkt in Achtelbewegung, darüber, aufs ganze Orchester verteilt, drei Linien, die sich stufenweise bewegen und häufig gegeneinander geführt sind.

Die Sphäre von Totentrauer und -klage, die aus Bachs Satz „Kommt, ihr Töchter, helft mir klagen" spricht, einfach auf den Satzbeginn von Brahms zu übertragen, ist aber unmöglich. Bei Brahms treten zu dem Bach-nahen Satzgebilde noch Elemente hinzu, die mit der Bachschen Ausdrucksart von Totenklage unvereinbar sind. Dies gilt vor allem für den Einsatz von Blechbläsern und Pauken.

Pauken und Blechbläser waren für Bach und seine Zeitgenossen nur für die Sphäre von Krieg, Jagd, Sieg, Jubel und Triumph einsetzbar. Zu denken ist etwa an Bachs Weihnachtsoratorium, wo diese Instrumentenkombination die Geburt und damit den Sieg Christi bejubelt.

Mit dem Bereich der Totenklage sind Pauken und Blechbläser innerhalb der europäischen Kunstmusik erst seit der französischen Revolution in Zusammenhang getreten. Die Totenmesse von Berlioz oder der Trauermarsch aus Beethovens Eroica sind Zeugnisse hierfür.

Bei Brahms treten also zwei historisch getrennte musikalische Darstellungsformen der Totenklage zusammen, eine kirchliche der Bachzeit und eine heroisch-kriegerische der Beethovenzeit. Was der Zuhörer nun mit dieser Mischung der historisch geschiedenen Trauersymbole anfängt, ist unvorhersehbar und bleibt ihm überlassen. Er kann selbstverständlich keine klare Lösung finden, sondern muß suchen und umhertasten.

Ich habe eine Studentengruppe befragt, ob sie ihre Vorstellungen, die sie beim Hören des Sinfoniebeginns haben, in Worte fassen können: Ritter, Tod und Teufel – drohendes Schicksal – aufziehendes Gewitter – Unheil – des Schicksals Rachen – der Adler fliegt die Beute an – dunkle Mächte walten.

Aus diesen Antworten spricht die Bemühung, das Heldische, Großartige und Heroische, das traditionell mit dem Anhören von Pauken und Blechbläsern verbunden ist, mit der Trauerklage, die aus dem übrigen Gefüge des Satzbeginnes spricht, auf irgendeine Weise zu einem einheitlichen Gefühl oder Bild zusammenzufassen. Was dabei herauskommt, sind jene unklaren Vorstellungen voll düsterem Schauder, die es beim Anhören von Musik keineswegs schon immer gegeben hat. Sie sind nicht naturgegeben oder allgemeinmenschlich, sondern historisch entstanden, zu einem bestimmten Zeitpunkt von ganz bestimmten Menschen gemacht, nämlich beim Aufkommen der neuen Instrumentalmusik.

8. Keine Lust ohne Reue

Jedoch: Im Abschnitt 3 ist schon erwähnt worden, daß es in der neuen Sinfonik nicht nur die freie, ungehemmte Gefühlsentfaltung gab, sondern daß es für diese Freiheit ein starkes Gegengewicht gab, nämlich die seit den Anfängen selbständiger Instrumentalmusik übernommenen formalistischen Prinzipien der Tonarteinheit und der Reprise. Unter der bunten und vielfältigen Hör-Oberfläche blieben sie untergründig als Garanten formaler Einheit präsent, und ihre Existenz wurde mit dem Wachsen der Satzdimensionen immer fragwürdiger. Wenn ein Tanzsätzchen gegen Ende nach dem Mittelteil wieder Ausgangstonart und Ausgangsthema aufnimmt, so ist das ein Vorgang, den man unmittelbar sinnlich als Bezug zum Beginn begreift. Wenn das Gleiche aber bei einem Sinfoniesatz von einer halben Stunde Dauer geschieht, so ist der Eindruck des Zwanghaften nicht von der Hand zu weisen, vor allem dann, wenn eine der Errungenschaften der neuen Sinfonik darin besteht, daß nach dem Anfangsteil, der Exposition, ein äußerst freizügiger und abwechslungsreicher Teil, die Durchführung, folgt, in dem das Material der Exposition in der individuellen Art des Komponisten bearbeitet und steigernd kombiniert wird. Daß hierauf nicht ein neues Ergebnis aus dieser Arbeit folgt, sondern wieder der Ausgangspunkt des Ganzen, ist ein musikalischer Sisyphus-Effekt, der allerdings darin von dem ursprünglichen Sisyphus-Mythos unterschieden ist, daß es in diesem Falle der schwitzende Steinwälzer selbst ist, der immer kurz vor dem Gipfel den Stein wieder an seinen Ursprungsort im Tal zurückrollen läßt.

Die Sinfoniekomponisten sind sich dieser Problematik sehr wohl bewußt gewesen. Aber sie haben sie nicht so angepackt, daß eine Lösung herauskam, sondern sie haben in vielen Fällen versucht, den Einsatz der Reprise in die Durchführung hineinzuziehen, ihn als logisches Ergebnis der Durchführung erscheinen zu lassen (Beethoven, 9. Sinfonie, 1. Satz), dem wahren Einsatz der Reprise durch Scheinreprisen während der Durchführung oder Versteck-

Beethoven am Arbeitstisch, von Batt, eher Sisyphus als Herkules. Er hat schon 24 Notenblätter mit Versuchen einleuchtender Reprisen vollgeschrieben. Aber sehr glücklich scheint er damit immer noch nicht zu sein.

spiele beim Repriseneinsatz seine Problematik zu nehmen (beides Beethoven, Eroica, 1. Satz) oder gar den Einsatz der Reprise zwar in den Noten erscheinen zu lassen, aber durch eine Überwucherung durch andere Stimmen unhörbar zu machen (Bruckner, 8. Sinfonie, 1. Satz, Takt 283).

Den Komponisten war das Problem vollkommen klar. Aber sie konnten nicht auf die Reprise verzichten und entwickelten dabei auch Züge von schlechtem Gewissen. Gerade das genannte Verhalten von Bruckner ist das uns allen bekannte Verhalten im Konflikt: Eine Dienststelle möchte, daß ich schärfere Noten gebe – In der Diskussion mit Studenten bezeichne ich das als völlig unannehmbar – Nach der Prüfung gebe ich dem Druck der Kollegen nach und setze eine 4 hin – Dem Durchgefallenen beteuere ich, die Kollegen hätten ihn auf dem Gewissen, ich hätte alles versucht – Gegenüber den Kollegen kann ich beruhigt sein, meine Noten stehen ja klar in den Akten – Die Akten sind geheim, nicht-öffentlich – Ich habe ein schlechtes Gewissen.

Adorno ist derjenige gewesen, der sich über das Problem der Reprise in der klassischen und romantischen Sinfonie am meisten Gedanken gemacht hat.* Vor allem im Hinblick auf die Beethoven-Sinfonien gibt es von ihm gute Bemerkungen, zum Beispiel:

> „Das prima vista auffälligste formalistische Residuum in Beethoven, die trotz aller strukturellen Dynamik unerschütterte Reprise, die Wiederkehr des Aufgehobenen, ist nicht bloß äußerlich und konventionell. Sie will den Prozeß als sein eigenes Resultat bestätigen ... Nicht umsonst sind einige der belastetsten Konzeptionen Beethovens auf den Augenblick der Reprise angelegt als den der Wiederkehr des Gleichen. Sie rechtfertigt, was einmal war, als das Resultat des Prozesses." (Einführung in die Musiksoziologie, Hamburg 1968, S. 224)

Da die Durchführung nicht zu einem aus ihr selbst entwickelten Ziel führt, sondern ihr die Reprise als Wiederholung des Ausgangspunktes angefügt wird, nennt Adorno an anderen Stellen diese Praxis affirmativ, repressiv und zwanghaft, und zwar als ein Ergebnis desjenigen Zwanges, unter dem der Komponist selbst in einer Gesellschaft stehe, in der der gleiche unlogische und zwanghafte Prozeß allgemein „bewußtlos geschehe".

Das Jahrhundert nach Beethoven ist mit diesem Problem ebenfalls nicht weiter gekommen, geschweige denn fertig geworden. Entweder man ging von den reinen Instrumentalsinfonien ab und schrieb Opern, programmatische Sinfonien oder sinfonische Dichtungen wie in der Komponistenlinie Berlioz, Wagner, Liszt, Strauss. Damit gab es dann das Reprisenproblem als Angelpunkt der Kompositionstechnik nicht mehr. Oder man folgte Beethoven nach und behielt auch sein ungelöstes Reprisenproblem bei, so in der deutschen Linie Schubert, Mendelssohn, Schumann, Brahms, Bruckner, Mahler und bei den von den deutschen Komponisten beeinflußten Ausländern wie Cesar Franck, Dvorak oder Tschaikowski. Es scheint, Beethoven nachzufolgen hieß auch, daß man bei der Reprisenfrage auch nicht weiter kommen durfte als der Meister selbst.

---

* Der getreue Korrepetitor, Frankfurt/M. 1963, S. 48 f.; Prismen, Frankfurt/M. 1969, S. 168.

Schumann machte in seiner d-moll-Sinfonie einen der seltenen Versuche eines reprisenlosen Anfangssatzes. Aber er ließ das Stück lange liegen und zögerte mit der Veröffentlichung. Der Versuch blieb ohne Folgen bei Schumann und anderen Komponisten. Auf die d-moll-Sinfonie, die Schumann bezeichnenderweise zunächst Fantasie genannt hatte, ließ er noch drei weitere folgen, die sich dann wieder mit der Verschleierung der Reprise abmühten. Es ist erstaunlich zu sehen, mit welcher Beharrlichkeit, ja Ängstlichkeit die Reprisentechnik beibehalten wurde. Wenn den Begründern der neuen Instrumentalmusik von Stamitz und Philipp Emanuel Bach bis Beethoven die Problematik dieser formalen Stereotypie noch bewußt gewesen ist, indem sie sie oft widerwillig oder experimentierend befolgten, so kann man doch von den sogenannten Spätromantikern wie Brahms oder Bruckner sagen, daß sie sich in dieser Stereotypie, ja selbst in den Zweifeln daran, einer Art unabänderlicher, schicksalhafter Gefolgschaftstreue gegenüber ihren Vorvätern auslieferten. Dabei entwickelten sie immer künstlichere und verfeinertere Verdunklungen und Verbrämungen für die heiklen formalen Punkte. In manchen Fällen scheint es, als glaubten sie, sie schrieben gar keine Reprisen mehr, indem sie sie vertuschten und fast unhörbar machten, eine Form des Bewußtseins, die dem Selbstbetrug nahe ist.

Diese Beurteilung mag vielleicht manchen Lesern zu grob erscheinen. Denn schließlich bestehen die Sinfonien ja nicht nur aus den Reprisen. Wichtig ist doch auch, was in den Durchführungen geschieht und von dort auf den Reprisenbeginn ausstrahlt, ihm als Hörereignis qualitativ ein ganz anderes Gewicht zuweist als dem Satzbeginn, auch wenn auf dem Papier die Töne die gleichen sind. Wichtig ist doch auch der sich entwickelnde Höreindruck im zeitlichen Prozeß des Gesamtsatzes.

Fragen wir also danach, was in den Durchführungen geschieht. Sie sind der eigentliche Ort der Entwicklung im Sonaten- bzw. Sinfoniesatz. Und so heißt es auch im Sachteil des 1967 erschienenen Riemann-Musiklexikons:

> „In größeren musikalischen Formen bezeichnet Durchführung den Teil der Komposition, der fast ausschließlich der Entwicklung der im thematischen Material enthaltenen musikalischen Ideen dient."

Es gibt für diese Verarbeitung des in der Exposition vorgeführten Materials aber keine bestimmten Vorschriften, Regeln oder Anweisungen im Sinne der Kompositionslehre. „Die Durchführung ist formal nicht gebunden", wie es im gleichen Lexikonartikel heißt. Der Komponist ist sozusagen frei, extrem frei, wogegen er in der Reprise extrem gebunden ist. Aber was ist das für eine Freiheit? Es ist eine bürgerliche Freiheit, genau diejenige, die sich das Bürgertum im 18. Jahrhundert zu erkämpfen begann: die Freiheit zur konkurrierenden Leistung.

In der Durchführung muß der Komponist zeigen, was er, plötzlich einmal mit einem Stückchen Ungebundenheit konfrontiert, alles beginnen kann, was er als sein eigener Herr, der er sonst nicht ist, zu leisten im Stande ist, was er alles technisch beherrscht.

Es darf natürlich nichts Konventionelles sein, sondern muß etwas Neues, Unerhörtes, Künstliches und Frappantes sein. Die Durchführung ist sozusagen die könnerische Visitenkarte des Komponisten. Er zeigt hier, wer er wäre, wenn er immer er selbst sein könnte. Hier führt er sich selbst vor. Mit der Entwicklung der Durchführung im 18. Jahrhundert wird es für den Komponisten wichtig zu zeigen, was er für ein Original bzw. Originalgenie ist. Hier finden seine kompromißlosen Ausbrüche aus dem System statt, seine Angriffe und Vernichtungsschläge. Allerdings wird dann vor dem offenen Aufruhr der Degen fein säuberlich wieder eingesteckt, und der Kämpfer tritt hinter den Vorhang zurück. Das ist der Moment der Reprise. Der Kämpfer hatte gar nicht richtig kämpfen wollen, bemerkt man dann, sondern nur so getan.

Die Komponisten seit Bach, dann vor allem seit Haydn und Mozart, wandten für diese Arbeit in der Durchführung eine Methode an, die sich schon seit dem 16. Jahrhundert allmählich herausgebildet hatte und schließlich bei Beethoven ihre epochemachende und vollgültige Ausprägung fand: die von Adorno in Nachfolge Schönbergs so genannte entwickelnde Variation.

Diese Technik – später von Beethovens Nachfolgern auf die Zwölftonkomposition übertragen – verbindet den

Freiheitsanspruch der Durchführungsarbeit mit einer auf dem Material der Exposition beruhenden Motivverflechtung. Die Motivik der Exposition wird aufgespalten, weiterentwickelt, kombiniert, gestreckt, umgewandelt, aber sie ist, hörbar oder nicht, in allen Durchführungselementen präsent. Diese Technik wird von Theoretikern wie Adorno positiver beurteilt als die problembeladene Reprise. Adorno schreibt, wiederum in der *Einführung in die Musiksoziologie* (S. 224):

> „Das Beschneiden, sich aneinander Abschleifen der Einzelmomente, Leiden und Untergang, wird gleichgesetzt einer Integration, die jedem Einzelmoment Sinn verleihe durch seine Aufhebung hindurch."

Gemeint ist damit die Funktion der einzelnen Durchführungsglieder, sowohl Ergebnis der bisherigen Durchführungsarbeit zu sein als auch Ausgangspunkt und somit absterbendes Element der Weiterentwicklung zu neuen Gestalten. Alles ist gebunden an den inneren Faden der dynamischen Weiterführung des Ausgangsmaterials. Das ist für Adorno die „dynamisch sich entfaltende Totalität". Das heißt: Das sich stets Entfaltende, Vorwärtsbewegende und Entwickelnde ist von seiner Substanz her stets bezogen und gestützt auf das Ausgangsmaterial und im Hinblick darauf zusammengefaßt.

Hört man solche Durchführungen an, beispielsweise die von Beethovens 3. oder 9. Sinfonie, so kann man ein eigentümlich melodieloses Abarbeiten sämtlicher Motive verfolgen: Wie jedes Instrument an den Partikeln herumkaut, wie nirgends Abfall, sondern überall, Schritt für Schritt, Fortentwicklung herrscht, in einem kleinteiligen, mühsamen Weiterdrängen aller Elemente bis zu einem zusammenfassenden Höhepunkt. Und alles und jedes ist auf die Ausgangsmotivik der Exposition in Satz bezogen, auch wenn die Entwicklung äußerlich manchmal überraschend und sprunghaft wirkt.

Während Adorno die Reprisentechnik autoritär nennt, scheint die motivische Arbeit in der Durchführung für ihn wie für viele andere Musikforscher das eigentlich Fortschrittliche an Beethoven zu sein, wie er sie ja auch in ihrem potenzierten Auftreten in Schönbergs Kompositionstechnik bewundert. Adorno schreibt über Beethovens Durchführungstechnik:

„Die zentralen Kategorien der künstlerischen Konstruktion sind übersetzbar in gesellschaftliche. Seine Verwandtschaft mit jener bürgerlichen Freiheitsbewegung, die seine Musik durchrauscht, ist die der dynamisch sich entfaltenden Totalität."

Die Reprisenpraxis setzt Adorno also mit reaktionären Zügen, die Durchführungspraxis mit fortschrittlichen Zügen der Beethovenzeit in Zusammenhang, ja nimmt beide als musikalische Abbilder von ideologisch entgegengesetzten gesellschaftlichen Prozessen und Arbeitsweisen. Er faßt die Teile einer Sinfonie als Ausdrucksformen getrennter gesellschaftlicher Zustände auf, etwa nach dem Muster: Durchführung: schreitet voran – progressiv – frühbürgerlich; Reprise: bremst – regressiv – reaktionär.

Ich versuche nochmals, die Unterschiede, dann aber auch die Gemeinsamkeiten zwischen Durchführungs- und Reprisenarbeit zu klären. Zunächst ist der Unterschied weniger ein qualitativer als ein historischer. Die Reprise war schon lang ausgeformt und den Komponisten um Beethoven bereits fertig überkommen, war ihnen so übermäßig bekannt und eingelernt, daß ein bewußterer Komponist wie Beethoven schon Zweifel bekam. Die Durchführungstechnik dagegen hatte Beethoven sich ja gerade erst durch die Weiterentwicklung der Errungenschaften von Bach und Haydn selbst erarbeitet. Sie war neu, schien ausbaufähig, schien noch alle möglichen Entdeckungen und Erweiterungen zuzulassen. Hier arbeitete Beethoven ganz ohne Skrupel, war ganz er selbst, brauchte keine Verschleierungen.

Es war natürlich problematisch, zwei historisch heterogene Elemente in einem Satz zu vereinen, vor allem dann – und das betrifft nun das Gemeinsame der beiden Techniken –, wenn beide eine ähnliche Funktion hatten.

Denn Reprise und Durchführungsarbeit haben einen gemeinsamen Zweck: Die Zusammenfassung des Satzes zu einer festen Einheit. Die Reprise macht das durch die Rückkehr zu Ausgangstonart und Anfangsthema, die Durchführung durch die Bindung aller Elemente an das Ausgangsmaterial. Die beiden Techniken unterscheiden sich also nicht in ihrer Funktion, sondern in der Arbeitswcise, in der Methode.

Es wurde dabei den Komponisten immer klarer, daß sie, wenn sie sich auf ihr könnerisches Paradepferd warfen, die untergründige thematische Arbeit in der Durchführung, nicht zugleich die alte, völlig unproblematische, offene Reprisentechnik verwenden konnten. Diese alte, simple Technik stand nicht auf der Höhe der neuen Durchführungsarbeit, war zu platt, entsprach eben den Verhältnissen in den früheren Lied- und Konzertformen, wäre bei einfacher Anwendung wie ein Stilbruch erschienen. Daher dann auch die Versuche, die Reprise als Folge oder Teil der Durchführung erscheinen zu lassen, sie dort hineinzuziehen, zu integrieren, ihren Beginn zu verschleiern, ihre wahre Natur vergessen zu machen, sie sozusagen zu modernisieren und zu lakkieren. Der Reprisenbeginn blieb dabei natürlich unweigerlich bestehen. Die Verschleierung der Reprise ist also

Es muß alles ganz straff zusammengezogen werden! (Detail eines elektrischen Musikinstruments)

durchaus ein Ergebnis der Durchführungsarbeit, deren – wenn auch inkonsequente – Konsequenz.

Es handelt sich hier um ein bemerkenswertes Phänomen: In der Sinfonie treffen zwei Methoden der formalen Vereinheitlichung aufeinander, eine alte und eine neue. Sie passen nicht zueinander. Die neue Methode der entwickelnden Variation zwingt die alte Methode, die ursprünglich eine offene und klare Wiederkehr des Satzbeginnes bedeutete, ebenfalls in die Undeutlichkcit und Verschleierung. Die historisch unvereinbaren Elemente werden trotz ihrer Heterogenität zusammengezwungen, ihre Gegensätzlichkeit wird verschwiegen, sie müssen gemeinsam auftreten.

Nachdem nun die Methoden beobachtet wurden, nach denen die bunte Oberfläche des Affektwechsels als auch die geheimen, zwanghaften Einheitssicherungen der Sinfonik hergestellt werden, ist es wichtig, die Folgen dieser Arbeitsweisen auf die Hörer zu bedenken.

9. Das Publikum

Die Einrichtung des bürgerlichen Konzertes, vor allem nach 1700, ist eine offen antifeudalistische Maßnahme. Ihr Ziel ist es, die Exklusivität der Hofkonzerte zu brechen und für musikalische Unterhaltung und Bildung Öffentlichkeit herzustellen, d. h. für die an Musik Interessierten absolute Gleichheit des Zuganges zu erreichen. „Jeder Liebhaber der Kunst" soll „mit gleichem Recht ... daran teilnehmen" können, heißt es im *Musikalischen Lexikon* von Heinrich Christoph Koch aus dem Jahre 1802 über das Konzert.*

Diese „zum Publikum versammelten Privatleute" haben selbstverständlich völlig unterschiedliche Vorbildung und Interessen, was Musik betrifft. Es sind meist musikalische Laien, aber auch ein kleiner Teil Fachleute ist im Publikum. Diese neue Mischung der Hörer bringt für die Komponisten die schon am Beispiel Johann Wilhelm Hässler dargestellte Frage mit sich, ob sie eher für die „wenigen" Kenner, oder eher für die „vielen" Liebhaber, d. h. Amateure oder Laien schreiben sollen. Als ideale Komposition wurde ein Stück angesehen, das beiden Seiten gerecht wurde, ohne daß eine davon durch die der anderen Seite zugedachten Kompositionselemente gestört wird. Als größter Meister auf diesem Gebiet galt den Zeitgenossen Joseph Haydn. Und tatsächlich kann man in seinen Sinfonien eine virtuose Beherrschung der schwierigen Kunst beobachten, für die Laienhörer eine bunte, vielfältige, sprunghafte Oberfläche herzustellen und gleichzeitig für die Kenner ein Höchstmaß an „entwickelnder Variation", mit Kontrapunktik angereichert, im Untergrund, mehr oder weniger verborgen, bereitzuhalten.

Wenn auch Werke wie Sinfonien nur langsam einen ständigen Platz in den von Virtuosenattraktionen, Liedern, Raritäten usw. beherrschten bürgerlichen Konzerten gewannen, so trugen sie doch durch ihre beschriebene Struk-

---

* Um diesen Zusammenhang geht es auch in einem Aufsatz von Erich Reimer in der Zeitschrift *Die Musikforschung* (Jg. 1976).

tur schon den Keim zur Aufspaltung des Publikums in ungleiche Gruppen in sich, ja lösten eine grundsätzliche Polarisierung der Öffentlichkeit im Hinblick auf das Hören von Musik aus, die sich bis heute weitgehend durchgesetzt hat.

An der Oberfläche sehr viel Abwechslung: kaum klare Einschnitte und formale Hinweise, sondern viel Verwandlung, viele Sprünge, der Höreindruck einer bunten „Fantasie". (Mit diesem Wort hatten zeitgenössische Kritiker Beethovens Eroica belegt, und zwar mit negativer Absicht, denn sie wollten damit gerade diese formale Unübersichtlichkeit brandmarken.) Diese Seite der Komposition bekommt der unbefangene Hörer mit.

Im Untergrund aber, sozusagen nur in den Noten, sind die geheimen Motivverknüpfungen und die verschleierten Reprisen am Werke. Es ist zwar möglich, daß sie für einen unbewußten Einheitseindruck beim unbefangenen Hörer mitentscheidend sind. Tatsächlich bewußt werden sie aber nur dem Kenner, der eine große Hörpraxis hat und die Noten analysiert hat.

Er bemerkt die geheimen Ableitungen, Verbindungen und Bezüge. Und er freut sich daran. Das ist der Typ des Fachmannes, der im Vollbesitz seiner Kenntnisse zu Beethoven hinüberzwinkert oder sich vor ihm verbeugt, je nachdem wie die Situation es erfordert, ob er eine Vorlesung hält oder einen Aufsatz schreibt.

Der Liebhaber hört die Oberfläche und ist sich zunächst über die verborgenen Herstellungstechniken nicht im klaren. Der Kenner aber zeigt dem Liebhaber in Konzertführern, Programmen, Biographien, Werkmonographien, Plattenbesprechungen, Fueilletons und in der Schule, was er alles nicht gehört hat und ohne ernstes Bemühen wohl auch nie hören wird. Dies ist nun aber nicht unbedingt die Schuld des Kenners, sondern es ist eine Folge der Aufspaltung der Kompositionen in zwei Zonen, die auch eine Aufspaltung des Publikums nach sich zieht.*

---

* Den dabei leicht auftretenden Effekt der Düpierung kann man an sich selbst feststellen, wenn man Beethovens 8. Sinfonie immer für ein großartiges Stück gehalten und daraus viele Züge des eigenen Beethoven-Bil-

Wie reagiert nun der Laie auf das Bemühen und die Hinweise des Fachmannes? Entweder er wird, auf seinen Instinkt bauend und allem Intellektuellen abhold, das Ansinnen, etwas über die Machart zu lernen, weit von sich weisen und auf sein Recht pochen, unklare Gefühle zu haben. Er nimmt die Zerklüftungen der Sinfonie-Oberfläche als Abbild des furchtbaren Schicksals, als Griff in den Rachen des Löwen, als Bild des Daseinskampfes, als Seelenlandschaft usw. Er ist erschüttert und will nicht nach den Gründen fragen, will ungestört sein.

Eine andere Sorte von Hörern, die mit ihrem Status und Bewußtsein nicht zufrieden sind und die Kenntnisse des Fachmannes neidvoll betrachten, lassen sich von ihm gerne in Büchern oder Kursen Tricks und Hilfsmittel verraten, mit denen auch sie die Themenverbindungen und Reprisen erkennen können und im Konzert den Nachbarn an den entsprechenden Stellen bedeutungsvoll anblicken können.

Aber was ist damit gewonnen, wenn jemand ausgebildet wird, bis er bei jeder Sinfonie die Reprise „erkennt", nicht aber die Zwiespältigkeit dieser formalen Maßnahme? Eine Ausbildung von Liebhabern, auch in der Schule, zu analysierenden Kennern führt zu nichts anderem, als daß ihr bisheriges Oberflächenhören durch die Kenntnis der kom-

---

des gewonnen hat und nun plötzlich durch eine intensivere Beschäftigung mit Beethoven und der Beethoven-Literatur herausfindet, daß das ganze Stück offenbar von Beethoven als Parodie gedacht ist:
Der erste Satz karikiert ein Komponieren genau nach den Regeln, ordentlich und etwas betulich – platt. Das erste Thema zu Beginn platzt unvermittelt herein (alle anderen Beethoven – Sinfonien haben Einleitungen oder zumindest ein paar Orchesterschläge oder Fermaten am Anfang), die Durchführung haspelt schulmeisterlich die Motive durch alle Instrumente ab, die Reprise tritt absurderweise im Baß mit dem Thema ein.
Der zweite Satz führt den defekten, neu erfundenen Metronom vor, der dritte ein etwas bäurisches, unaufmerksames Orchester, das so gut wie jeden Einsatz und Schlußakkord vermasselt: Nichts kommt gleichzeitig.
Der vierte Satz soll offensichtlich triviale, alberne Konzert- und Opernmusik vom Schlage Rossinis parodieren, Musik, wie sie Beethoven besonders haßte. Der überlange Schluß und das langatmige Kadenzieren an allen Stellen sind Beispiele hierfür, ebenso das Hauptthema, das wir immer für besonders spritzig halten, das Beethoven aber wohl als Muster läppischer Melodik erfand.

positorischen Geheimnisse ersetzt wird, aber kein Zusammenhang daraus wird. Bunte Oberfläche und untergründige Verbindungen bleiben beim Hören ebenso getrennt, wie diese beiden Seiten auch im Akt der Komposition behandelt wurden. Was im Komponieren unzusammenhängend und zwiespältig war, kann nicht durch eine Gehörschulung plötzlich als logischer, klarer Zusammenhang erscheinen. Die Trennung in der Produktion bleibt eine Trennung, auch in der Rezeption. Entweder man ist auf der Seite der Oberfläche und hört die bunte Vielfalt, oder man denkt und hört von der versteckten Unterseite her.

Der Liebhaber hat dabei, wenn er erst einmal die Bemühungen des Fachmannes zur Kenntnis genommen hat, meist kein besonders reines Vergnügen mehr an der schönen Vielfalt. Er sollte ja mehr hören als er bisher hörte. Er ist dann nicht ohne schlechtes Gewissen wie jeder, der Sinfonien im üblichen schulischen Musikunterricht voranalysiert bekommen hat.

Dieses schlechte Gewissen gegenüber der hohen Musik ist eine gesellschaftliche Instanz, und es scheint zu korrelieren mit jenem schlechten Gewissen, das die Komponisten haben, wenn sie ihre verschleierten Reprisen in die Sinfonien hineingeheimnissen, die dann nur der Fachmann erkennt, der sie wieder in der Schule den Schülern erklärt, die daraufhin ... usw. Hinter beiden schlechten Gewissen stehen Zwang und die Unfähigkeit, diesem Zwang angemessen zu begegnen: Beim Komponisten der Zwang zur Vereinheitlichung des Satzes mit allen möglichen, auch sich widersprechenden Mitteln, beim Hörer der Zwang zur analysierenden Unterwerfung unter diese Einheitslüge. Beide Zwänge sind gesellschaftlich-historisch vermittelt.

Die meisten Komponisten entziehen sich diesem Zwang nicht, sondern komponieren weiter. Aber die meisten Hörer entziehen sich diesem Zwang, indem sie solche Musik nicht mehr hören, d. h. bei ihrem Erklingen brüllen: „Sofort abstellen das Gedudel!" oder einfach nicht mehr hinhören, wenn sich das Aufsuchen des Konzertsaales aus Prestige-Gründen absolut nicht vermeiden läßt. Diese Hörer stellen sicherlich einen guten Teil des Publikums. Daß sie über Musik nicht reden, liegt weniger daran, daß sie so erschüttert sind, sondern daran, daß sie gar nicht zuhören, sich für das Vorgeführte nicht interessieren. Es scheint, daß der Anteil dieser Hörer am Publikum steigt, vor allem seit dem Aufkommen der Neuen Musik. Sie verhindern, daß das Publikum sich mit der Musik tatsächlich auseinandersetzt, also eventuell auch einmal revoltiert. Die Eingängigkeit der Neuen Musik hat nicht zugenommen, Skandale gibt es aber kaum noch.

Es gäbe demnach neben dem analysierenden Fachmann noch vier typische Hörerklassen:
– die erschütterten-unerschütterlichen Gefühlshörer,
– die Analyse-Aspiranten,

Wieder der Zeichner Batt! Offenbar ein subalterner Biedermann, ein apathischer Prestige-Hörer! Immer freundlich und verblödet! Nein, es soll Schubert sein! Beethoven dagegen immer zerklüftet und wild. Das ist die Anekdote aus dem Zeichenstift! Aus Menschen werden Charaktermasken. Wer Schuberts G-Dur-Quartett, das vierhändige Stück „Lebensstürme" oder die „Winterreise" kennt, wird nicht glauben, daß deren Autor je so schafsmäßig blickte. Ernst und konzentriert durfte eben nur Beethoven blicken, weil er der Größte war.

- die wütenden Abgeschreckten,
- die apathischen Prestige-Hörer.

Da in den Konzertsälen offensichtlich von denen, die überhaupt zuhören und deshalb in irgendeiner Form mit der Musik in Verbindung treten, die erste dieser vier Klassen das Gros ausmacht, ist es lohnend, sich mit der Genese dieses Typus näher zu beschäftigen.*

---

* Wichtig ist ein vergleichender Blick auf die *Typen musikalischen Verhaltens*, die Theodor W. Adorno im ersten Kapitel seiner *Einleitung in die Musiksoziologie* (Hamburg 1968) aufstellt.
Dort werden aufgeführt 1) die *Experten* (strukturelles Hören), 2) die *Guten Zuhörer* (Amateure, urteilen begründet), 3) die *Bildungskonsumenten* (hören viel, sind informiert, haben fetischistisches Verhalten zur Musik, Stammabonnenten der Sinfoniekonzerte), eng verwandt 4) den *Emotionalen Hörern* (Musik Auslöser verdrängter Triebregungen, Duelle der Irrationalität, voll Anti-Intellektualismus). Neben diesen mehr am Hören klassischer Sinfonik orientierten Typen gibt es noch 5) die *Ressentiment-Hörer* (reaktionäres, auf Werktreue pochendes, masochistisches Gefühlsverbot bei Vorliebe für vorklassische und jugendbewegte Musik), 6) die *Jazzfans* (sportlich – fortschrittlich), 7) die *Unterhaltungshörer* (Musik ist für sie nicht Sinnzusammenhang, sondern Reizmittel als zerstreuender Komfort in Art des Rauchens; quantitativ sind sie fast „allein relevant"), schließlich noch 8) die *Gleichgültigen, Unmusikalischen, Anti-Musikalischen* (in früher Kindheit entmusikalisiert).
Adornos Typen sind ganz vom Kunstwerk und dessen „richtigem" Verständnis her konzipiert: Der *Experte*, dem „Fachmann" dieses Aufsatzes vergleichbar, der *Gute Hörer* und der *Bildungskonsument*, beide etwa auf der Ebene des „Analyse-Aspiranten", der *Emotionale Hörer*, dem „erschüttert-unerschütterlichen Gefühlshörer" vergleichbar. Sie alle nähern sich dem Kunstwerk, mehr oder weniger gut. Wo aber sind bei Adorno die Menschen, die die Sinfonik ablehnen, wenn sie daraus auch unterschiedliche Schlüsse ziehen mögen wie die „wütenden Abgeschreckten" einerseits und die „apathischen Prestige-Hörer" andererseits?
Sie tauchen bei Adorno auf als Menschen voll anti-emotionalem *Ressentiment*, hören Musik nur als *Unterhaltung* oder stehen auf einer Ebene mit den krankhaft geschädigten *Un-* und *Antimusikalischen*. Ihre Haltung als eine aus der Struktur der Kunstwerke entspringende ist bei Adorno nicht in einem Typus eingefangen, obwohl er doch gesellschaftlich relevant ist. (Schließlich sind auch andere Hörertypen wie der *Ressentiment-Hörer* ex negativo gebildet.) Adorno macht allerdings eine Bemerkung, die sehr weit in diese Richtung geht. Er lehnt die Ausbildung vieler Hörer zu Experten ab, denn: „Der Zwang, den die integrale

Gewalt des Werkes auf den Hörer ausübt, ist unvereinbar . . . mit individueller Freiheit" (S. 16). Dies steht jedoch im Widerspruch zu den Auslassungen über *Ressentiment-Hörer* oder *Gleichgültige,* also Menschen, die sich evtl. im Interesse ihrer „individuellen Freiheit" dem Zugriff der Beethovenschen Sinfonien entziehen, für die der Gestus der Gewalt in dieser Musik schwerer wiegt als die strukturellen Geheimnisse. Auch hier wie andernorts hat der Soziologe Adorno sich im Zweifelsfall für das Objekt Kunstwerk und gegen das Subjekt Hörer entschieden, auch wenn ihm dessen Probleme augenblicksweise deutlich sind. Sein Verhalten ist da nicht viel anders als das von Bruckner bei der Reprise seiner 8. Sinfonie (vgl. S. 34).

10. Das Konzert

Der Hörer wird von den dauernden Affektsprüngen schutzlos überfallen. Es entsteht in ihm ein wildes Assoziationsmosaik. Und wahrscheinlich ist es weniger die Arbeit des Wiedererkennens der ,,Symbole", die ihm zu schaffen macht, als die für ihn unlösbare Frage, wie diese überraschenden Sprünge und Zusammenstellungen wohl motiviert sind. Er fragt sich, mit welcher planerischen Absicht ihm diese Musikfetzen so vorgeworfen werden. Aber er kann darauf keine klare Antwort erhalten, sondern nur zu dunklen Ahnungen und Vermutungen kommen. Was als Absicht hinter dieser Musik steht, bleibt für ihn ein Rätsel.

Die Musik weckt in ihm ein unstillbares und anspannendes Verlangen nach Erklärung und Lösung. Aber es gehört zu dieser Musik, daß dieses Verlangen kein Ziel und keine Lösung finden kann. Diesen Zustand nennt der Hörer Erhobensein, Bewegtsein, Erschütterung, Ergriffenheit, Aufgerütteltsein, Aufgewühltsein. Eine innere Unruhe wird erzeugt, bleibt aber ohne Bezugspunkt oder Lösungsmöglichkeit. Irgendetwas Bedeutendes, Unfaßbares und Rätselhaftes, etwas Unerklärliches und Unergründliches scheint dahinter zu stecken, so unklar und unklärbar, daß Worte nicht tauglich erscheinen, diesen Eindruck wiederzugeben. Sie könnten ihn höchstens stören.

Dadurch geht das bewußte, d. h. wörtlich formulierbare Umgehen mit den Hörgefühlen verloren. Es macht sich eine Unklarheit und Unsicherheit breit, wenn es darum geht zu benennen, was beim Hören psychisch vorgeht. Das Pendant zum Wegfallen der gesungenen Sprache ist das Wegfallen des Sprechens über Musik.

Die Hörer im Konzertsaal sind lauter sprachlose Individuen. Diese Situation wie auch das gesamte Problem des Hörens von sinfonischer Musik besteht heute noch genau so und ist auch noch genau so ungeklärt wie zu Beethovens Zeiten. Aber vor 200 Jahren war die Situation noch neu.

In der Zeit der großen Vokalmusik vordem war das Sprechen über Musik unter den Hörern an der Tagesordnung. Man unterhielt sich über Machart und Wirkungsweise des Gehörten, vornehmlich über die Technik der Affekterregung. Das lag nicht nur an der textlichen Gebundenheit der Musik, sondern auch an der kennerischen Exklusivität der noch nicht allgemein zugänglichen Konzertaufführungen z. B. am Hofe. Man nahm das Gehörte nicht als schicksalhafte, sozusagen objektive Offenbarung, sondern als menschliches Produkt, dem also auch menschliche Fehler anhaften konnten.

Dieses Verständnis von Musik ist seit dem Aufkommen der Sinfoniemusik allmählich verloren gegangen. Der Gedanke, Beethoven könne Fehler gemacht haben, erscheint, je nach dem, als lächerlich oder anmaßend.

Der Wechsel der Kommunikationsformen im bürgerlichen Publikum wurde auch bewirkt durch die Wandlung der öffentlichen Konzertformen und durch eine Erziehung des Publikums, so lange, bis das Konzert wirklich zum bürgerlichen Ritual der Stille und Selbstbetrachtung werden konnte.

Um 1720/30 waren die neuaufkommenden öffentlichen Konzerte tatsächlich noch das, was man im rechten Sinne ein gesellschaftliches Ereignis nennen könnte. Die Hörer traten tatsächlich miteinander in Verbindung. Im Leipziger Großen Konzert zum Beispiel um die Mitte des 18. Jahrhunderts saßen die zahlenden Hörer noch nicht, sondern sie standen, wie damals noch allgemein üblich. Das bedeutete aber auch: Sie konnten umhergehen, sich begrüßen und unterhalten, lachen und Geschichten erzählen, und das alles beim Musizieren der Liebhaberorchester und reisenden Virtuosen. Wenn zu laut geplaudert wurde, trat der Saaldiener ans Cembalo und pochte mit einem großen Schlüssel an dessen Deckel. Dann dämpfte sich die Unterhaltung. (Auch Händels vergeblicher Kampf gegen das Tafeln in der Oper gehört hierher.)

Dies waren die Anfänge der Disziplinierung des Publikums. Mit der allmählichen Ausrichtung des Programms ausschließlich auf sinfonische Instrumentalmusik bis hin zum „Sinfoniekonzert" des ausgehenden 19. Jahrhunderts wurde der Hang des Publikums, im Konzert neben der erklingenden Musik auch die Tatsache der öffentlichen Versammlung und Begegnung zu genießen, immer mehr zurück- bzw. in die Konzertpause abgedrängt und statt dessen eine Beschneidung der persönlichen Kontakte zugunsten der uneingeschränkten Konzentration auf das Kunstwerk angestrebt. Es endete in völliger Fesselung: Kein Wort, keine Bewegung, im Sessel festgebannt. Jede akustische oder optische Ablenkung verschwand, das Publikum saß schweigend in Stühlen aufgereiht innerhalb eines weißen, abgedunkelten, nüchtern – klassizistischen Saales. Auf der Bühne gab es fast nichts Buntes oder frei Bewegtes, nur arbeitende Menschen in Uniform. Kein Wunder, daß sich die domestizierten, frustrierten Publikumserwartungen auf das Einzige warfen, das in dieser Situation eingefrorener Sensationen sich überhaupt noch bewegte, nämlich auf den gestikulierenden Dirigenten und den zaubernden Virtuosen.

Es besteht in dieser bürgerlichen Konzertfeier eine geradezu durchgeplante Organisierung und Lenkung aufs reine Hören hin: Alles ist entmaterialisiert, nirgends als an

Liszt im Reisewagen, wieder von Batt. Er übt gerade die unirdische Gefühlsextase.

der Musik können sich die Sinne festhalten, und diese Musik ist auch noch vom Text gereinigt. Das Ganze hat etwas Zeremonielles, etwas Pietistisches. Das Pendant zu der Sinnenleere der Umgebung ist die Dressur der sinnlichen Aufmerksamkeit ausschließlich auf den Hörvorgang.

Symphony Hall, Boston, 1900 erbaut. Das längliche Feld unter dem Giebel ist weiß und leer, nicht voller bunter Skulpturen wie bei den griechischen oder römischen Vorbildern. Warum?

Es ist eine Übung in einer entmaterialisierten, unirdischen Gefühlsextase, in der alles nach innen bzw. aus der Welt hinaus führt, und in der das individuelle Innere ohne Berührung mit der Außenwelt, direkt, aber auf unbestimmten Wegen und mit unbestimmtem Gefühlsgehalt ins Universum, ins Absolute vordringt. Dies jedenfalls haben Romantiker wie Tieck oder Wackenroder an der neuen Sinfoniemusik gelobt und sie deshalb besonders rein genannt.

Der Charakter dieser Konzertmusik als feierlicher Bürgergottesdienst zeigt sich auch in den Fanfaren, die am Beginn vieler Sinfonien stehen. Als Beispiele können etwa Mozarts Es-Dur-Sinfonie, die letzte Sinfonie von Haydn (Nr. 104, D-Dur) oder die Sinfonien Nr. II und VII von Beethoven gelten.

Im Feudalismus kündigten solche Fanfaren den triumphalen Einzug von Fürsten, Kardinälen oder Stadträten bzw. die Geburt oder Himmelfahrt Christi an. Nun im

Bayreuther Festspielhaus, die Kirche von Wagners Jüngern. Während der Festspiele wird vor jedem Aktbeginn vom Balkon eine Bläserfanfare aus dem jeweiligen Musikdrama gespielt. Es ist das Zeichen für den Einzug der im Freien promenierenden Besucher ins Festspielhaus, um dort den nächsten Akt zu hören. In den üblichen Opernhäusern besorgt das eine Klingel.

Konzertsaal stehen solche Fanfaren eigentümlich funktionslos da. Wer zieht denn jetzt ein? Ist es der Einzug des Bürgertums in die Machtzentralen?

In jedem Fall machen diese Fanfaren den Funktionswandel der Instrumentalmusik deutlich. Waren sie früher nur möglich als Mittel, in untergeordneter Position einem bestimmten großen Fest- und Huldigungsakt zu dienen, so stehen sie jetzt da ohne sichtbaren oder allen deutlichen Bezugspunkt. Keine Einzelperson oder Einzelgruppe wird mehr gefeiert, sondern offenbar die ganze Zuhörermenge, die in der Meinung ist, die „Menschheit" zu vertreten. Sie ist in die Fußtapfen der vormals gefeierten Fürsten getreten und hat mit Stolz auch deren Festbräuche übernommen.

Was ist das für eine Menge, die sich da selbst feiert? Das neue Bürgertum ist sehr heterogen, in Zusammensetzung und Interessen eher widersprüchlich. Da das Bürgertum nicht zentralistisch organisiert ist, sondern eher auseinanderstrebend und konkurrenzbestimmt, kann es außer der allgemeinen Forderung nach Freiheit und Liberalität des Einzelnen auch keine Worte geben, die ein gemeinsames Ziel benennen. Eine ins Einzelne gehende textliche Formel für das Selbstverständnis dieser Hörergemeinde ist unmöglich oder verlogen oder peinlich. Beethoven hat mit seiner Hymne an die Freude in der 9. Sinfonie versucht, das Unmögliche möglich zu machen.

Die textlose Musik hatte und hat die Funktion, viele widersprüchliche und auch unvereinbare Interessen scheinbar widerspruchslos auf einen gemeinsamen Nenner zu bringen. Der Uneinheitlichkeit der Hörerschar korrespondiert dabei die Unklarheit der Hörgefühle. Hier wird deutlich, wie notwendig es für die Hörer ist, daß es zu keinen klaren, eindeutigen Lösungen kommt.

Da es keinen Text gibt, über Musik auch nicht mehr gesprochen wird, kann jeder scheinbar oder tatsächlich individuell fühlen, ohne daß es zu Auseinandersetzungen kommt. Insofern muß man die textlose Sinfoniemusik des Bürgertums auch als eine Schützerin der Wortlosigkeit, nämlich des Schweigens und des Verschweigens, verstehen.

Und innerhalb dieses Schweigens sitzt der einzelne Hörer. Er braucht dieses Schweigen. Denn in der neuen Instrumentalmusik tritt ihm etwas entgegen, auf das er sich voll konzentrieren muß. Das Affektfeuerwerk trifft ihn, ohne daß er durch Text oder Titel geschützt wäre. Unter dem anonymen Titel Sinfonie oder Streichquartett oder Sonate Nr. Soundsoviel wird ein Dauerfeuer auf ihn eröffnet, auf das er sich nicht vorbereiten kann und dessen Trefferfolge er nicht erraten kann. Er muß mit der Abfolge und Zielrichtung der Schüsse fertig werden.

Diese Art, wie die Sinfonien mit ihnen umgehen, scheint vielen Hörern dem Bild des Lebens und dem Walten des Schicksals vergleichbar. Der Lebensweg oder die Eingriffe des Schicksals erscheinen ebenso ausweglos oder unvorhersehbar. Alles ist unerklärlich und darum auch unaussprechlich.

Dieses rätselhafte und unerklärte Erhobensein durch die Sinfoniemusik ist offenbar erst möglich für eine Hörerschaft, deren Sicherheit nicht nur im Glauben an Gott und sein Weltenlenkertum stark erschüttert ist, sondern die sich zunehmend unklarer wird über Existenz und Wirken außerirdischer Mächte. Da kommt es dann eher zu Hilfsvorstellungen wie denen vom höchsten Wesen, vom Schicksal, von höheren Mächten oder der Vorsehung.

Hier hat die neue Sinfoniemusik ihren Ort. Sie setzt da an, wo das neue Bürgertum sich der fürstlichen und kirchlichen Autorität entwindet, damit aber auch wesentliche Teile der durch Fürstentum und traditionelle Kirche eingepflanzten Gottesvorstellungen aufgeben muß.

Dies geschieht aber nicht ersatzlos. Die Psyche duldet keine ersatzlosen Streichungen. Die Sinfonien werden nun die säkularisierten Gottesdienste des Bürgertums, eine Art begriffslose Schicksalsfeier und Selbsterhöhung.

11. Gefühlsgebet, Seelenbad – Die Gottheit in der Sinfonie

Aber während der inzwischen aufgeklärte Hörer nicht mehr ohne weiteres einen Gott hinter den Wirrnissen und Wechselfällen des Lebens annimmt und sich keiner göttlichen Personifikation anheimgibt, der er den Schlüssel zu den Lebensrätseln zutraut, so kann er doch in Bezug auf die Schläge und Wirrnisse innerhalb der Instrumentalsinfonien, dieser wahrhaften Lebensbilder und Schicksalsgemälde,

Beethoven, schwer herzkrank, wird vom behandelnden Arzt mit der Sofortbild-Kamera aufgenommen, weil sonst kein Beweis für die ungläubigen Kollegen da wäre. Das farbige Frontispiz-Bild von Batt zum Oxford Companion of Music.

sehr wohl einen Urheber und Lenker der Schicksalsschläge identifizieren: Es ist der Komponist.

Er hat anscheinend die Lösung für die Geheimnisse der Gefühlssprünge und Symbolkombinationen in seinem Besitz, und er führt die Regie bei den Affektangriffen auf den Hörer. Innerhalb dieser musikalischen Schicksale in Gestalt von Sinfonien ist er Herr des Schicksals, Weltenlenker, Gott, und der Hörer ist seine Gefühlskreatur.

Während eine Verbindung zu den anderen Hörern der Art des Hörens widerspricht, ist die Verbindung zum Komponisten besonders intensiv. Sie ist ganz direkt und privat, nur in Gefühlen vorhanden und in Worten kaum artikulierbar. Sie ist von einer in der Musikgeschichte ganz neuartigen Direktheit, die darauf beruht, daß der Komponist den Hörer ohne jede textliche Distanzierungs- oder Rationalisierungsmöglichkeit, ohne die garantierte Affekteinheit trifft. Der Hörer steht dem Komponisten allein, nackt und schutzlos gegenüber, und der Komponist kann ihn unerwartet und ganz tief innen treffen.

Der Hörer muß sich dem Komponisten, ob er will oder nicht, ausliefern. Und es ist auch dieses Bewußtsein

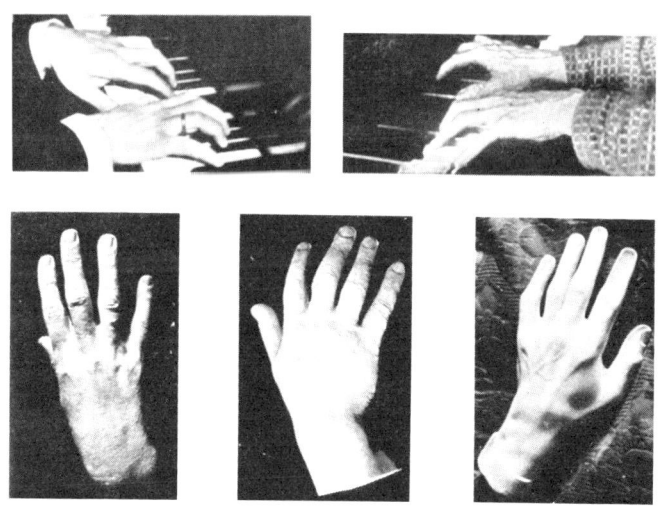

Die Hände von Rachmaninoff, Busoni, Chopin, Rubinstein und Liszt.

seelischer Nacktheit und intimer Verbindung zum Komponisten, das es dem Hörer so schwer möglich macht, ungezwungen mit dem Nachbarn zu reden. Denn wer stellt schon gerne seine Intimbeziehungen in der Öffentlichkeit zu Schau? Es ist wohl zum guten Teil Scham, das den Hörer vom Reden über die Erlebnisse beim Hören von Sinfoniemusik abhält.

Der Komponist dringt tief in den Hörer ein, aber andererseits kommt der Hörer dem Komponisten auch sehr nahe, kann seine Gefühlsspuren erraten, entdecken, erfahren und erleiden. Er partizipiert durch seine psychische Mitarbeit am Prozeß des Komponierens und – so scheint es – am Seelenleben des Komponisten. (Ein bezeichnendes Detail ist in diesem Zusammenhang, daß es jetzt vereinzelt Instrumentalwerke gibt, deren Hauptthemen angelegt sind wie die Begleitfloskeln von Chören, nur daß es dabei nie zum Einsetzen der Vokalstimmen kommt, sondern die instrumentale Begleitung allein erklingt. Als Beispiele können Mozarts Klavierkonzert d-moll oder die letzte Klavierfantasie von Philipp Emanuel Bach gelten, „Philipp Emanuel Bachs Empfindungen", fis-moll, Edition Schott. Diese Themen wirken, als sollte das Publikum innerlich den fehlenden Chorgesang ergänzen, jeder Hörer durch innere Aktivierung den fehlenden Melodieteil erfühlen und so am Akt der Komposition teilnehmen.)

Es ergibt sich eine innerhalb der Vokalmusik früherer Epochen unbekannte Vergöttlichung und Anbetung der Komponisten, an deren Bild, Namen und Werk man in brünstiger Verehrung hängt, einer Verehrung, die wortlos und stammelnd ist, da die Verbindung allein auf von Musik vermittelten Gefühlsbahnen wandelt. Es ist eine Art musikalisch übertragener Liebesbeziehung. Distanz und Kritik schließt diese Beziehung aus.*

---

* Wenn man dem heiligen Augustinus glauben darf, fand die unbefleckte Empfängnis durch das Ohr statt – die Worte des Engels drangen dort hinein.

12. Der autoritäre Hörer

Diese Liebe ist jedoch recht einseitig. Die neue Sinfoniemusik führt zu Kommunikationsstrukturen, die extrem sind. Zerstört sie einerseits die Kommunikation unter den Hörern fast ganz, so baut sie andererseits beim einzelnen Hörer eine emotionale Abhängigkeit vom Komponisten auf, die wegen der mangelnden Einflußmöglichkeiten des Hörers in dieser Beziehung nichts Emanzipiertes haben kann. Der Komponist ist der in verborgener Größe schaffende Affektlenker, und der Hörer folgt seinen Impulsen, ohne daß er je die Möglichkeit hätte, diese Impulse zu beeinflussen oder wenigstens halbwegs klar zu beurteilen.

Das soll nun aber nicht bedeuten, in der alten Vokalmusik habe es keinerlei Ziele gegeben, die auf eine autoritäre Fixierung des Hörers hinausgelaufen wären. Ganz im Gegenteil! Dies war in der offiziellen Hof- und Kirchenmusik stets der Fall. Nur – und dies ist der Unterschied – wurde dies als Ziel und Zweck der Musik ganz offen und zweifelsfrei benannt. Es war selbstverständlich, daß der Komponist und seine Musik die Werkzeuge zum Lobe Gottes oder des Fürsten waren. (Es scheint überhaupt so zu sein, daß der Anlaß für den Beginn der vokalen Kunstmusik, also der auf Theorie basierenden Vokalkomposition, jener kulturelle Terror war, den Karl „der Große" zur Gründung seines Reiches unter den germanischen Stämmen ausübte. Der zugleich mit der gewaltsamen Christianisierung einheitlich eingeführte „Gregorianische Choral" römischer Tradition bedurfte eines besonderen „Schmuckes" – so sagten die Theoretiker der Zeit –, um den neuen Christen annehmbar zu erscheinen. Ob die so entstandene vokale Mehrstimmigkeit römischen oder germanischen Klangtraditionen folgt, ist also eine schwierige Frage. Der Name dieser neuen Musik war Organum.)

In der neuen Instrumentalmusik dagegen war es anders. Kein Text brachte darüber Klarheit, für wen und zu welchem Zweck diese stundenlangen Gefühlsanstrengungen inszeniert wurden. Und damit ergab sich die Möglichkeit, daß sich unter dem Deckmantel instrumentaler „Reinheit" autoritäre Fixierungen herausbildeten, die entweder unausgesprochen und heimlich waren oder unbewußt, in jedem Falle nicht kontrollierbar.

Der ursprüngliche Fortschritt, den die Sinfonik mit sich geführt hatte, nämlich eine Gefühlskontrolle von Seiten der Obrigkeit unmöglich zu machen und dem einzelnen Hörer seine individuelle Gefühlsfreiheit zu ermöglichen, zeigte mit der Zeit seine Schattenseite, nämlich eine grundsätzliche Unkontrollierbarkeit der Gefühle, auch durch den Einzelnen selbst. Sie wurden je nach Gelegenheit und Zeitpunkt beliebig austauschbar: An Stelle von Beethoven als emotionalem Bezugs- und Angelpunkt konnte die Dynamik

Bildunterschrift (engl.): Riesen und Zwerg (Atlantic City). Der Mann hält die kleinste Pfeife der Orgel in den Händen. Die Pfeife dahinter hat einen Querschnitt von 2 Fuß und eine Höhe von 40 Fuß. (Das sind umgerechnet etwa 61 cm und 12,20 m).

des neuen Menschen eintreten oder eine humanistische Freiheitsidee oder der Inhalt der französischen Revolution oder – die faschistische Machtergreifung. Der allgemeine Inhalt: Die Lust, geführt zu werden, sich zu unterwerfen.

Die Hörweise, die die neue Instrumentalmusik erzeugte, legte die Möglichkeit nahe, über die eigene Position und die eigenen psychischen Vorgänge gegenüber der Musik unwahre, ja selbstbetrügerische und in ihrer Unklarheit verblendende Vorstellungen zu entwickeln: ein falsches Bewußtsein. Die sinfonische Musik seit der bürgerlichen Erhebung trägt stets eine Aufforderung zum ideologischen Verhalten der Hörer in sich.

Es scheint, als sei die Sinfonik durch die Unwandelbarkeit und Permanenz ihrer inneren Konflikte und deren Verschleierung eine ständige Werbung für diese Haltung. Wenn Beethoven sie ursprünglich auch dafür gedacht haben mag, Widersprüche zu zeigen oder innere Unruhe zu erzeugen, Selbständigkeit – zumindest im Fühlen – zu stärken, so sind diese Funktionen seiner Musik wegen ihrer hemmungslosen Ausbeutung für Konzert und Tonträger mittlerweile fast gänzlich gestorben, und die Sinfonien wirken geradezu wie Markenartikel in Sachen falsches Bewußtsein und Unterwerfung.

Wie ein Markenartikel bürgen sie durch ihren Namen („Sinfonie"), nicht durch die Aufdeckung ihrer Zusammenhänge und Zusammensetzung. Die Herstellungsmethoden bleiben altes Rezept des Hauses, altes Familiengeheimnis. Man weiß lediglich, daß Generationen das gleiche Konzept als Hersteller und Verbraucher unverändert verfolgt haben, und daß sich demzufolge auch wohl kaum Fehler eingeschlichen haben können, die schwerer wiegen als die Fehler beim weit zurückliegenden Produktionsbeginn. Wenn das Produkt überhaupt Fehler enthält, so hat sich ja durch den langen Gebrauch gezeigt, daß sie kaum offen schädlich oder gefährlich sein können. Also bleibt man bei dem bewährten Markenartikel, der auf jeden Fall weniger Risiko mit sich bringt als all die neumodischen, in ihrer Zahl und Art unüberschaubaren Produkte. Ein Bewußtsein des Vertrauens, der Sicherheit ist erzeugt, das nicht des Nachfragens bedarf.

Die Wirkung ist unfehlbar: Garantie auf ungestörte Erschütterung.

Ganz im Gegensatz zu den Verhältnissen zu Beethovens Zeit, als die Sinfonien – wie dargestellt – Erregung und individuelle Gefühlsfreiheit hervorbrachten, erzeugen die Sinfonien heute bei den meisten Hörern eine Sphäre bündischer Vertrautheit und emotionaler Fraglosigkeit. Jede Art des Hinterfragens bringt die Gefahr mit sich, daß die Stützen dieser Gefühle sich als unfest erweisen, und wird daher voller Erregung abgelehnt. Diese Sucht nach ungeteilter Einheit und nach Zusammenstehen korrespondiert der dargestellten sinfonischen Technik, alle Mittel anzuhäufen, die Einheit und Sicherheit stützen könnten, auch wenn sie sich noch so widersprechen. Dieser Aspekt der Sinfonik ist einig mit der Abwehrhaltung, die der durchschnittliche Konzerthörer gegenüber jeglichem Zweifel an Einheit und Unbefragbarkeit der Kunstwerke und der Hörgefühle an den Tag legt, und die in den Ruf mündet: „Solange die Situation unübersichtlich ist, bleibt alles, wie es war. Keiner verläßt den Platz!"

Dieser Hörer lebt und fühlt geschichtslos. Auch wenn die Gegenwart düster ist und nur die Kunstwerke darin leuchten, sollte doch die Zukunft der Gegenwart gleich sein. Es könnte sonst ja noch schlimmer kommen. Und die Vergangenheit ist kein Prozeß von Veränderungen, sondern ein Lieferant von Schätzen – z. B. Kunstwerken – wie die Natur. In diesem geschichtslosen Zustand fungieren die Symbole der unbefragbaren Kontinuität, z. B. die Sinfonien, als Ersatz für Lebendigkeit und eigene Aktivität: Solange andere mich bewegen, brauche ich mich selber nicht zu bewegen.

13. Exkurs: Kommunikationsschwierigkeiten im Sinfoniekonzert

Wilhelm Kempff spielte um 1960 in Bremen die Waldstein-Sonate von Beethoven. Einige Hörer husteten, vor allem in den Pausen, laut. Da erhob sich der Pianist in einer Satzpause, trat an die Rampe und sagte: „Ich bitte die 5 Dauerhuster sehr, dem Beispiel der 500 Nichthuster zu folgen." Ein Großteil des Publikums applaudierte.

In dieser Szene wird viel vom Verhältnis zwischen Instrumentalmusik und Publikum deutlich.

Das betrifft einmal die sakrale Atmosphäre. Es hat Stille zu herrschen, und man ist dem Störer hilflos ausgeliefert. Denn wenn man ihm zurufen würde: „Hören Sie endlich auf zu husten!", würde man ebenfalls absinken auf die Stufe der Sünde und des Sakrilegs. Der Huster ist ein Ausgestoßener. Man kann auf ihn nur reagieren, indem man sich mit hochgezogenen Brauen ansieht, die Augen nach oben verdreht oder unter Kopfschütteln und allen vernehmlich vor sich hin sagt: „Wie ist es nun bloß möglich!"

Die einzig gerechte Bestrafung des Sünders wäre ein Bannstrahl von oben. Da Beethoven dafür nicht mehr in Frage kommt, muß es um so befreiender wirken, wenn Beethovens Stellvertreter auf dem Podium diesen Bannstrahl schleudert, der Interpret, und zwar auf vorbildliche Weise: Nicht grob wie eine Keule, sondern fein und stechend wie ein Pfeil. Wenn Kempff plötzlich gebrüllt hätte: „Entweder Sie gehen oder ich!", hätte er seinem Ruf als Künstler schwer geschadet. Denn er hätte die Weihe des Palastes verletzt.

Schließlich das Problem des Hustens selber: Es ist ausgeschlossen, daß das beständige Husten in Konzerten tatsächlich auf Krankheitssymptome zurückgeht. In Vorträgen oder in Oratorien wird wesentlich weniger gehustet. Es ist wohl so, daß das Husten und Räuspern beim Hören von Instrumentalmusik eine Reaktion auf die Wortlosigkeit und die psychischen Anforderungen dieser Musik ist. Jeder von uns kennt Menschen, die heftig husten, hüsteln oder

Gabriel Fauré (1845–1924). Er schrieb von seiner Internatszeit: „Wir lebten in der Musik wie in einem Bad, sie drang in uns durch alle Poren ein, wir waren von ihr imprägniert." So etwas erleben leider nur wenige.

sich räuspern, wenn sie in einer angespannten Situation etwas sagen möchten oder wenn sie sich aufs Reden vorbereiten, das Reden aber nicht sofort möglich ist, weil jemand anders noch spricht oder die gewünschte Formulierung noch fehlt.

Dieser psychische Anlaß zum Husten scheint auch bei den Konzerthustern vorzuliegen, und zwar aus ähnlichen Gründen: Sie möchten sich gerne äußern und auf die Musik reagieren, müssen es aber beim Ansatz dazu lassen, weniger weil gerade der Komponist spricht, vielmehr weil auf Wortlosigkeit nicht so einfach mit Worten zu antworten ist.

Daß sich in den Satzpausen das Räuspern und Husten so verstärkt, ist nicht darauf zurückzuführen, daß alle während des Satzes an sich gehalten haben und nun alles nachholen wollen oder für den Folgesatz im Voraus schon husten, um dann dort nicht zu stören. Dieses Pausenhusten scheint vielmehr der Versuch zu sein, mit einer extremen Situation der Kommunikationsschwierigkeiten im Konzert fertig zu werden. Denn in den Pausen treten diese Probleme plötzlich besonders deutlich zu Tage. Alle blicken auf ihre Fingernägel oder ihre Füße oder an die Decke oder ins Programm, nur nicht dem Nachbarn ins Gesicht: wie im Fahrstuhl.

Eben war man noch im intimen, wortlosen Seelenkontakt mit dem Komponisten. Plötzlich entzieht er sich, verschwindet in der Satzpause, schweigt, ohne daß man ihn zurückrufen kann. Nun zeigt sich die entmaterialisierte Umwelt des Konzertsaales nicht mehr als Hilfsmittel störungsfreier Gefühlskonzentration, sondern als kahler, nüchterner und zweckloser Gegenstand. Und statt des erfühlten Meisters sitzen tatsächlich Menschen um einen herum, auf die man die Gefühlskommunikation zum Komponisten nicht einfach übertragen kann. Den Komponisten hat man wortlos in seiner Musik erkannt, den Nachbarn müßte man ansprechen, um etwas von ihm zu erkennen. Und dieser Aktionswechsel ist nicht so schnell zu bewerkstelligen, zumal der Beginn des folgenden Satzes ihn ohnehin wieder fruchtlos machen würde.

Es ist eine unerträgliche Situation: Fremdheit und Einsamkeit herrschen. Der Herr hat uns verlassen, die Umwelt ist uns fremd. Der Körper versucht nun Hilfs- und Ersatzreaktionen, und als hilflose Geste entringt sich dem Mund ein Räuspern oder Husten, halb Ruf nach dem Meister, halb Anrede an den Nachbarn.

Man möchte etwas sagen und weiß nicht was. Die Sprache der wortlosen Musik kann man verstehen, aber nur der Komponist kann sie sprechen. Die Sinfoniemusik führt einen in dieses Problem und läßt einen damit allein.

14. Beethoven-Aktien

Diese Musik war und ist ein Identifikationsobjekt für die bürgerlichen Hörer. Sie erkannten in den Gefühlsstrukturen der Sinfonien Probleme und Lebenssituationen wieder, die ihnen aus ihrer eigenen beruflichen Existenz vertraut waren.

Gerade das Unvoraussehbare, Überraschende, der unklare Wechsel der Situationen, das alles waren Vor-

Robert Schumann von Batt. Auch er blieb mit der Musik allein. Bevor er sich 1854 in den Rhein stürzte und zwei Jahre danach in einer Irrenanstalt starb, trugen sich oft im Hause Schumann traurige Szenen zu. Wenn seine Frau Clara und die Gäste auf ihn warteten oder sich beim Musizieren fragten, wo Robert denn nur bleibe, fanden sie oft den von Depressionen und Wahnideen Befallenen hinter der Zimmertür, lauschend. Er habe sich gefürchtet einzutreten, sagte er häufig, wenn seine Frau ihn an der Hand hereinführte.

kommnisse, wie sie dem frühen bürgerlichen Unternehmer aus seinen Alltagserfahrungen bekannt waren. Alle Risiken, Wechselfälle und Unberechenbarkeiten seines Unternehmens und seiner Unternehmungen konnte er darin gespiegelt sehen. „Ja, so ist es!" sagte ihm sein Gefühl, wenn er die Sinfonien seiner sonstigen Lebensart gegenüber stellte. Das Vortasten ins Unbekannte, das Ertragen und Einschätzen unverhoffter Schicksalsschläge, der Zwang, stets wach, aufmerksam und auf überraschende Veränderungen vorbereitet zu sein, dies war eine Grundbedingung seiner Existenz. Mit wachen Sinnen neue Situationen schnell beurteilen und erkennen, unmittelbar darauf reagieren, um für den nächsten, eventuell schon bald folgenden Schlag gerüstet zu sein, das war ihm wie hier in der Musik aus dem Kontor und von der Geschäftsreise her vertraut.

Und diese Identifikation war eben nur möglich, weil die Musik ohne Text war. Nur so konnte eine Individualisierung der Musik auf den jeweiligen einzelnen Hörer stattfinden, während in der Vokalmusik der Text grundsätzlich generalisierende Wirkung hat. In der Sinfoniemusik konnte jeder Einzelne sich wiedererkennen.

Es war auf beiden Ebenen ein Vorstoß in unbekannte Regionen, ins Unbekannte, Ungeschützte. Und die frühen Unternehmer fühlten sich tatsächlich als Pioniere, deren Leistungen oft des Tragischen, Entsagungsvollen und Märtyrerhaften nicht entbehrten. So sah sich auch Beethoven, und so sahen ihn seine Hörer. Er war ihnen gleich, wenn auch in einer anderen Branche. Er war der Prototyp des selbständigen Unternehmers, der mit seinem Pfunde wucherte, in Krisen geriet, unbeirrt weiterfocht, ein Pionier und Einzelkämpfer, der allen Gefahren und Widersprüchen zum Trotz seinen Weg ging, selbstbewußt und unabhängig.

Auf diese Weise war er der musikalische Führer der neuen bürgerlichen Bewegung. Er lebte vor, was die Hörer erlebten, und er war von einem unbeugsamen Durchsatz- und Siegeswillen erfüllt. Er war das musikalische Symbol des neuen Lebensprinzips einer individuellen, gefahrvollen und zielgerichteten Durchsatzkraft. Wenn seine Sinfonien nach allen Wechselfällen, Gefühlsbrüchen und Gefahren

68

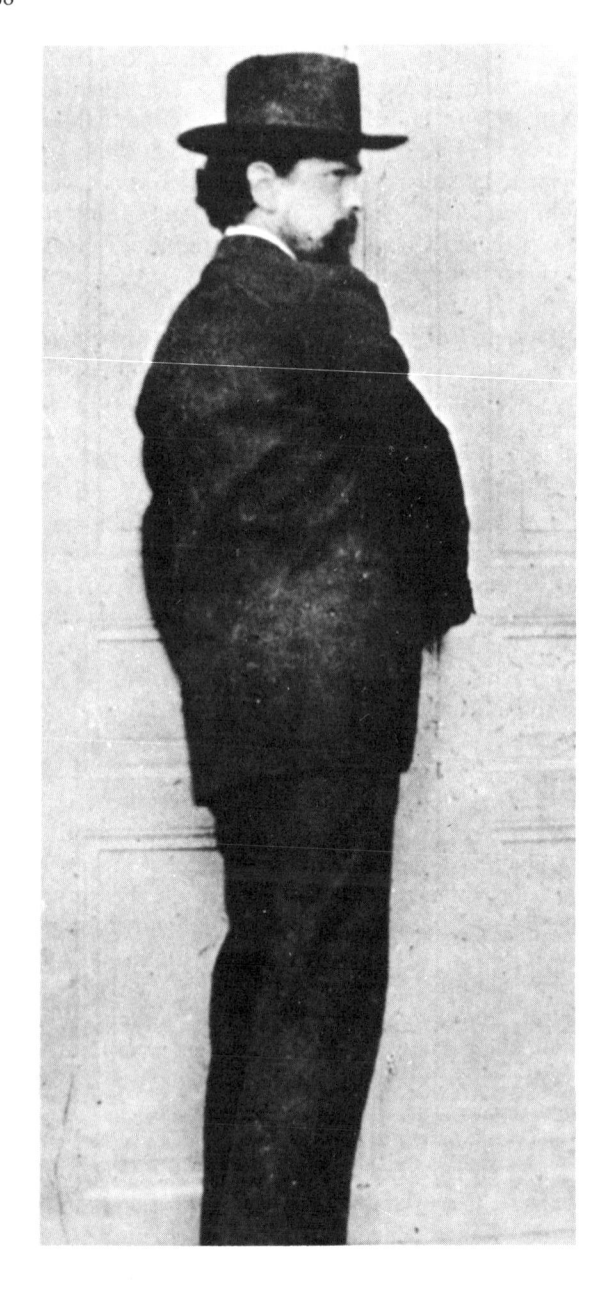

immer wieder in siegreiche Reprisen und Dur-Schlüssen endeten, so war das im Verständnis der bürgerlichen Hörer ein Hinweis auf die Fruchtbarkeit und den letztendlichen Erfolg ihres harten, schweren Unternehmerdaseins, so reich an Kämpfen und Enttäuschungen.

Wenn Beethoven sagte: „Ich will, wenn anders möglich, meinem Schicksal trotzen ... Nein, das könnte ich nicht ertragen, ich will dem Schicksal in den Rachen greifen, ganz niederbeugen soll es mich gewiß nicht!", so sprach er genau den Hörern aus der Seele.

Und wie sie war auch er der Überzeugung, daß er sein hartes, entsagungsvolles Geschick, seine aufopferungsvolle Arbeit immer im Hinblick auf eine Bereicherung der ganzen Menschheit auf sich nahm. Er und sie waren die antifeudalistischen Pioniere und Kämpfer in dem Dunkel, durch das die Menschheit zu neuen, lichten Höhen und neuer Freiheit kommen sollte. In diesem Bewußtsein waren sich Komponist und Hörer einig.

Mozart und Haydn hatten noch mit den Abhängigkeiten von Fürsten und Kirche zu kämpfen und bildeten durch ihre Werke erst ein Publikum heran, dessen Bewußtsein und Konzentrationsfähigkeit den neuen, entsagungsvollen Hörforderungen gewachsen war. Erst Beethoven konnte sich einem Publikum gegenüber sehen, das die Wagnisse, die in Beethovens Leben und Werken lagen, voll verstehen und als ihre eigenen erkennen konnte. Es verstand endlich die neue Sprache der wortlosen Musik.

Und Beethoven blieb auch die nie wieder erreichte Symbolfigur des bürgerlichen Künstlertums. Das lag nicht nur an der Art seines Lebens, sondern auch an der Gefühlsstruktur seiner Musik. Denn sie war tatsächlich, was die Sprunghaftigkeit und konzentrierte Spannung der Affekte betraf, radikal wie keine vor und nach ihm. Beethoven vertrat vollkommen den Anspruch der frühen Bürger, eine Revolution durchzuführen.

◀ Dies ist nicht Django, sondern Claude Debussy, aus einem oder in ein Zimmer tretend. Es ist kein deutsches, sondern ein französisches Lexikon, in dem solch ein normales, kein Helden-Bild enthalten ist.

15. Klassenmusik

Die neue Sinfonie hatte also nicht nur die Fähigkeit, dank ihrer strukturellen Widersprüche und ihrer autoritären Fixierungsmöglichkeiten zur Leibmusik des beginnenden Kleinbürgertums zu werden, sondern sie vermochte auch, in ihrem Gefühlsimpetus Antriebe und Verhaltensweisen unternehmerischer, also bourgeoiser Tätigkeit einzufangen. Das macht ihre bis heute reichende dauerhafte und allumfassende Stellung im Musikleben aus.

In dieser Musik vermag sich sowohl der individualistische Konkurrenzkampf des Unternehmers als auch das unzufriedene, explosive Brüten des Kleinbürgers wieder zu erkennen. Die Ungeklärtheit der Strukturprobleme und die Unklärbarkeit der Affektdramatik musizieren beide Lebenshaltungen aus.

Komponist und Hörer sind sich einig darin, daß die Probleme nicht überdacht oder gar geklärt werden müßten. Das mag zwar schwach sein, gilt aber als „menschlich", also als so schwach, wie der Mensch nun einmal ist. Der Schutz dieser Lebenshaltung wird durch ihre Propagierung als allgemeinmenschliche, allen Menschen vom Schicksal vorbestimmte Haltung betrieben. Dadurch wird verdeckt, daß diese Haltung als eine neueren Datums erkannt wird, die von Menschen gemacht ist.

Sie ist genau zu dem Zeitpunkt entstanden, als die bürgerliche Revolution einsetzte und mit dem Aufkommen des modernen Industriekapitalismus allmählich der Feudalismus abstarb und die Bedeutung der Kirchen niederging. Das Bürgertum stellte sich auf unterschiedliche Weise zu diesem Vorgang. Die großbürgerlichen Unternehmer vermochten die Entwicklung tatsächlich als Phänomen aufzufassen, das den Spielraum ihrer eigenen Handlungsfähigkeit, also ihre persönliche Freiheit, vergrößerte. Sie konnten sich frei entfalten. Das mittlere und kleine Bürgertum dagegen, früher in Deutschland treue und befehlsgewohnte Diener von Adel, Kirche und Stadt, sahen sich nun ihrer zentralen und tragenden Basis und Rolle beraubt, damit auch ihrer statusmäßigen Sicherheit. Unsicherheit, Zerrissenheit und Verzweiflung, ein unentschlossenes Schwanken zwischen den neuen, aktionsbestimmenden ökonomischen Polen der Gesellschaft, zwischen Bourgeoisie und Lohnarbeiterschaft, waren für sie häufig die Folgen, Erschütterung, Klage und Seelenqualen, die Fragen „Wer bin ich?" und „Wohin gehe ich?". Eben in diesem für die verschiedenen Zweige des Bürgertums so einschneidenden Moment erblühte die klassische absolute und – wie sie sich selbst nannte – freie Instrumentalmusik. Der besinnungslose Sturm ihrer Affektgewitter ist ebenso wenig wie die Unentschiedenheit und Zwiespältigkeit ihrer Struktur ihr Mangel, sondern die notwendige Bedingung ihrer Existenz innerhalb des zerrissenen Gefüges der Klassengesellschaft.

Nur innerhalb dieser Kategorien kann sich eine Parallelisierung oder Widerspiegelung der Musik zu allgemeingesellschaftlichen Umständen bewegen, nicht aber in einer arbeitstechnischen Vergleichbarkeit etwa zur Fabrikarbeit. Dort nämlich, innerhalb der klar kalkulierten und offen unmenschlichen Rationalität der Ausbeutung, findet sich keine Entsprechung zur Produktion der „klassischen" Musik. Und dort Entsprechungen zu suchen, heißt lediglich, den expansionistischen Anspruch des Bürgertums zu wiederholen: dessen Ausdrucksmittel als maßgeblich und anwendbar für alle anderen gesellschaftlichen Bereiche zu interpretieren. Tut man es, geht man im Glauben, sie zu entlarven, der Ideologie des Bürgertums auf den Leim. Die klassische Sinfonik mit all ihrer Unklarheit, Zwanghaftigkeit und Planlosigkeit in Struktur und Rezeption kann nur innerhalb dieser Grenzen bürgerlichen Bewußtseins und bürgerlicher Aktionsformen Vergleichen und Parallelisierungen unterworfen werden.

Die Hörhaltung äußerlich unbewegter Konzentration und innerer Überbewegtheit, wie sie in dem Peanuts-Comic von Schröder vertreten wurde, ist seit Beethoven nicht die allgemeine europäische Hörhaltung geworden. Bauern und Arbeiter und das untere Kleinbürgertum, daneben allgemein auch weite Teile der Jugend aller Klassen, sind heute weit davon entfernt, mit geschlossenen Augen Sinfonien zu hören. Diese Klassen bewahren sich das alte, sinnlich-körperliche Verhältnis zum Musik-Hören – wie es in dem Comic-strip von Lucy vertreten wird. Nur bestimmte bürgerliche Kulturfunktionäre konnten und können auf den Gedanken kommen, Arbeiter oder Bauern durch Einführungsvorträge oder Bildungskonzerte zum schweigenden Anhören und erschütterten Gefühlsleben angesichts der 9. Sinfonie bringen zu wollen, oder gar zu meinen, diese Sinfonien seien eigentlich Eigentum des Proletariats und müßten ihm zurückerobert werden. Diese letztgenannte Auffassung vertrat offensichtlich auch Zeit seines Lebens Hanns Eisler, was mich aber nicht dazu bringen wird, seine Meinung zu teilen.

Die Klassentrennung unserer Gesellschaft betrifft nicht nur die Arbeitsbedingungen, die Einkommensverhältnisse oder Familienverhältnisse, sondern selbstverständlich auch alle Formen kultureller Betätigung. Und für diese kulturelle Betätigung – betrachtet man einmal den Musikbereich – sind nicht in erster Linie wesentlich die Zahl der Konzertbesuche, die Menge des täglichen Radiohörens, das Ausmaß des Plattenbesitzes, die Teilnahme am Privatmusikunterricht oder die Häufigkeit des Besitzes von Kassettenrecordern. Dies will uns zwar eine gewisse platte Art der Musiksoziologie weismachen. Sie muß aber dabei übersehen, daß diese Einzelerscheinungen begründet und motiviert werden durch eine gemeinsame Grundlage, nämlich die Haltung zum Musikhören und Musikmachen. Diese Haltung ist es auch, die die einzelnen Aktionen und Entscheidungen bestimmt und ihre klassenspezifische Unterschiedlichkeit bedingt und erst verständlich macht.

Realitätsentzogen oder körperlich-sinnlich, das sind Ausdrucksformen, in denen sich die Klassentrennung unserer Gesellschaft auf musikalischem Gebiet verdeutlicht. Unter dieser Prämisse sind z. B. Phänomene zu untersuchen und zu beurteilen wie die „Erziehung zum Kunstwerk" im schulischen Musikunterricht oder das Verhältnis von Beamten und Lehrlingen zur Rock-Musik.

Das Unverständnis, das ein Lehrling gegenüber einer Beethoven-Sinfonie an den Tag legt, kann man tatsächlich als Folge mangelnder Bildung bezeichnen, wie es oft geschieht, aber nur dann, wenn unter Bildung verstanden wird einerseits die Konditionierung auf bürgerliche Verhaltensweisen, also auf das versenkte Hören klassischer Instrumentalmusik, und andererseits die Abqualifizierung von Verhaltensweisen, bei denen Hören, Singen und Körperbewegung als einheitliche Reaktion auf Musik empfunden und behandelt werden.

Die Hörhaltung stiller Versenkung und Erschütterung ist notwendig, und zwar so lange, wie die Sinfoniemusik und ihr Anhören eine gesellschaftlich wichtige Position einnehmen können, solange das Bürgertum unsere Gesellschaft bestimmt. Falsch wäre es, daraufhin die Beschäftigung mit Beethoven einzustellen. Hier könnte als Vorbild die Anti-Beethoven-Kampagne der chinesischen Kulturrevolution gelten, wenn es nicht so wäre, daß in China über diese offizielle „Abschaffung" der sinfonischen Musik offenbar Uneinigkeit bestanden hat, und daß es dort überhaupt die Möglichkeit einer solchen staatlichen Abschaffung gibt.

Bei uns bleibt die Abstinenz gegenüber Beethoven, was die gesellschaftliche und individuelle Veränderung betrifft, ohne jede Fortschrittlichkeit. Die Verbreitung von sinfonischer Musik wird bei uns von Staats wegen nicht unterbunden, sondern gefördert, und unsere Haltung zu jeder Art von Musik ist von dieser Tatsache bestimmt, ganz gleich, ob wir Beethoven mögen oder nicht. Welche Rock-Gruppe jemand gerne hört, ist auch davon abhängig, ob und wie er klassische Musik hört.

Es ist keine Lösung der Probleme der Musikpolitik und des musikalischen Hörens, wenn man einen Bereich, und dann womöglich noch denjenigen, der kompliziert zu verstehen und dessen Behandlung besonders risikoreich ist, einfach abschaltet.

Nur durch vermehrte, mit Informationen und Gedanken bereicherte Beschäftigung mit Beethovens und anderer sinfonischer Musik können wir uns von den Zwängen befreien, die uns bei unreflektierter Bewunderung oder Ablehnung dieser Musik bisher beherrschten.

Der Maler Ewald Vetter zeichnete seine Frau beim Anhören einer Schallplattenaufzeichnung der MISSA SOLEMNIS.

Peter Schleuning

Deponite potentes de sede! Stoßt die Mächtigen vom Thron!

Ein Bach-Zitat in Hanns Eislers Musik zur „Mutter"

Hanns Eisler, 1898 in Leipzig geboren, 1962 in Berlin (DDR) gestorben, war während seiner Jugend in Wien Schüler Arnold Schönbergs. In seiner ersten Berliner Zeit (1925–33) arbeitete er eng mit der KPD zusammen und war Mitglied vieler Kulturorganisationen der Partei. Seit etwa 1928 entstanden viele Stücke und Lieder nach Texten des ebenfalls in Berlin lebenden Bert Brecht. 1933 bis 1947 war Eisler im Exil, zunächst in west- und nordeuropäischen Ländern, dann in den USA. Ab 1949 lebte er in der DDR.

Der folgende Aufsatz[1] beleuchtet einige kompositorische Probleme, die sich für Eisler als bürgerlich ausgebildeten Komponisten ergaben, seitdem er sich bemühte, an der Seite des Proletariats revolutionäre Musik zu schreiben. Dies soll an einem scheinbar unbedeutenden Detail gezeigt werden, an einem Zitat, der Übernahme einer Stelle von J. S. Bach in die Musik der Kantate „Die Mutter" nach dem Text von Gorki/Brecht. Aber es sind in der Verwendung dieses Zitates viele Schwierigkeiten enthalten und zu beobachten, die für Eisler wie für jeden revolutionären Künstler bedeutsam sind, der – um mit Mao Tsetung zu sprechen – „das Beste aus dem literarischen und künstlerischen Erbe übernehmen muß, sich daraus kritisch alles Nützliche aneignen und es als Beispiel aneignen muß, wenn er das aus dem Volksleben unserer Zeit und unseres Landes gewonnene Rohmaterial zur Literatur und Kunst schöpferisch verarbeiten will" (Aussprachen in Yenan über Literatur und Kunst, 1942). Es handelt sich also um das praktische Verhältnis des revolutionären Kunstschaffens zur Tradition.

Die Eislersche Bühnenmusik zur „Mutter" wurde 1930/31 komponiert und erklang im Januar 1932 zum ersten Mal öffentlich. Sie enthielt 9 Stücke. Anläßlich der New Yorker Aufführung 1935 reduzierte Eisler den Part des begleitenden Orchesters auf einen Satz für zwei Klaviere und erweiterte die Zahl der Stücke um zwei bis drei. Jedenfalls hatte eine konzertante Aufführung der Musik mit kurzen verbindenden Zwischentexten in New York 1936 12 Stücke. 1949 wurde dann vom Österreichischen Rundfunk eine „Kantaten"-Fassung aufgeführt. Die Ostberliner Aufführung von 1951 (wieder mit Orchester) enthielt dann – mit Ouvertüre – 13 Stücke.[2]

Der Nr. 1 von Eislers Musik („Wie die Krähe") geht die Klage der Mutter über die Ärmlichkeit in ihrer Küche voraus:

„Fast schäme ich mich, meinem Sohn diese Suppe hinzustellen. Aber ich kann kein Fett mehr hineintun, nicht einen halben Löffel voll. Denn erst vorige Woche ist ihm von seinem Lohn eine Kopeke pro Stunde abgezogen worden, und das kann ich durch keine Mühe mehr hereinbringen ... Ich versuche es so und versuche es so. Ich spare einmal am Holz und einmal an der Kleidung. Aber es langt nicht. Ich sehe keinen Ausweg."[3]

Die nun folgende Musiknummer beginnt mit zwei Takten Einleitung und zitiert dann in Melodie, Tonart, Harmonik und Baßverlauf fast genau die Nr. 8 („Deposuit potentes") aus Johann Sebastian Bachs „Magnificat". Beide Stellen werden im Klavierauszug einander gegenübergestellt, die Bachsche Fassung ab dem Einsatz der Singstimme:

Der Text bei Bach lautet: *Deposuit potentes de sede et exaltavit humiles.* (Er – also Gott – hat die Mächtigen vom Sitz bzw. Thron gestoßen und die Niedrigen erhöht.)

In der folgenden Arie heißt es dann: *Esurientes implevit bonis et divites demisit* (Er hat die Hungrigen mit Gütern gefüllt und die Reichen leer ausgehen lassen.)

Der Text bei Brecht heißt (Eisler fügte das dritte „Arbeite" in der ersten Zeile hinzu):

Arbeite, arbeite, arbeite mehr,
spare, teile besser ein,
rechnen, rechne genauer!
Wenn die Kopeke fehlt,
kannst du nichts machen.

Eisler hat den Satz Bachs lediglich in den Einleitungstakten, in der Mittelstimme und in einigen durch den anderen Text bedingten rhythmischen Melodieteilen verändert. Ab Takt 8/9 beginnen sich die Kompositionselemente von der Vorlage zu entfernen und gehen allmählich, ab Takt 13 deutlicher, zu dem Duktus des später anschließenden Chorrefrains („Quasi marcia") über. Seine Melodie lautet:

Was immer du tust, es wird nicht genügen, deine Lage ist schlecht, sie wird schlechter. So geht es nicht weiter, aber wo ist der Ausweg?

Der Text der ersten und letzten Strophe des dreistrophigen Refrains heißt in Brechts Fassung:

Was immer du tust, es wird nicht genügen,
deine Lage ist schlecht, sie wird schlechter.
So geht es nicht weiter, aber was (Eisler: wo) ist der Ausweg?
Fruchtlos arbeitet ihr und scheut die Mühe nicht,
zu ersetzen das Unersetzbare
und einzuholen das nicht Einzuholende.
Wenn die Kopeke fehlt, ist keine Arbeit genug. (Zeile fehlt bei Eisler)
Über das Fleisch, das euch in der Küche fehlt,
wird nicht in der Küche entschieden.

Man ist von der Offenheit und Unversteckheit des Zitates bei Eisler überrascht. Vergleicht man dieses Zitat mit ähnlichen Fällen bei anderen Schönberg-Schülern, z. B. dem Bach-Choral in Alban Bergs Violinkonzert oder dem Tristan-Zitat zu Beginn der Bergschen Klaviersonate op. 1, erscheint vor allem das letztgenannte Zitat dem bei Eisler besonders verwandt. Einmal ist es ebenso mottoartig an den Beginn der Musik gestellt, dann auch hängt von seiner Identifizierung beim Hören sehr viel für das Verständnis kompositorischer Traditionsbezüge ab. Berg rechnete bei Menschen, die Klaviersonaten spielen oder in Konzerten hören, damit, daß sie das Zitat erkennen und damit auch Bergs Hinweis auf sein kompositorisches Bekenntnis (op.1!).

Ein Hörer aber, der weder Bach noch dessen Magnificat als Bezugspunkte der Musik erkennt, wird den Anfang der Eisler-Nummer lediglich als altertümlich oder der Vergangenheit angehörend empfinden. Das kommt für ihn auch nicht sehr überraschend, denn die gesamte Ouvertüre, eine dreistimmige Fuge mit deutlich „barocken" Spielfiguren, hat bei ihm schon diesen Hörbereich angesprochen.

Der Rückgriff auf vorklassische Muster ist Eislers musikalische Replik auf Brechts entsprechendes Verfahren im Bereich der Sprache. Eisler sagt hierüber:

> „Sein ursprünglicher Sinn für deutsche Formulierungen, für die deutsche Sprache – das war ihm so angeboren, damit hat er so frei operiert, daß es ihm gar nicht zum Bewußtsein kam ... Aber es ist nicht zu trennen von der Analyse einer Situation ... Nur ein unbestechlicher Blick für das Verhalten der Menschen kann zu solchen originellen Sprachschöpfungen führen.
> Also das ist ein ganz erstaunlicher Fall.
> Ich habe sehr viel darüber nachgedacht, und ich glaube, es kommt auch deswegen, weil Brecht eine ganze Periode der deutschen Sprachliteratur übersprungen hat. Brecht knüpft ja nicht an Lessing oder an Goethe an. Er knüpft an Luther an. Er überspringt die Klassik. Das hat er mir auch zugegeben. Das habe ich ihm schon vor langer Zeit gesagt.
> Das ist ein seltsames Zurück.
> Und da schon Luther selbst an die Volkssprache anknüpft – das ist ja eine der berühmtesten Lutherischen Formulierungen, „dem Volk aufs Maul schauen" –, so knüpft Brecht auch an die echte Volkssprache wieder an.
> Sie wissen, daß die hochdeutsche Sprache durch die Leistung Goethes eine ganz bestimmte Höhe bekam – aber auch eine Glätte. Der Einfluß Goethes hat sich auf die deutsche Literatur nicht ausgewirkt. Goethe war ein Sprachvirtuose allerersten Ranges. Brecht hat sich in diese klassische Virtuosität überhaupt nicht hineinbegeben."[4]

Eisler scheint diese Bevorzugung vorklassischer Muster als Hilfsmittel und Voraussetzung einfacher, klarer und volkstümlicher Ausdrucksweise in diesem wie auch in anderen Fällen auf die Musik übertragen zu haben, wenn auch die historische und artistische Distanz Luther-Goethe wesentlich größer ist als etwa die zwischen Bach und Beethoven. Bach hat nur in sehr begrenztem Maße „dem Volk aufs Maul geschaut".

Eislers Anlehnung an Brechts Gedanken geht aber noch weiter: Sie betrifft auch Brechts Theorie der gestischen Musik, die Eisler nach seinen eigenen Worten schon 1924 von Brecht gehört haben will[4] (Eisler kam erst 1925 von Wien nach Berlin!), und innerhalb dieser Brechts Bevorzugung der Musik Bachs.

Brechts Aufsatz „Über gestische Musik" (1938) ist recht mager, was Einzelhinweise angeht. Brecht definiert eine Sprache als gestisch, „wenn sie auf dem Gestus beruht, bestimmte Haltungen des Sprechenden anzeigt, die dieser anderen Menschen gegenüber einnimmt", d. h. als „gesellschaftlicher Gestus". Dieser ist „der für die Gesellschaft relevante Gestus, der Gestus, der auf die gesellschaftlichen Zustände Schlüsse zuläßt". Solche „Haltungen des Sprechenden anderen Menschen gegenüber" fand Brecht ganz besonders bei Bach ausgeprägt, und zwar auch unter demjenigen Gesichtspunkt, „mit welchem Gestus der Vortragende die einzelnen Partien bringen muß" – und der Hörer sie hört.[5]

Eisler berichtet:

„Wo Musik groß ist, zum Beispiel bei Bach, ist sie gestisch. Damit meinte Brecht einfach, daß Musik mitproduziert das Verhalten des Sängers und des Zuhörers ...
Zum Beispiel: Ich spielte Brecht immer wieder vor – auf seinen Wunsch – das Rezitativ aus der Johannespassion: ‚Jesus ging mit seinen Jüngern über den Bach Kidron. Da war ein Garten. Darein ging Jesus mit seinen Jüngern.' Hier wird also die Bibel erzählt.

Übrigens; der Tenor ist so hoch gesetzt – (Eisler imitiert) ‚tjam patram'. Ausdruck ist unmöglich, also Schwulst, Gefühlsüberschwang. Es wird referiert.

Das heißt, es wird auch das Zeigen des Vorlesers mitgebracht ... Also die Lokalität des Baches wird genau bezeichnet. Das empfand Brecht als ein Musterbeispiel gestischer Musik." „Die Entfremdung des Textes, das reine Aufsagen – bei großer Schönheit – hat auf Brecht immer einen großen Eindruck gemacht ... Brecht liebte in der Musik Klarheit und Vermeidung von Erhitzung."
Daher hielt er – neben Mozart, spanischen Flamencos, türkischer, algerischer und chinesischer Musik – besonders die Musik von Bach für „praktikabel".[6]

Dieser Gestus des kühlen und ausdrucks-, nicht aber gefühllosen Referierens, den Eisler auch für die Aufführung seiner Musik zu Brechts „Maßnahme", damit auch für alle seine Massenchöre, als verbindlich erklärte[7], dieser Gestus war es, den Eisler mit der Anlehnung an „barocke", speziell Bachische Formen zu erreichen suchte.

Innerhalb dieses Gestus war es auch möglich, über das Referieren hinaus bzw. in ihm eine bildlich-gestische Verdeutlichung des Textes zu bewirken. Und zwar scheint sich an Eislers Bach-Zitat die Überzeugung zu bewähren, daß auch ohne jede musikhistorische Kenntnis auf Seiten der Hörer dennoch Bachs Musik in ihrer affekt-bildlichen Präzision großenteils auch heute noch unmittelbar verständlich und wirksam ist. Dies bezieht sich bei dem Eisler-Zitat auf die in Bachs Musik enthaltene ungeheure Aktivität und Aggressivität.

Auf Grund des Arientextes war Bachs Kompositionsziel die Darstellung des Herabstoßens und des göttlichen Zorns dabei. Dieser Affekt des Zorns ist nach den Prinzipien der damaligen Kompositionslehre verwirklicht, wie Bach sie besonders eingehend verstand und anwendete. Vor allem die scharfen Punktierungen in Verbindung mit ungewöhnlichen Intervallsprüngen (T. 4 und 6 bei Eisler: Tritonus und verm. Septime) dienen diesem Ziel der Affektdarstellung und -provozierung. Selbst die Wahl der Tonart (fis-moll) begünstigt nach den Gesetzen der damaligen Musikästhetik die Affektdarstellung von „Groll und Mißvergnügen" (C. F. D. Schubart[8], vgl. auch die Zorn-Verzweiflungs-Arie „Ach, mein Sinn, wo willst du endlich hin" aus der Johannes-Passion: sie steht ebenfalls in fis-moll).

Der Hörer, der weder Bach noch Magnificat erkennt, vernimmt zunächst eine verfremdende Distanz zwischen Text (aktuelle, „niedrige" Küchensituation) und Musik (altertümliche „Hoch"-Sphäre), wodurch die Musik den Text nicht klagend verdoppelt, d. h. sich in den Text einfühlt und ihn nachahmt, sondern eine kühl referierende Singweise und eine kühl reflektierende Hörweise stimuliert. Darüber hinaus ist eine gewisse zornige Aktivität erkennbar über die Jahrhunderte hinweg, vom Hörer vielleicht interpretiert als der Zorn, mit dem der Pelageja bzw. dem Hörer eine falsche Haltung vorgehalten wird.

Wohlgemerkt: Dies steht nicht im Widerspruch zu dem Gestus des kalten Referierens, denn mit dem Bach-Zitat wird nicht der Affekt des Zornes auf den Hörer übertragen, sondern der Zorn wird lediglich als Gestus „des Sprechenden anderen Menschen gegenüber" gezeigt. Der Zorn wird nicht versüßt und zur Nachahmung empfohlen. Insofern wird die Musik tatsächlich mit „gesellschaftlichem Gestus" verwendet, und zwar indem sie eine Haltung als falsch zeigt und angreift: das blinde Rennen gegen Mauern ohne die Frage danach, wer denn die Mauern aufgebaut hat und wie sie zu beseitigen sind.

Vielleicht könnte dieser ganz unbefangene Hörer auch die schwierigen Koloraturen zu Beginn des Zitates mit dem Textwort „Arbeite nur!" verbinden und sie als musikalisches Bild einer anstrengenden, aber nutzlosen Arbeit deuten. Dann stände er in der Tradition der komischen Opern des 18. Jahrhunderts, in denen die ironische Vergegenständlichung des hektischen, aufgeblasenen und sinnlosen Hoflebens mittels der Koloraturen der Hofoper an der Tagesordnung war. Für diese Deutung der Koloraturen wären also ihre komplizierte Bewegung als auch ihre im Textzusammenhang nutzlosen technischen Anforderungen ausschlaggebend.

Wie steht es aber mit dem Spezialisten-Hörer, der das Zitat identifiziert? Offenbar haben Brecht und Eisler ihn durchaus im Blick. Brecht selbst betont 1935, daß die „Mutter" im Gegensatz zu den „Rundköpfen und Spitzköpfen" sich nicht „an das ‚breitere' Publikum wendet und die reinen

83

Er hat das Zitat identifiziert, nachdem er lange und genau beim Schein der Kerze die Eisler-Gesamtausgabe studiert hat. Kein Wunder, denn es ist Bach selbst, wie er da – von Batt ins Leben zurückgerufen – mit seinen erwiesenermaßen kurzsichtigen Augen in die Noten blickt.

Unterhaltungsbedürfnisse weniger berücksichtigt" (Eisler schrieb für die „Rundköpfe" Songmusik). Und Brecht fährt über die Musik zur „Mutter" fort:

> „Die Musik Eislers ist keineswegs das, was man einfach nennt. Sie ist als Musik ziemlich kompliziert, und ich kenne keine ernsthaftere als sie. Sie ermöglicht in einer verwunderungswürdigen Weise gewisse Vereinfachungen schwierigster politischer Probleme, deren Lösung für das Proletariat lebensnotwendig ist ... Wer glaubt, daß einer Massenbewegung, die sich der schrankenlosen Gewalt, Unterdrückung und Ausbeutung gegenübersieht, ein so strenger und zugleich so zarter und vernünftiger Gestus, wie ihn diese Musik propagiert, nicht angemessen sei, der hat eine wichtige Seite dieses Kampfes nicht begriffen."[9]

Die Musik zur „Mutter" scheint also durchaus auch oder gerade für solche spezialisierten Hörer geschrieben worden zu sein, die etwas so „Kompliziertes" wie das Identifizieren des Zitates bewerkstelligen können. Inwiefern wäre dann für sie in „strengem und zugleich so zartem und vernünftigem Gestus" eine „gewisse Vereinfachung schwierigster politischer Probleme" ermöglicht?

Ein Hörer, der die Sphäre Barockmusik oder Bach-Arie erkennt, wird vielleicht das Zitat so verstehen, daß er die Ergebenheit der Pelageja in ihr Schicksal mit der in der Religion und damit auch in vielen Bachschen Kantatentexten geschürten Unterwerfung unter die himmlischen und weltlichen Mächte in Verbindung bringt (z. B. in Kantate Nr. 103: „Kann ich nur Jesum mir zum Freunde machen, so gilt der Mammon nichts bei mir"). Er könnte also das Zitat als historisches Pendant oder historische Begründung der Beschränktheit der Pelageja begreifen.

Daß eine solche Möglichkeit des Zitatgebrauches bei Eisler in bestimmten Fällen bestand, könnte folgender Ausspruch von ihm beweisen:

> „Der Ausdruck: ‚Herr, gestatte mir, mich im Staube wie ein Wurm vor Dir zu krümmen' – wenn ich das so als gewisse Salon-Religiosität nennen kann –, ist eine unangenehme Art von Mitteilung, die ich zum Beispiel, zumindest als kultivierter Mensch, geschmacklos, arg geschmacklos finde. Das ist Bach, aber nicht 1957 jemand gestattet."[10]

Was aber kann sich für den ergeben, der das Bach-Zitat beim Hören genau erkennt? Ein solcher Hörer wird den ursprünglichen Text- und Sinnzusammenhang bei Bach assoziieren – er muß Latein verstehen! Dadurch wird er auf Grund der Erinnerung an den Text „Deposuit potentes" neben dem Zornaffekt nun auch die Bewegungsfigur in der Musik verstehen, nämlich die Abwärtslinien in Melodie und Baß als Bild des Hinabstürzens bzw. der Armbewegung Gottes.

Weiter könnte der Spezialist auf Grund des im Hintergrund präsenten Magnificat-Textes tatsächlich so etwas wie die „Vereinfachung schwierigster politischer Probleme" erkennen. Pelageja beklagt ihr Elend mit der gleichen Haltung des Gläubigen, der seine Befreiung aus Not und Unterdrückung von der göttlichen Vorsehung erhofft: „Der Herr hat die Niedrigen erhöht und die Hungrigen mit Gütern gefüllt". Die Musik interpretiert die Haltung der Pelageja als jene gläubig-fatalistische Haltung, die die kirchlich-staatliche Tradition dem Volk schon immer als lähmende und verblendende Ideologie aufdrängte.

Und mit dem allmählichen musikalisch-stilistischen Übergang von der Bach-Arie zum Chorrefrain wird der Übergang der Pelageja von der fatalistischen Haltung zu der Erkenntnis verdeutlicht: „Über das Fleisch, das euch in der Küche fehlt, wird nicht in der Küche (und auch nicht in der Kirche) entschieden", oder: Nicht der Herr, sondern nur ihr selbst stoßt die Mächtigen vom Thron!

Eisler scheint hier den Versuch gemacht zu haben, den Gedanken:

> Es rettet uns kein Höh'res Wesen,
> kein Gott, kein Kaiser noch Tribun!
> Uns aus dem Elend zu erlösen,
> können wir nur selber tun!

im Idiom der Kunstmusik auszusprechen: vom Bachzitat zum Massenchor-Refrain.

An diesem Punkt wird eine Tatsache bedeutend, die noch nicht erwähnt wurde: Das Entstehungsdatum der Musiknummer 1 ist ungewiß. Man weiß zwar, daß diese Nummer in den frühen Berliner und New Yorker Aufführungen enthalten war, aber die Musik ist nur aus den Fassungen der Zeit ab 1949, also der DDR-Zeit Eislers, erhalten. Und ob sie in dieser Form, mit Zitat, schon in Berlin und New York erklang, oder ob diese Zitatfassung für die „Kantaten"-Fassung von 1949 nachkomponiert wurde, ist unklar.[11]

Durch diese Unklarheit gewinnt das Zitat-Problem eine besondere Bedeutung für eine revolutionäre Musikproduktion: Sowohl die Funktion des Spezialisten als auch die musikalische Ausbildung der Bevölkerung sind unterschiedlich oder sollten doch unterschiedlich sein vor und nach der Revolution bzw. – für den Fall der DDR – vor und nach der Umverteilung der Produktionsmittel.

Für den Fall der Entstehung 1932 bliebe die Tatsache schwerwiegend, daß dieser geistreiche musikalische Kommentar zum Text nur Spezialisten erkennbar wird, daß sich also der Spczialist Eisler und der Spezialist Hörer klammheimlich zuzwinkern, diese Freude allerdings für sich behalten. Das Zitat wird so zu einem Intellektuellen-Witz.

Die Alternative zu diesem Verfahren braucht allerdings nicht so auszusehen, daß sämtliche Einzelheiten künstlerischer Produkte ohne Erklärung oder Ausbildung sofort von den Massen auf allen Bedeutungsebenen begriffen werden. Damit wäre jede Form von künstlerischer Weiterentwicklung und vor allem jeder Lernprozeß blockiert. So versteht Brecht zwar allgemein unter „Volkstümlichkeit" folgendes:

> „den breiten Massen verständlich, ihre Ausdrucksform aufnehmend und bereichernd/ ihren Standpunkt einnehmend, befestigend und korrigierend/ den fortschrittlichsten Teil des Volkes vertretend, daß er die Führung übernehmen kann, also auch den anderen Teilen des Volkes verständlich/ anknüpfend an die Traditionen, sie weiterführend/ dem zur Führung strebenden Teil des Volkes Errungenschaften des jetzt führenden Teils übermitteln."[12]

Aber er meint damit eben nicht einfach das Luthersche „dem Volk aufs Maul schauen" als Abklatsch, sondern: „Dem Volk aufs Maul schauen ist etwas ganz anderes als dem Volk nach dem Mund reden." (Brecht)
Und:

> „Man braucht nicht die Forderung aufzustellen, daß künstlerische Werke sofort allen, die sie zu sehen kriegen, verständlich sein sollen, wenn man eine Literatur für das Volk haben will. Das Volk kann sich literarischer Werke auf vielerlei Art bemächtigen, in Gruppen, selbst kleinen Gruppen, die schnell verstehen und das Verständnis verbreiten, oder indem es sich an einiges in den betreffenden Werken hält, das es sogleich versteht und von dem aus es durch Rückschlüsse im Zusammenhang das anfänglich Unverständliche sich klärt. Schreiben für kleine Gruppen ist nicht gleichbedeutend mit Verachten des Volkes. Es kommt darauf an, ob diese Gruppen ihrerseits die Interessen des Volkes bedienen oder ihnen entgegenarbeiten."[13]

Auch wenn der nicht-spezialisierte Hörer erfahren hat, worum es sich bei dem Zitat handelt, kann er wohl die Zusammenhänge erkennen, aber er kann die Eislersche Technik nicht für sich nutzbar machen, sie sich aneignen, es sei denn, er begänne, sich einer kulturellen Organisation anzuschließen, die „den Arbeitern die Musik des Feudalismus und die Musik des Bürgertums eroberte", eine „reformistische Handlung", wie Eisler 1931 selbst sagte, „die zwangsläufig ästhetisch wertvolleres Material gegen politisch wertvolleres Material ausspielt, und, ohne es zu wollen, die Zwecke der Bourgeoisie fördert."[14]

Eislers Zitatverfahren ist also in sich nicht ganz ohne Widerspruch, da es auf die musikalische „Bildung" des Hörers spekuliert, seine Versiertheit in der historischen musikalischen Literatur. Jedoch kann man dieses Problem nicht individuell auf Eisler beziehen. Es ist zu bedenken, wie jung um 1930 noch die gesamte Praxis der „kunst"-mäßigen Komposition im Interesse des Proletariats war: Eisler war ja der erste überhaupt in Deutschland, der die Frage grundsätzlich und als Zentralproblem seiner Arbeit anging. Er war in seiner Stellung als Komponist bürgerlicher Herkunft damit zunächst allein und bemühte sich, seinen Standpunkt zu dieser Frage im Kontakt mit dem Proletariat zu finden. Da er ohne Vorbilder vorging, experimentierte und erprobte er zunächst einmal verschiedene Lösungsmöglichkeiten, ehe er sie diskutieren und auf ihre Brauchbarkeit hin prüfen konnte. Die Frage ist, was Eisler aus den Erfahrungen mit der „Mutter" für seine weitere Tätigkeit gewonnen hat, wie weit er daraufhin sein Verfahren modifiziert hat.[15]

Allerdings dürfte er zumindest bei der Berliner Aufführung – dem Bericht von Ernst Busch nach[16] – wenig Möglichkeit zum Sammeln von Erfahrungen gehabt haben, denn angeblich war nach der Uraufführung wegen „baupolizeilicher" Gründe nur noch eine Lesefassung in einem anderen Theater möglich.

Eislers Arbeit stand in der Auseinandersetzung mit den genannten Produktionsproblemen immer in dem Zwiespalt, der sich aus der gleichzeitigen Bemühung um Popularisierung und Hebung des Niveaus ergibt, und der auch aus dem folgenden Zitat aus dem Jahre 1931 spricht:

> „Die Kunst hat nicht mehr die Aufgabe, das Schönheitsbedürfnis des Hörers zu befriedigen, sondern sie benutzt die Schönheit, um den einzelnen anzulernen, um ihm die Ideen der Arbeiterklasse, die aktuellen Probleme des Klassenkampfes faßlich und greifbar zu machen.
> Zur gegenwärtigen Praxis der neuen Methoden der Arbeitermusikbewegung wäre folgendes zu bemerken: Es gibt hier kein Rezept, sondern es ist die Aufgabe der der Arbeitermusikbewegung ange-

schlossenen Spezialisten und Fachleute, zu überprüfen, welche Materialveränderungen diese neuen Funktionen der revolutionären Musik zwangsläufig mit sich bringen.
Es ist aber zugleich auch Aufgabe der breiten Massen der Arbeiter und ihrer Funktionäre, ihre Fachleute zu dieser Überprüfung zu zwingen und die Resultate durch Anwendung in der Praxis zu kontrollieren und zu kritisieren."[17]

Gehört die Zitatmethode zu den Materialveränderungen, die die neue Funktion der Kunst zwangsläufig mit sich brachte? Waren die Funktionäre und Fachleute der Partei in der Lage, auf diese und ähnliche Fragen detaillierte, produktive Antworten zu geben? Das ist angesichts der weitgehenden Unkenntnis über die musikalisch-politischen Diskussionen jener Zeit schwer zu sagen. Wenn man sich einmal eine kritische Stelle aus der „Roten Fahne", dem Zentralorgan der KPD, aus dieser Zeit ansieht, nämlich die Rezension von Brecht/Dudow/Eislers Film „Kuhle Wampe" (Urauff. April 1932), dann erhält man den Eindruck, daß Eisler eventuell – wie auch nach dem Faschismus – wenig Glück mit seinen Kulturfunktionären hatte, daß die Äußerungen dieser Spezialisten nicht immer praktisch und hilfreich waren, sondern z. T. voller allgemeiner, grober und herablassender Einschätzungen:

„Es bleibt jedoch eine etwas schiefe Darstellung des Proletariats zu bemängeln. Ohne Zweifel liegt ein Mangel an praktischer Erfahrung im täglichen Kampf, am Kontakt mit den revolutionären Massen und ihren Organisationen, eine gewisse Unkenntnis des Proletariats vor, die sich durch kein noch so eifriges theoretisches Studium allein, sondern nur durch gleichzeitige revolutionäre Praxis überwinden lassen kann. Die weitere Entwicklung einiger der beteiligten Künstler im proletarisch-revolutionären Sinne hängt von dieser entscheidenden Frage ab ... Wir reichen ihnen als Kameraden die Hand. Kommt ganz zu uns; es ist für euer Schaffen, dessen Wert wir anerkennen und das wir brauchen, von grundlegender Bedeutung."[18]

Bleibt nur noch dazu zu sagen, daß Brecht und Eisler bis zur Gründung der DDR kaum noch Gelegenheit hatten zu einem intensiveren Kontakt mit den „revolutionären Massen" und daß sie auch trotz dieser Aufforderung nicht in die KPD eintraten.

Für den Fall der Entstehung im Jahre 1949 nimmt die Bedeutung des Bach-Zitates einen gänzlich anderen Charakter an. Im Jahre 1949 wird die DDR gegründet. Eisler schreibt offizielle Musik: Die Nationalhymne, die Kinderhymne („Anmut sparet nicht und Mühe, Leidenschaft nicht noch Verstand, daß ein gutes Deutschland blühe, wie ein andres gutes Land") nach Worten von Brecht, die „Neuen deutschen Volkslieder" nach Worten von Johannes R. Becher, zum Tag des Friedens das „Lied vom Frieden" mit einem Text von Ernst Fischer, schließlich die „Rhapsodie für großes Orchester mit Sopransolo" nach Worten aus Faust II („Doch erfrischet neue Lieder, steht nicht länger tief gebeugt, denn der Boden zeugt sie wieder, wie von je er sie gezeugt"), darin ein Instrumentalteil voller Zitate aus Filmmusik, Schlager und Klassik.

Es geht in der DDR jetzt um den Kampf für Aufbau, Volkserziehung, Sicherung des Sozialismus. Für diesen Fall hatte Eisler 1931 gesagt, „daß die Arbeiterschaft die einzige Klasse ist, die nach dem Zusammenbruch und dem Verfall der Musikkultur der Bourgeoisie, den wir jetzt erleben, gierig das Erbe der großen bürgerlichen Musik antreten wird."[19]

Der Anschluß an das „Erbe" ist nun auch ganz offen. Überall in den genannten Werken wird die Harmonik und die Melodik der traditionellen Lied- und Sinfoniemusik direkter und programmatischer verwendet als früher bei Eisler. Damit soll die Ableitung der sozialistischen Staatsgründung aus der fortschrittlichen bürgerlichen Tradition unterstrichen, ein Bekenntnis zu ihr markiert und die Aufforderung zur Aneignung dieses fortschrittlichen „Erbes" ausgesprochen werden.

1962 sagt Eisler in diesem Sinne:

> „Werke wie Wilhelm Meister oder Tasso oder auch die Odyssee gehören zu einem Bildungsgut, daß jeder Arbeiter unbedingt besitzen muß. Das heute zu popularisieren, zeigt nur, welche Schwierigkeiten wir haben, indem wir wirklich das Bildungsprivileg brechen und versuchen, die höchsten Spitzen der Weltkultur jetzt gewissermaßen volkseigen – VEB – zu machen."[20]

Das Ziel ist, so Eisler 1958, „daß in 50 Jahren Homer gelesen wird wie die BZ am Mittag."[21] Unter diesem Aspekt

Musical Appreciation in an English secondary school. Es scheint, den Kindern wird gerade die phrygische Kirchentonart beigebracht (auf dem Klavier von e die weißen Tasten aufwärts), und zwar transponiert auf den Grundton c. An der Tafel steht die phrygische Melodieformel: c g as g f es des c. Die charakteristischen Töne sind mit Pfeilen gekennzeichnet (kleine Sext as, kleine Terz es, kleine Sekunde des). Der dem Betrachter zunächst sitzende Schüler scheint zu denken: Die drei Minuten bis zur Pause schaff ich auch noch. Der Lehrer, ihn betrachtend, scheint zu denken: Schüler Jim scheint unaufmerksam; Ich werde ihn zu dem letzten Phonographen-Beispiel befragen. Der Photograph hat hoffentlich dem Schüler zugeraunt: Phrygisch!

könnte das Bach-Zitat im Blick auf eine zukünftige Gesellschaft komponiert sein, für die die Kenntnis Bachscher Musik selbstverständlicher Besitz ist, für eine Gesellschaft, in der „die Dummheit ... mit Erziehung ausgetrieben wurde" durch „eine hervorragende Musikerziehung".[22]

Das Zitat fordert zu solcher Belehrung und Popularisierung auf, aber vor allem: Es hat wie die „Rhapsodie" die Funktion, praktisch anzuleiten und Richtung zu weisen für die Überlegungen zu einer Musikerziehung und -produktion am Beginn einer sozialistischen Gesellschaft. Es ist eine Demonstration davon, wie die Popularisierung der bürgerlichen Musik in einer sozialistischen Musikerziehung zu erfolgen hat: nicht als Werkvorführung, die zur Bewunderung und Passivität auffordert, sondern als eine Verbindung von Darstellung und praktisch-interpretierender Analyse, einer

Analyse, die sich aus der Konfrontation der historischen Musik mit aktueller Thematik ergibt.

Die Musikgeschichte muß zugleich dialektisch analysiert und produktiv verwendet werden, d. h. sie muß zugleich als Spiegelbild und Stimulans gesellschaftlicher Widersprüche verständlich gemacht werden, wie es im Falle des Bach-Zitates geschieht: Bachs Musik stützt einerseits die Reaktion in ihrer Bindung an den kirchlich-regressiven Text, andererseits aber geht sie in ihrem leidenschaftlichen Gestus weit über den engen Text-Musik-Rahmen hinaus und wird auf diese Weise volkstümlich.

Es sieht nicht so aus, als wenn Eislers praktisch-kompositorische Vorschläge zur Musikerziehung aus den frühen Jahren der DDR aufgegriffen oder überhaupt als solche erkannt und verstanden worden wären. Zwar ist im Kanon des DDR-Musikunterrichts neben Musiklehre (Theorie) und Liedgesang das Hören von Werken der dritte Hauptpunkt. Aber gerade der praktische Aspekt, den Eisler für die Auseinandersetzung mit traditioneller Musik vorschlägt und vorführt, fehlt völlig. Jeder Ansatz zur Selbstproduktion in Verbindung mit der Rezeption fehlt, damit auch die Möglichkeit, daß die Schüler durch den Bezug des Gehörten auf ihre eigene Situation zu einem differenzierten, produktiven Verhältnis zur Tradition kommen.

Stattdessen heißt es in den Methodischen Hinweisen zum Lehrplan im Fach Musik von 1969/70 über die Resultate des Musikhörens in der 10. Klasse:

„Im Musikhören haben die Schüler eine Auswahl von Musikwerken des sozialistischen Gegenwartsschaffens und des kulturellen Erbes kennengelernt, die von kulturgeschichtlicher, künstlerischer und erzieherischer Bedeutung sind und als Bestandteil unserer Nationalkultur im Leben unserer sozialistischen Gesellschaft ihren festen Platz haben. Diese Arbeit hat dazu beigetragen, den Klassenstandpunkt der Schüler, ihre Liebe zur Arbeiterklasse und zur DDR sowie ihre Liebe zur Musik zu vertiefen."[23]

Hier fehlen alle Ansätze zu einer Übernahme auch der musikalischen Produktionsmittel durch das Volk. Die Möglichkeit, seine eigenen Bedürfnisse auch musikalisch zu äußern, ist fast gänzlich abgeschnitten.

Eisler hat diese Gefahren des uneinsichtigen Umgangs mit der Musikgeschichte bald gesehen. Auch seine eigenen Erfahrungen mit seinem „Faust"-Projekt[24] mögen ihn in seinen Zweifeln bestärkt haben, ob er mit seinem Eintreten für die Übernahme des klassischen „Erbes" nicht wider Willen falschen Tendenzen in die Hände arbeite. So äußert er 1962, nachdem er eine gewisse Zeit die Kulturpolitik der DDR hatte beobachten können, folgendes:

> „Ob es notwendig ist – mein Freund Brecht würde sagen: nein! –, daß Tasso und Iphigenie von Goethe, zwei herrliche Werke, tatsächlich die Volkstümlichkeit einmal haben werden, ... darüber kann ich gar nicht entscheiden. Das hängt von unseren Schulen, von unseren Lehrern ab. Und da komme ich immer wieder auf den Satz: Lehret die Lehrer. Sonst gibt es nichts."[25]

Wie Wolf Biermann erzählt, hat Eisler ihn einmal vor allzu intensiver Beschäftigung mit der Musikgeschichte gewarnt. Sie sei im Hinblick auf einen sozialistischen künstlerischen Standpunkt nur dann nicht gefährlich, wenn man – wie Eisler selbst – von einer höheren Warte aus über die musikgeschichtlichen Gegenstände verfüge und eine sozusagen kalkulierte Volkstümlichkeit erreichen könne. Für eine intuitive, ursprüngliche Volkstümlichkeit, wie Eisler sie an Biermann zu erkennen glaubte, könne es aber große Schwierigkeiten durch die Anwendung musikgeschichtlicher Kenntnisse geben, sogar Schädigungen der eigenen Produktion, was ihre Volkstümlichkeit betrifft.

Es scheint also, als sei Eisler nach seinem Eintreten für eine Popularisierung der bürgerlichen Musiktradition (1949) auf Grund der Entwicklung der DDR-Musikpädagogik dann doch von Zweifeln und Unsicherheit über den Nutzen *solcher* Verbreitung des „klassischen Erbes" befallen worden. Er riet Biermann – mit Brecht –: Im Zweifelsfall geht Popularität und Produktivität immer vor klassischer Volksbildung.

Nachwort

Es hat sich inzwischen herausgestellt, daß das Zitat nicht von 1931 stammt, sondern von 1949.[26] Mit dieser Information könnte man die alternative Fragestellung des Aufsatzes fallenlassen und sich ganz den Gedanken über die spätere Einfügung des Zitates zuwenden. Nun kam aber einige Zeit nach dieser Entscheidung Fabio Schaub mich besuchen und erzählte, er und andere hätten in Stücken der „Mutter", die unbedingt von 1931 sind, noch weitere versteckte Zitate entdeckt, unter anderem sogar von Mussorgsky und Chopin! Ich scheue mich davor, diesen neuen Funden und den sich daraus ergebenden Konsequenzen nachzugehen. Ich fürchte um mein Eisler-Bild! Deshalb stelle ich vorerst die Zitatensuche bei Eisler ein, sozialisiere aber das Problem:
Ich und der Verlag veranstalten ein

Preisausschreiben

Jede Person, die in Eislers Musik zur „Mutter" mindestens 5 musikalische Zitate identifiziert und dem Verlag bekannt gibt, erhält ein Freiexemplar dieses Buches. Für jedes weitere gefundene Zitat ist ein Buch aus dem Verlagsprogramm nach freier Wahl ausgesetzt.
Entsprechende Mitteilungen bitte unter dem Stichwort „Eislerzitat" an den Verlag.
Über die Richtigkeit der eingegangenen Meldungen entscheidet eine unabhängige Expertenkommission (Vorsitz: Dr. Spüreisen).
Von der Teilnahme ausgeschlossen sind Angestellte des Verlages, des Berliner Eisler-Archives und der Wach- und Schließ-Gesellschaft.

„In Seldwyla darf die Eroica nur noch mit der Mundharmonika gespielt werden"
                (D. E. Sattler, Thesen zur Staatenlosigkeit)

Hindemith und Brecht in Baden-Baden
Anspielungen in „Mahagonny"

Wie „Die Zeit" vom 29. 7. 1977 berichtet, soll Brecht/Weills Oper „Aufstieg und Fall der Stadt Mahagonny" zahlreiche, zum Teil stark parodistische Anspielungen auf das Zusammenwirken von Paul Hindemith und Bertolt Brecht während der Baden-Badener Musiktage 1927-29 enthalten. Außer auf Hindemith („Paule Ackermann") soll dabei in unmißverständlicher Form auch auf die beiden anderen Mitgründer der Donaueschinger und Baden-Badener Musiktage, Heinrich Burkard und Joseph Haas, sowie auf Hindemiths Mainzer Verleger („Willy, der Prokurist") angespielt sein.

Friedrich Hommel, der Autor des Beitrags und kommissarischer Leiter des Fachbereichs Musik beim Südwestfunk, sieht in Brechts erweitertem „Mahagonny"-Text ein eindeutig zu entschlüsselndes biographisches Dokument, das sich über weite Passagen auf die zunehmende Kontroverse zwischen Brecht und Hindemith bezieht. Nach Art eines Lehrstücks soll Brecht darin vor allem Hindemiths Versuch eines Zusammengehens mit der damaligen musikalischen Jugendbewegung Fritz Jödes gerügt haben. In dem Stück wird Paule Ackermann alias Hindemith schließlich sogar hingerichtet „wegen Singens lustiger Lieder bei dem Heraufkommen des Taifuns", das heißt angesichts der heraufziehenden nazistischen Bedrohung.

Mit der Deutung Hommels präsentiert sich ein interessanter Abschnitt in der Geschichte der Beziehungen zweier Hauptvertreter der Musik und Literatur in unserem Jahrhundert in neuem Licht.

Zur Zeit sind beim Südwestfunk und der Bäder- und Kurverwaltung Baden-Baden Überlegungen im Gange, das einstige Baden-Badener Frühjahrs-Musikfest mit besonderem Akzent auf speziell radiophonische Kunstformen wieder zur regelmäßigen Einrichtung zu machen.

—SWF-Informationen, 3. 8. 1977

Peter Schleuning / Hans-Peter Graf

Flöte und Akkordeon

Zur Soziologie des Instrumentenbaues im 19. Jahrhundert

Was du mitbringst, magst du greifen,
Schatz ist unerschöpflich da –
Glück und Unglück? Einst wird ja
jedem seine Ernte reifen.

> Mancher glaubt, er braucht das Glück zum Leben,
> und vergißt, daß nur der tät'ge Mann
> von den sorgsam aufgezognen Reben,
> und im Herbst nur, Trauben lesen kann.
>
> Sieger bleibt in jenem Streite
> und zuletzt wird lachen,
> wer das kann: die schwächre Seite
> zu der stärkern machen.
>
> August Lämmle zum 100. Jahre des Hauses Hohner

Der Aufsatz soll die Geschichte des beginnenden und wachsenden industriellen Kapitalismus in Deutschland und die begleitenden Klassenkämpfe an einem Beispiel aus dem Musikinstrumentenbau darstellen, nämlich am Vergleich der Entwicklungsgeschichten von Querflöte und den Harmonikainstrumenten (Mundharmonika, Akkordeon).

Der Instrumentenbau ist – neben dem Musikdruck[1] – das vielleicht einzige Gebiet, von dem aus man Aufschlüsse gewinnen kann über die Verbindungen zwischen der musikalisch-instrumentalen Produktionsbasis und sowohl der kompositorischen als auch der industriellen Produktion. Das heißt, daß auch über die Beziehungen zwischen kompositorischer und industrieller Produktion untereinander einiges herauskommen kann. Das hat wohl auch Konrad Boehmer gemeint, als er schrieb:

> „Einerseits hat die Entwicklung der materiellen Produktionskräfte ihren Einfluß auf die musikalische Produktion: die technologische Entwicklung hat ihren Einfluß auf den Instrumentenbau und die Aufführungs- und Verbreitungsbedingungen von Musik ... Zudem haben die Widersprüche zwischen den Produktivkräften und den Produktionsbedingungen einen tiefgreifenden Einfluß auf die musikalischen [soll wohl heißen: kompositorischen] Entwicklungen selber. Sie regen Komponisten zu Experimenten an, zwingen sie zu Kompromissen und lenken ihre Arbeit in eine gewisse Richtung."[2]

Die Beobachtung des musikalischen Instrumentenbaues hat für die Beleuchtung des Verhältnisses zwischen industrieller und künstlerischer Produktion einen gewissen Vorteil gegenüber dem Ansatz „von der Komposition aus": Einmal ist die Beziehung zu industrieller Produktion direkter, und für die noch unsicheren materialistischen Analysen

„von der Komposition aus" wird eine Arbeits- und Orientierungshilfe geboten. Ferner liegt auf diesem Gebiet eine Menge ganz unausgeschöpften Materials aus der positivistischen Forschung bereit, dessen Auswertung noch kaum in Angriff genommen ist, aber großen Nutzen verspricht.

Der Aufsatz soll eine Anregung für weitere Analysen in dieser Richtung sein, vor allem innerhalb der Musikausbildung an Universitäten, Musikhochschulen und Pädagogischen Hochschulen, wo bisher durch die Behandlung von „Instrumentenkunde" als isoliertes theoretisches „Fach" die Chaotisierung des Denkens und damit die Verhinderung bzw. Zerstörung brauchbarer Gedanken erfolgreich betrieben wurde.[3]

Der Aufsatz gliedert sich folgendermaßen:
I. Allgemeine historische Einführung zum Stand des Instrumentenbaus am Beginn des 19. Jahrhunderts
II. Bau- und Erfindungsgeschichte der Querflöte bis zum Ende des 19. Jahrhunderts
III. Bau- und Erfindungsgeschichte der Harmonikainstrumente
IV. Ökonomische Bedingungen der Erfindung und Verbreitung der beiden Instrumente im 19. Jahrhundert
V. Zusammenfassende Analyse der Produktionsverhältnisse und kompositorischen Folgeerscheinungen der beiden Instrumentenentwicklungen

Die Teile II und III gehen teilweise sehr stark ins Detail. Das ist so, damit der Aufsatz sich auch als Grundlagenmaterial für einen mehr instrumentenkundlich orientierten Geschichtskurs verwenden läßt und dabei das lästige zusätzliche Nachschlagen und Herumsuchen in der Spezialliteratur unterbleiben kann.

I. Allgemeine historische Einführung zum Stand des Instrumentenbaus am Beginn des 19. Jahrhunderts

Die Erhebung des Bürgertums in Deutschland im 18. Jahrhundert zur bestimmenden wirtschaftlichen und kulturellen – wenn auch nicht politischen – Kraft findet auf dem Gebiet der Musik ihren Ausdruck
 – nicht nur in der gewaltigen Zunahme des Musikdrucks als Voraussetzung eines breiten Musikalienhandels,[4]
 – nicht nur in dem Zwang für die Komponisten, auf das riesige, musikalische Bildung und Unterhaltung kaufende Liebhaber-Publikum Rücksicht zu nehmen und ihre traditionelle, fürstlich-kennerische Schreibart durch eine leichtere, gefälligere zu ersetzen,[5]
 – nicht nur in der Gründung von Musik- und Konzertvereinen, musikalischen Gesellschaften und Zeitschriften des sich „informierenden" Bürgers,[6]
sondern auch in einer Hochflut von Instrumentenerfindungen, mit denen alte Instrumente den neuen leichten Musikarten, dem bürgerlichen Hausmusizieren oder den Bedingungen des neuartigen öffentlichen Konzerts angepaßt werden sollten.

Diese Erfindungswelle dauerte bis weit ins 19. Jahrhundert hinein, d. h. bis zur Normierung der heute noch gebräuchlichen Orchesterinstrumente.

Jede der vielen neuaufblühenden Musikzeitschriften enthielt regelmäßig eine Spalte mit Meldungen über solche Erfindungen. Zum Beispiel heißt es in Band II der Musikalisch-kritischen Bibliothek (Gotha 1778) von Johann Nikolaus Forkel – er schrieb 1802 die erste Bach-Biographie – unter „Neue Erfindungen" folgendermaßen:

> 1. Der Hofclavecinmacher [Cembalobauer] zu Paris, Hr. Pascal-Taskin, hat eine neue Verbesserung an dem Clavecin angebracht, die man zu Paris sehr erheblich findet. Anstatt, daß bey den gewöhnlichen musikalischen Instrumenten dieser Art ein Stückchen von einer [Vogel-]Feder die Saiten in Bewegung setzt, fügt Hr. Pascal

noch überdem ein Stück von einer Büffelhaut zu eben der Absicht bey, wodurch der Ton vortrefflich wird ... und [man] dadurch eine angenehme Mannigfaltigkeit von Tönen hervorbringen [kann.] ...
3. In Rom ist vor kurzem eine neue Erfindung an den Flügeln [Cembali, der Name bezieht sich nur auf die Form, nicht auf die Tonerzeugung, vgl. später Hammerflügel!] gemacht worden, und das Instrument wovon sie angebracht wird, heißt Cembalo angelico. Es unterscheidet sich von dem gewöhnlichen Flügel darinn, daß, anstatt der Rabenfedern, kleine mit Sammt überzogene Stückchen Leder über den Metallsaiten des Instrumentes wegfahren. Diese Theile ahmen das Weiche eines zarten Fingers nach, und bringen einen Klang hervor, der aus dem Tone einer Queerflöte und einer sanften Glocke zusammengesetzt ist. Im Wohlklange soll dieses Instrument alle andern bey weitem übertreffen ...
4. [Bei einem anderen Tasteninstrument] ... soll die Berührung der Saiten von einem Bogen entstehen, der mit dem Fuß regiert wird, und dem die Saiten durch den Anschlag der Tasten, die so, wie auf einem gewöhnlichen Clavier [Alle Tasteninstrumente außer der Orgel hießen so], beschaffen sind, genähert werden, dauert auch so lange fort, als der Bogen die Saiten berührt. Der Ton soll vortrefflich seyn, und viele Ähnlichkeit mit dem Ton der Harmonika [Glasharmonika] haben.

Es geht überall – mit Leder, Samt, Bogen – um Differenzierungsversuche am Cembaloton, der offenbar als zu starr für die neue „empfindsame" Musik galt. Das Ergebnis war aber nicht ein verbessertes Cembalo, sondern dessen Verdrängung durch das Hammerklavier, das Universalinstrument für differenzierten Ausdruck im Zimmer und im Saal, das Ideal- und Symbolinstrument des vordringenden Bürgertums.

An den übrigen Instrumenten wurde demgegenüber weniger experimentiert, ausgenommen vielleicht an den Blechbläsern mit den Versuchen zur Lösung des Ventilproblems. Die meisten Instrumente erschienen weniger verbesserungsbedürftig, waren es entweder tatsächlich auch wie die Streichinstrumente oder wurden gegenüber den Anforderungen der Komposition vernachlässigt wie bei den Holzblasinstrumenten.

Vor allem bei der Querflöte gab es erhebliche Mängel, die die Kompositionsmöglichkeiten hemmten oder die Ausführung schwierig komponierter Stellen quasi unmöglich machten. Die Flöte stand als unvollkommenes Produktionsmittel zwischen kompositorischer Produktion und der Reproduktion und behinderte beides. An diesem Punkt setzt die Neuentwicklung der Querflöte ein.

Dagegen geht die Entwicklung der Harmonikainstrumente von den allgemeinen Experimentier- und Neuerungsversuchen aus.

Geht es bei der Erneuerung der Querflöte um die Lösung eines konkreten Problems, nämlich ein älteres Instrument den fortgeschrittenen kompositorischen Anforderungen anzupassen, so war die Neuerfindung von Mund- und Handharmonika Produkt der jahrelangen Suche nach irgendwelchen, nur irgend auf dem Markt verwertbaren Erfindungen. Einerseits konkretes Bedürfnis *vor* der Erfindung (Flöte), andererseits Erfindung, um *danach* Bedürfnis zu wecken (Harmonika): Bedürfnisbefriedigung und Bedürfnisweckung, zwei entgegengesetzte Handlungsanlässe. Um die aus diesen grundsätzlichen Verschiedenheiten erwachsenden klassenspezifischen, ökonomischen und musikalischen Folgerungen durchführen zu können, ist es notwendig, auf die Entwicklungsgeschichte der beiden Instrumente einzugehen.

II. Bau- und Erfindungsgeschichte der Querflöte bis zum Ende des 19. Jahrhunderts

Die Angaben in diesem Abschnitt stützen sich im wesentlichen auf folgende Literatur:
Hans-Peter Schmitz, Querflöte und Querflötenspiel in Deutschland während des Barockzeitalters, Kassel 1951, ²1958
Herbert Kölbel, Von der Flöte, Köln 1951
Karl Ventzke, Die Boehmflöte, Frankfurt/Main 1966 (Fachbücherei Das Musikinstrument Bd. 15); hieraus alle Boehm-Zitate.
Gustav Scheck, Die Flöte und ihre Musik, Mainz 1975

Die Querflöte ist – nach den Begriffen der offiziellen Instrumentensystematik – ein sogenanntes Aerophon, d. h. die Tonerzeugung erfolgt durch das Hervorrufen von Luftschwingungen: an dem quer gehaltenen, einseitig offenen Rohr der Querflöte ist am geschlossenen Ende ein Seitenloch gebohrt; an dessen Schneidenkante bricht sich der Luftstrom aus dem Mund des Spielers und läßt Schwingungen im Rohr entstehen. Die Länge dieser Schwingungen und damit die Tonhöhe kann auf zweierlei Art verändert werden, einmal durch „Überblasen", d. h. durch Evozieren der Obertöne lediglich durch veränderte Mundhaltung und Luftführung, dann aber auch durch die Möglichkeit der Rohrverkürzung: durch Öffnen von Fingerlöchern.

Dieses Prinzip eines Instrumentes gehört zu den ersten musikinstrumentalen Erfindungen des Menschen. Eine der frühesten Formen hat sich in Europa sehr lange gehalten: ein Rohr aus einem Stück mit Mundloch und sechs Fingerlöchern für die beweglichsten Finger der beiden Hände, nämlich jeweils die Finger 2, 3 und 4. Die Daumen stützten das Rohr, die kleinen Finger balancieren es.

In dieser Form wird die Querflöte, oft als Soldateninstrument, noch durchs ganze 17. Jahrhundert verwendet und beschrieben, und zwar unter dem alten Namen *flûte allemande* oder *fistula germanica,* der allmählich durch *Querflöte* oder *flûte traversière* verdrängt wurde. Ihr Anwendungsgebiet wurde erst allmählich die Kunstmusik mit Solos und Quartetten (Vier Stimmlagen von Sopran bis Baß).

Die Flöte stand in D-Dur, war in dieser und benachbarten Tonarten gut diatonisch zu spielen. Bei entlegeneren Tonarten und chromatischem Spiel gab es z. T. trübe und unreine Töne, da Gabelgriffe nötig waren (Wenn z. B. a mit den Finger 2 und 3 der l. H. gegriffen wurde, so gis mit den gleichen und dem 2. Finger der r. H., sodaß das Fingerloch des 4. Fingers der l. H. offen blieb). Durch diese Griffe wurde das freie Entströmen der Luft bei verkürztem Rohr aus den offenen Löchern eingeschränkt und eine Vertiefung und zugleich Schwächung des Tons erreicht.

Im Zuge der Entwicklung der Solosonate und des Solokonzertes, der Kirchenkantate und Oper um und nach 1700 wurden sowohl die virtuosen als auch die Ausdrucksmöglichkeiten der Querflöte entdeckt und eingesetzt. Hierbei schrittmachend waren die Franzosen, die sowohl einen spezifischen Flötenstil in der Komposition entwickelten als auch den Bau des Instrumentes verfeinerten, z. B. die Gabelgriffe durch Anbringen von speziellen Klappen reduzierten. Diese Klappen schlossen neu gebohrte Löcher und wurden bei Bedarf der betreffenden Töne (z. B. cis, dis, gis) vom Ringfinger oder dem bisher unbeschäftigten kleinen Finger geöffnet. Damit war der Spielfluß erleichtert und die Tonartvielfalt erweitert.

In Deutschlands wohl größtem Orchester der Zeit, am Dresdner Hof, gab es 1666 noch keine Flötisten, 1711 drei, zwei davon Franzosen, 1717 ebenfalls drei, aber davon nur noch einer Franzose: Die Aufnahme der Flöte griff nun auch in Deutschland um sich, auch außerhalb von Hofkonzert und Oper, vor allem bei denen, die in Frankreich das Land des „Fortschrittes" sahen.

Der junge, nachmalige Friedrich II. von Preußen manifestierte seine angebliche Fortschrittlichkeit dadurch, daß er schon in den 30er Jahren gegen erbitterte Widerstände seines Vaters und zum Aufsehen der Zeitgenossen die französische Neuentdeckung erlernte, einen eigenen Lehrer anstellte, der ihm 300 Konzerte schrieb, und in seiner Regierungszeit täglich konzertierte, so daß er bis 1770 insgesamt 50 000 Flötenkonzerte geblasen hatte.

Die Querflöte war zum Repräsentationsinstrument nicht nur des aufgeklärten Fürsten, sondern auch des aufgeklärten Bürgers geworden. Der Liebhaber-Flötist entstand, damit begann auch eine eingehendere Beschäftigung mit der Flötenkomposition und mit der weiteren Verfeinerung des Baues der Flöte.

Bis etwa 1800 stellt sich die gesamte Flötenbau-Geschichte als zunehmende Zergliederung und Verfeinerung dar, alles aber summativ und unsystematisch.

Der einteilige Flötenkörper wurde in 3 bis 5 Stücke zerlegt, damit bei dem wechselnden Stimmtonniveau der Zeit die Stimmung der Flöte durch Austauschen unterschiedlich langer Mittelstücke der jeweiligen Stimmtonhöhe angepaßt werden konnte. Weitere Klappen für b, f und c usw. wurden angebracht, so daß um 1800 ein klappenübersätes Instrument da war, mit dem sich halbwegs chromatisch spielen ließ, kaum aber komplizierte Sprünge und Läufe in entlegenen Tonarten möglich waren. Mozarts Konzerte stehen – wie die meisten der Zeitgenossen – nicht ohne Grund in C-, D- und G-Dur. Theobald Boehm, der spätere Erneuerer der Querflöte, schrieb über diese Situation 1847:

> „Man suchte zwar diesen Übelständen durch Anwendung mehrerer Hebel und Klappen abzuhelfen, allein sie konnten nur theilweise beseitigt werden. Das Spiel auf der gewöhnlichen Flöte ist daher, wenn man sich nicht mit einem unreinen fis und einem dumpfen c'' oder gar mit Gabelgriffen begnügen will, in allen Tonarten immer noch mit vielen Schwierigkeiten verbunden. Es entsteht nun die Frage: Ob diese Flöten dem ausübenden Künstler bei den an ihn gestellten Anforderungen genügen?"

Das war offenbar nicht der Fall. Ein Indiz hierfür ist die Abnahme von Solokompositionen für Flöte oder von Solostellen in Orchesterwerken um und nach 1800. Die Hölzernheit und Altbackenheit des Flötensolos in Beethovens „Eroica"-Finale ist ein deutliches Zeichen für dieses problembeladene Verhältnis der Komponisten zur Flöte. Die Flötenpartien der 9. Sinfonie sind auf den zeitgenössischen Flöten kaum zu bewältigen.

„Der Flötist soll im Stande sein, in der Tiefe sowie in der Höhe fortissimo und pianissimo zu blasen, er soll die Töne, selbst in den schnellsten Tempi zusammenschleifen oder abstoßen; ja sogar alle der Violine möglichen Artikulationen ausführen können, und endlich in allen 24 Tonarten rein intonieren.

Die Aufgabe wird zwar von tüchtigen Künstlern auf der gewöhnlichen Flöte großentheils, allein von Keinem vollständig gelöst, weil durch Mängel, die in der Construction dieser Flöte ihren Grund haben, absolute Schwierigkeiten entstehen, die weder durch Talent noch durch die fleißigste Übung überwunden werden können. Es finden sich daher im Orchesterspiel sehr oft weit schwieriger auszuführende Stellen, als in den Concert-Compositionen der Flötenspieler, die, mit den Schwächen ihres Instrumentes bekannt, größtentheils klug genug sind, sich nicht selbst Steine des Anstoßes in den Weg zu legen. Unter diese Mängel in akustischer Hinsicht gehören alle jene Töne, die entweder schwer oder unsicher ansprechen, die im Aushalten oder Crescendo nicht feststehen und daher beim Schleifen oder Abstoßen gerne überschlagen; ferner diejenigen, welche ohne große Nachhülfe des Ansatzes nicht zum Reinstimmen oder Reinklingen gebracht werden können.

Liegen im Instrument unsicher ansprechende Töne, die nur zu leicht in Mißtöne überschlagen, und es fehlt zufällig in Momenten, wo es gilt und wo solche Töne unabwendbar vom Notenblatte drohen, auch noch an einem guten Ansatz, so ist der Zustand des Künstlers im Gefühle seiner gesteigerten Unsicherheit wahrlich der trostloseste zu nennen, . . . und der nach Vollkommenheit im Vortrage strebende Künstler muß, wenn er auch die größtmöglichste mechanische Fertigkeit bereits errungen, fortwährend noch den täglich erneuerten Kampf mit diesen Widerwärtigkeiten bestehen, und plagt sich bei selbst unablässigem Studium vergebens, diese Schwierigkeiten zu überwinden, wie mich meine eigene 20jährige Erfahrung gelehrt hat." (Boehm, 1847)

Abgesehen von den professionellen „Künstlern", d. h. reisenden Virtuosen und Orchestermitgliedern, gab es aber die Riesenzahl bürgerlicher, flöteblasender Liebhaber-Musiker, die mit dem vorhandenen Instrument wohl zufrieden waren. Leicht transportierbar, nicht sehr empfindlich, nicht zu teuer, im Anfangsstadium leichter erlernbar als Geige, wurde die Flöte zum Universalinstrument der nicht eigentlich musikalisch Ausgebildeten für Hausmusik und Information. Bald nach 1800 gab es eine ganze Flut von Bearbeitungen berühmter Werke für Flöte solo oder im Duo, den Klavierauszügen vergleichbar, aber ohne deren teils erhebliche technische Anforderungen. Die „Dilettanten", unter ihnen Schopenhauer, spielten gerne Bearbeitungen der Beethoven-Sinfonien für Flöte allein. Dabei korrespondierte die relative Unausgeglichenheit und Unreinheit des Tones der damaligen Flöte mit dem Dilettantismus der Ausführenden. Das eine verschleierte das andere. Das angeblich von Cherubini oder Mozart stammende Wort charakterisiert die Situation sowohl für Professionelle wie Amateure: Es gibt nichts Unreineres als eine Flöte, es sei denn zwei Flöten.

Das Ungenügen der Flöte für die „Künstler"-Ansprüche aber war es, das die Aktivität Theobald Boehms auslöste. Einige Daten zu seiner Biographie sind wichtig für die Beurteilung der sozialen Umgebung, aus der die Neuentwicklung der Flöte hervorging.

1794 geboren in München als Sohn eines Goldschmieds und der Tochter eines kurfürstlichen Kammerdieners.

1800–09 Schulbesuch mit Latein- und Französischunterricht, auch „Feiertagsschule für Handwerksgesellen und Lehrjungen"

1808 Öffentliches Lob für seine Gold- und Juwelierarbeiten

1810 Erster Flötenbau, Flötenunterricht bei einem Mitglied der königlichen Hofkapelle München

1812 Neben der Arbeit in der väterlichen Werkstatt 1. Flötist am Isartortheater

1818 Mitglied der Königl.Bayerischen Hofkapelle, Kompositionsunterricht

1820 Heirat mit einer Schneidermeistertochter; Auftritt in München mit selbstkomponiertem Konzert „unter nimmer endenwollendem Beifall", ab jetzt reisender Virtuose in vielen europäischen Ländern, großer Erfolg, viele neue Kompositionen.

1828 Eigene Flötenwerkstatt in München, Gewerbsprivileg für seine Flöten herkömmlicher Bauart.

1829–31 Frankreich-England-Reise, wo er als einer der größten Virtuosen seiner Zeit anerkannt wird. Flötenneubauten.
Von nun ab spaltet sich seine Tätigkeit in zwei Richtungen auf. Einmal ist Boehm *Erfinder und Ingenieur:*
1833 und 1835 weitere Englandreisen mit der verbesserten Flöte. Er gewinnt durch sein Spiel die Gunst englischer Stahlindustrieller und lernt ihre Fabriken kennen, die zu dieser Zeit deutschen Fabriken in der technischen Ausstattung weit voraus und in der Produktion um das sieben- bis fünfzehnfache überlegen sind. (Erst in den 60–70er Jahren begann die eigentliche Industrialisierung in diesem Ausmaß in Deutschland, vgl. Angaben bei K. Obermann, Deutschland 1815–49, und E. Engelberg, Deutschland 1849–71, Lehrbuch der deutschen Geschichte, Bd. 6 und 7, Berlin 1967 und 1972).
Boehm erfindet daraufhin mit einem Münchner Bekannten eine Verbesserungsmöglichkeit (chemischer Zusatz) zur Herstellung des Stahls im Puddling-Ofen (Kokshochofen statt des bisherigen Holzkohleofens; das Bessemer-Luftverfahren wurde erst 1856 in England erfunden).
1839 Für Einführung dieses Verfahrens in den Hüttenwerken Bayerns, Boehmens und Österreichs wird Boehm Ritter 1. Klasse des Bayr. Verdienstordens vom Hlg. Michael.
1835 Ehrung in London für eine neue Transmissionsmethode von Kreisbewegungen durch Eisendrähte.
1838–45 Beurlaubung als Flötist, Eisenhüttentechniker und -direktor. Verbreitung neuer Erfindungen: „Apparat zur Ableitung und Verbrennung der Hochofengase zum Betrieb der Schmelz- und Puddlingöfen, sowie auch zur Feuerung von Schweißöfen und Dampfkesseln" (1840 Gewerbsprivileg für 5 Jahre), „eigentümlich konstruierter Kamin für Lokomotiven, um das Ausströmen brennender Kohlenteilchen, insbesondere bei Holzfeuerung, zu verhindern", „Vorrich-

tung, um Lage, Entfernung und Namen durch ein Fernrohr gesehener Örter oder Gegenstände zu bestimmen."

Boehm gibt diese Tätigkeiten wegen Sehstörungen, Ärger und Enttäuschungen sowie finanziellen Einbußen auf.

Daneben und bis zu seinem Tode beschäftigte Boehm sich mit einigen Gesellen und Söhnen und unter ständigem Kontakt mit einem befreundeten Physiker mit der *Verbesserung der Querflöte*. Dabei setzte er sein System nur sehr langsam durch. Gegen Ende seines Lebens – er starb 1881 – wurde er auf internationalen Ausstellungen und Messen für seine Erfindung mit Medaillen und Auszeichnungen überhäuft. Die „Boehm-Flöte" begann allgemein verwendet zu werden, und ihr System wurde z. T. auch für Oboe und Fagott übernommen.

Worin bestand dieses System bzw. diese Neuerfindung? Boehm ging nicht wie die Flötenbauer vor ihm so vor, daß er zu der bisherigen Flöte immer wieder je nach Erfordernis einiges zufügte, sondern er baute in verschiedenen Schritten ein grundsätzlich neues Instrument auf. Diese Schritte sind:

1) *1832, „Neuconstruierte Flöte"*

Boehm verwendet die schon vor ihm gemachte Erfindung der Ringklappe als erster vielfach und systematisch. Die Ringklappe vereinfachte das System der Klappen: Der Finger drückt nicht nur das Tonloch zu, sondern nimmt auch einen ringförmigen, um das Loch gelagerten Hebel mit, der über eine Längswelle eine entfernt gelegene Klappe schließt oder öffnet, für deren Betätigung sonst eine zusätzliche Fingerbewegung nötig gewesen wäre.

Diese Rationalisierung der Fingerbewegungen konnte aber nur eingeführt werden, wenn der Flötist eine völlig neuartige Griffweise erlernte. Diese Forderung Boehms stieß viele Flötisten vom Kauf ab.

Die geringe Lautstärke der bisherigen Flöten – sie wurde von Zeitgenossen mit der einer sanften Glocke verglichen! – suchte Boehm durch ein größeres Mundloch zu beheben.

Boehm erhielt Patentschutz für die Erfindung.

2) *1847, Flöte „nach einem wissenschaftlich begründeten System"*, wiederum mit Patentschutz.

Einige weitere Maßnahmen erhöhen die Lautstärke der Flöte:
a) Der Flötenkörper wird nun nicht mehr aus Holz, sondern grundsätzlich aus Metall, vorzugsweise Silber, gebaut;
b) Die Tonlöcher werden stark vergrößert, damit die Tonabstrahlung klarer und stärker wird. Weil die Fingerkuppen aber so große Löcher nicht schließen können, werden jetzt jedem Loch Deckelklappen gegeben, die der Finger nur niederzudrücken braucht, fast gleich an welcher Stelle. Diese Deckelklappen werden mit dem schon vorhandenen Ringklappensystem verbunden.

Das Rohr der Flöte wurde jetzt grundsätzlich zylindrisch. Die alte nach außen sich verjüngende, konische Gestalt wurde aufgegeben. Dadurch konnte der Abstand der Fingerlöcher auf physikalisch-akustischer Grundlage berechnet werden und brauchte nicht mehr nur einer Erfahrungstradition zu folgen wie bisher. Der Grad der Ton- und Intervalleinheit erhöhte sich ungeheuer.

3) 1854, weitere radikale Vereinfachung der Klappenmechanik.

Die neue Flöte war in einem Zeitraum von nur 20 Jahren erfunden. Sie konnte nun wirklich fast alles ausführen, was „der Violine möglich" ist, jede Tonart, Figur und Schattierung.

Die Komposition für die Querflöte nahm etwa ab Ende des Jahrhunderts gewaltig zu, sowohl bei Solostücken als im Orchester. Und seit der Wiener Schule um Schönberg und seine Schüler ist die Flöte eines der Schlüsselinstrumente der Neuen Musik.

Der Bau der Flöte ist heute weitgehend normiert, und zwar in allen Ländern, wenn man absieht von bestimmten Einzelheiten und Feinheiten im Bau, die – wie auch die verwendete Metallart – oft recht erheblich für die Klangqualität sind.

III. Bau- und Erfindungsgeschichte der Harmonikainstrumente im 19. Jahrhundert

Die Informationen sind gestützt auf folgende Literatur:
- (B) Heinrich Buschmann, Chr. Fr. L. Buschmann, der Erfinder der Mund- und Handharmonika, Trossingen 1938 (Den Freunden der Harmonika gewidmet, Sonderbeilage der *Hohner-Klänge*, Hausmitteilungen der *Matth. Hohner* AG)
- (F) Johannes Fischer, Matthias Hohner, der Bahnbrecher der Harmonika. Lebensbild und Lebenswerk, Stuttgart 1940 (Jakob Hohner gewidmet)
- (MGG) Armin Fett, Harmonika, in: Die Musik in Geschichte und Gegenwart, hg. v. Fr. Blume, Bd. V, Kassel und Basel 1956
- (L) August Lämmle, Matthias Hohner, Leben und Werk, Stuttgart 1957 (Zum 100. Jahr des Hauses Hohner. Dieses Buch erwuchs in gemeinsamer Arbeit des Verfassers mit den Angehörigen des Hauses Hohner)
- (AK) Autorenkollektiv, Das Akkordeon, Leipzig 1964
- (A) anonym, Matthias Hohner und sein Werk, 1833–1902 o. O. u. J. (ca. 1970)
- (Z) Josef Zepf, Die goldene Harfe, Das „schwäbische Wunder" der Musikinstrumentenindustrie, Ulm 1972 (Herrn Dr. Karl Hohner gewidmet)

Die Tonerzeugung der Mund- und Handharmonika entspringt der in einem Luftstrom schwingenden, elastischen, sog. „durchschlagenden" Zunge. Luft wird durch einen Kanal getrieben, über dessen Öffnung eine Metallzunge einseitig befestigt ist. Der Luftdruck treibt die lose Zungenseite in den Kanal, sie schwingt aber durch ihre Steifheit wieder zurück usw. Die Luft-, d. h. Tonschwingung wird erreicht, indem der Luftstrom „zerhackt" wird. Die Tonhöhe, d. h. Geschwindigkeit des Zerhackens, hängt von der Größe der Zunge ab. Dieses Prinzip war schon 2500 Jahre vor unserer Zeitrechnung in China (beim Instrument Cheng) bekannt. Seine Aktivierung für Europa ist im 18. Jahrhundert in zahlreichen Fällen versucht worden, dann aber in den 20er Jahren des 19. Jahrhunderts überall mit Erfolg betrieben worden.

Für die Erfindung der Mundharmonika gibt es Berichte aus Frankfurt am Main, Klingenthal und Graslitz im Erzgebirge, aus Trossingen, aus niedersächsischen Orten, aus Krefeld, Heiligenstadt, Bozen und Österreich. Die Erfinder waren meist Handwerker (Uhrmacher, Instrumentenmacher), seltener auch Musiker. Man nennt heute allgemein – aus welchem Grund, ist aus der Literatur nicht ersichtlich – als Haupterfinder Chr. Fr. Ludwig Buschmann. Er stammt aus einer Uhrmacherfamilie, wurde 1805 in Thüringen geboren, starb 1864 in Hamburg. Er war Sohn eines reisenden Musikers und Instrumentenerfinders, der ab 1810 mit klavierartig geformten, mit durchschlagenden Zungen arbeitenden Instrumenten namens „Äoline" und „Äolodikon" arbeitete.

Buschmann reiste mit seinem Vater, erlernte Instrumentenbau, dazu selbstverständlich auch Klavierstimmen. Beim Suchen nach einem zweckdienlichen Mittel für die Tonhöhenkontrolle beim Klavierstimmen – die Stimmgabel war damals in Deutschland noch nicht in Gebrauch – nutzte er den Umstand, daß eine Maultrommel nicht nur beim Anzupfen, sondern auch allein beim Anblasen tönt. Buschmann baute sich 1821 ein 10 cm großes, 15töniges „Hilfswerkzeug" mit Windkanälen (Kanzellen), nannte es „Aura", verfeinerte und erweiterte es aber bald zum selbständigen Musikinstrument mit dem Namen „Mund-Äoline". 1828 schreibt er darüber seinem Bruder:

> „Ich habe in Barmen ein neues Instrument erfunden, welches wirklich merkwürdig ist. Das ganze Ding habe ich nur vier Zoll im Durchmesser und auch so hoch, habe aber 21 Töne darauf, und piano und crescendo wie Du nur spielen willst darauf, und ohne Claviatur und kann Harmonien von sechs Tönen darauf angeben, Läufer und alles, und kann den Ton halten, solange man Lust hat. Dies Instrument habe ich zu dem Zweck erfunden, um . . . auf dem kleinen Ding die Singstimme [zu einem Akkordinstrument] zu

spielen, welches wahrhaftig einen herrlichen Effekt machen muß." (B)

Instrumente dieser Art waren schon bald unter den verschiedensten Namen bekannt. Das „Musikalische Conversations-Lexikon. Encyklopädie der gesammten Musik-Wissenschaft für Künstler, Kunstfreunde und Gebildete" von Gathy (1835) erwähnt im Artikel „Mundharmonika, Aura" sowohl Buschmanns erste Entdeckung („eine vervollkommnete Maultrommel mit mehreren Zungen") als auch das spätere Instrument, allerdings unter dem Erfindernamen Scheibler („ein kleines Instrument, enthaltend 4–10 gestimmte Zungen, welche durch den eingezogenen oder ausströmenden Athem zum Tönen gebracht werden").

Parallel mit Buschmann und in den folgenden Jahrzehnten entfaltete sich eine große Fülle von Neuentwicklungen, Typenveränderungen, Zusätzen und Abänderungen. Diese Instrumentengruppe der Mundharmonika soll in ihrer technischen Sonderentwicklung hier nicht ausführlich behandelt werden. Sie geht im großen und ganzen mit der bautechnischen Entwicklung der Handharmonikagruppe parallel. Und diese wird genauer behandelt.

Allerdings wird im Folgenden, vor allem in Kapitel III, für die Darstellungen der Soziologie der Erfinder sowie der Produktionsweise vieles aus der Geschichte der Mundharmonika herangezogen werden und von Wichtigkeit sein.

Buschmann entwickelte schon bald aus seiner „Mund-Äoline" durch Zufügen eines Lederbalges die „Hand-Äoline" (1822), „ein kleines Instrument mit 12–15 temperiert gestimmten Metallzungen auf einer Messingtafel, die durch Ventile abgedeckt und an einem Lederbalg mit 3 Falten befestigt waren." (AK) Dieses Instrument diente Buschmann zum Stimmen anderer Instrumente. Der Balg, einmal aufgezogen, sackte durch sein Eigengewicht wieder zusammen und drückte die Luft durch ein geöffnetes Ventil. Dieser Ton klang gegenüber dem der Mund-Äoline länger, und Buschmann hatte dabei beide Hände zum Stimmen frei.

Hieraus entwickelte Cyrillus Demian 1825 ein wechseltöniges (Zug und Druck mit dem Balg ergeben verschiedene

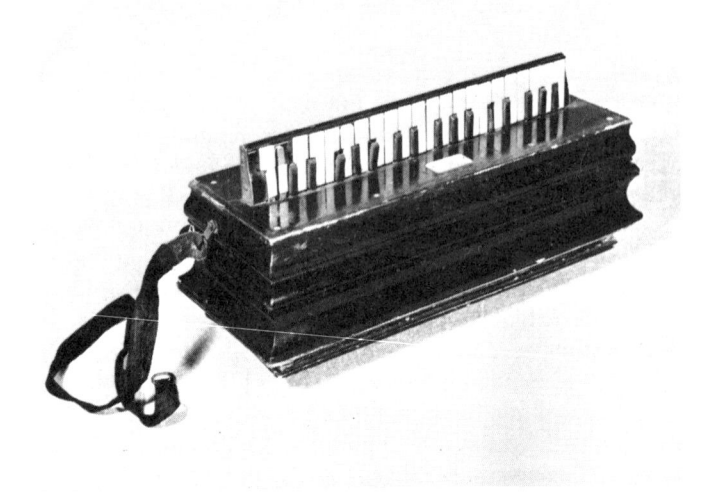

Hand-Äoline, um 1850.

Töne bei gleicher Fingerstellung) Instrument mit Baßtasten, das dann 1829 unter dem Namen „Accordeon" patentiert wurde. In der Bausystematik fällt dieses Instrument unter den Begriff des „Wiener Modells", während Buschmanns „Hand-Äoline" als „Deutsches Modell" bekannt wurde.

Für die Entwicklung des Akkordeons war die von dem Wiener Walter 1850 gebaute „Wiener Schrammelharmonika" entscheidend: Es ist das erste gleichtönige (Gleicher Ton bei Zug und Druck mit dem Balg), chromatische Knopfgriffakkordeon – allerdings mit wechseltöniger Baßseite.

Von hier an verlief dann die Entwicklung der Handharmonikainstrumente in zwei Richtungen:
1. Die „Wiener" und „Deutschen" Modelle waren zunächst diatonisch-einreihig, d. h. konnten nur eine Tonart spielen. Zudem waren die Instrumente wechseltönig. Durch eine Fülle von Hilfstasten wurden diese Instrumente in der Folge dann so erweitert, daß man alle Töne der chromatischen Tonleiter darauf spielen könnte. Den höchsten

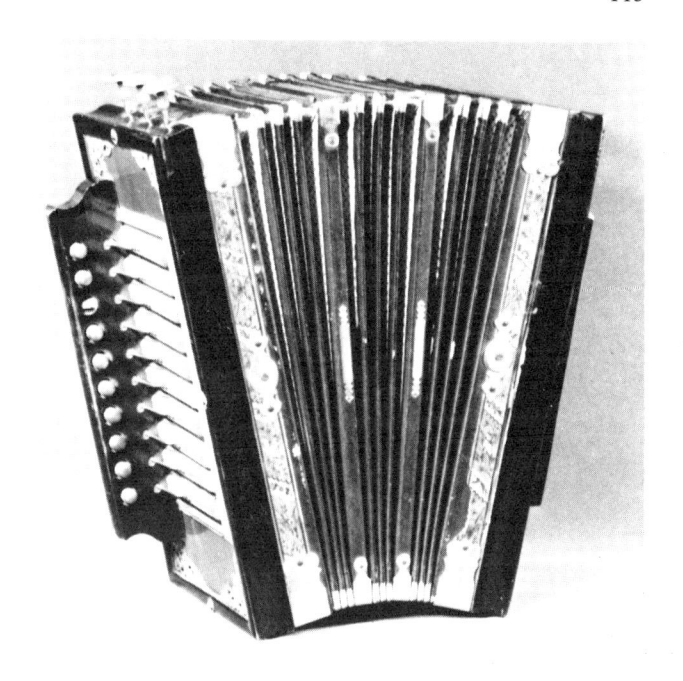

Deutsches Modell

Entwicklungsstand erreichten diese Instrumente mit den sogenannten „Klubmodellen". Heute haben diese Instrumente nur noch wenig Bedeutung.
2. Die Weiterentwicklung des von Walter 1850 erbauten chromatischen Akkordeons behielt in der einen Entwicklungslinie die Griffknöpfe bei („knopfchromatische Modelle"), daneben aber setzte sich die Neueinführung der Klaviertastatur im Diskantteil (rechte Hand) durch. Außerdem wurde der Baßteil (linke Hand) zu einem gleichtönigen, chromatischen Knopfbaßwerk in fünf Reihen ausgebaut.
Eine wichtige Linie neben dieser Entwicklungsrichtung bildet die Konzertina-Gruppe. Angeblich soll schon Buschmann seine Hand-Äoline Konzertina genannt ha-

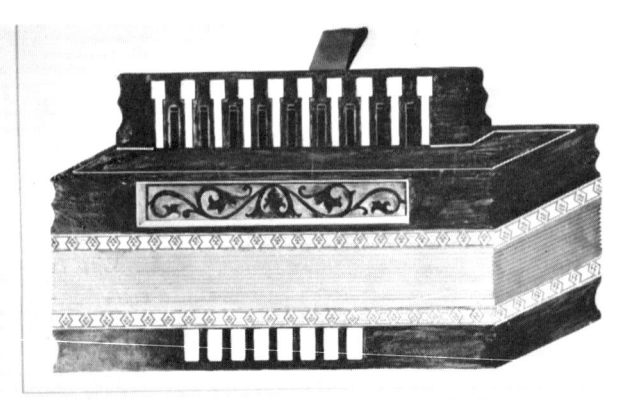

Die Erste Klavierharmonika von Wien
Gebaut im Jahre 1860 von der Firma
MATTHÄUS BAUER

ben. Charles Wheatstone erfand 1829 die „Englische Konzertina", ein chromatisches, gleichtöniges, sechseckiges Instrument, das trotz seiner Seltenheit große Anerkennung fand (Kompositionen v. Molique). Daneben wurde in Deutschland eine wechseltönige Konzertina entwickelt, deren heute noch bekannte Version, das Bandonion, vor allem in Südamerika verbreitet ist, und zwar als das Instrument schlechthin für Tango-Musik.

Dieses Typenchaos, teilweise eine Folge des Konkurrenzdruckes der zahlreichen Herstellerbetriebe, soll noch einmal, nun aber systematisch nach Problemkreisen geordnet, betrachtet werden. Es ergeben sich in der Akkordeonentwicklung Grundfragen, die, ausgenommen das Balg- und Baßproblem, auch für die Mundharmonika gelten.

1. Während der *Balg* bei Buschmanns „Hand-Äoline" von 1822 noch durch sein Eigengewicht in sich zusammensank – diese Methode führte zur Entwicklung des Harmoniums –, wurde der Balg bald waagerecht angeordnet und seine Bewegung von den Armbewegungen des Spielers abhängig gemacht. Während sich dabei anfangs noch

beide Arme bewegten, wird beim heutigen Akkordeonspiel der Balg nur noch mit der linken Hand bewegt. Die rechte Seite des Balges ist starr am Diskantteil befestigt. Dabei ergibt sich, da zwei tonerzeugende Balgbewegungen ausgeführt werden, wie bei der Mundharmonika, das Problem
2. des Ausgleichs zwischen *Zug und Druck,* da es bis heute unmöglich erscheint, die gleiche Zunge bei diesen beiden Bewegungen zum Erklingen zu bringen. Wenn man für beide Bewegungen also zwei entgegengesetzt gestellte Zungen einbaute, so gab es, je nach dem, ob sie auf getrennten Windkanälen oder auf dem gleichen angebracht waren, entweder ein wechseltöniges Instrument (z. B. bei Druck Ton c, bei Zug Ton h, so beim „Accordeon" von Demian 1825) oder das gleichtönige Instrument, wie es heute allgemein verbreitet ist.
3. Das Problem *Tastatur und Tonvorrat* wurde schon bei Buschmann durch Ventilklappen halbwegs gelöst. Die billigen Instrumente („Wiener" und „Deutsches" Modell", „Klubmodell", Konzertina, „Wiener Schrammelharmonika") hatten eine Tastatur mit Knöpfen wie auch die späteren Knopfgriffakkordeons. Für den Gebrauch der einreihigen diatonischen Harmonikas und der Konzertinas wurde eine kurzschriftartige Notation (Buchstaben, Graphik und Noten) eingeführt, für die „Klubmodelle" hat man heute eine Einheitsgriffschrift. Für den Gebrauch der Klaviertastatur im „Pianoakkordeon" und auch der chromatischen Knopfgriffakkordeons setzte sich die traditionelle übliche Notation durch.
Vor allem die „Wiener Modelle", die „Deutschen Modelle" und das „Klubmodell" (heute allgemein Handharmonika genannt) sind diatonisch, d. h. ihr Tonvorrat ist auf bestimmte Dur- oder Molltonarten festgelegt. So hat z. B. eine einreihige Harmonika nur alle Töne der C-Dur-Tonleiter zwischen e' und e'''. Diese Instrumente wurden bald auf 2 Reihen ergänzt, und zwar meist durch Zusatz einer F-Dur-Reihe.
Beim „Klub-Modell" kommen zu den Tönen der einzelnen Tonleitern sogenannte Hilfstöne hinzu, sodaß man

auf dem heute gebräuchlichen Typ mit 30 Melodietasten (einschließlich sieben Halbtontasten) alle Töne der chromatischen Tonleiter spielen kann. Auf Grund dieser Tonvielfalt war mit dem Instrument orchestrales Spiel möglich, das in bestimmten instrumentalen Vereinigungen, den Handharmonika-Klubs, ausgeführt wurde: daher der Name des Instrumentes.

Die chromatischen Instrumente hatten ihren Ausgangspunkt in der „Wiener Schrammelharmonika" des Wiener Instrumentenbauers Walter. Für die Entwicklung des Akkordeons war dieses Instrument deshalb so wichtig, weil bei ihm zum erstenmal Chromatik und Gleichtönigkeit zugleich auftraten.

Diese „Schrammelharmonika" hatte Griffknöpfe auch für die Melodietöne. Diese Knöpfe sind heute bei den „Knopfgriffakkordeon" meist in 3 Reihen angeordnet. (Zwei Reihen werden aus spieltechnischen Gründen verdoppelt) Um die Mitte des 19. Jahrhunderts wurde die Klaviertastatur auch auf das Akkordeon übertragen. Der Tonumfang dieses „Pianoakkordeons" erstreckt sich bei den kleinsten Instrumenten von c' bis e''', bei den größten von e bis c''', also über fast vier Oktaven.

Heute dominiert in der BRD das Pianoakkordeon in der Häufigkeit seines Auftretens über das Knopfgriffakkordeon.

4. Das *Baßproblem* ist besonders bestimmt von der Zertrennung des Instrumentes in die in Bau und Klang ganz unterschiedlichen Diskant- und Baßteile (Nur Konzertina und Bandonion sind hierbei Ausnahmen). Die Baßseite beschränkte sich anfangs, d. h. bei den „Wiener" und „Deutschen Modellen", auf die Grundbaßtöne sowie die Durdreiklänge von Tonika und Dominante derjenigen Tonarten, die in dem diationischen Diskantteil enthalten waren. War das Instrument zweireihig, z. B. mit C- und D-Dur, so gab es 8 Tasten: Die Töne c, g, d und a sowie die Durdreiklänge darauf.

1870 wurde die gleichtönige, chromatische Baßbegleitung eingeführt. Dabei waren die Baßtöne nach den Quintenzirkel-Reihen angeordnet und nach Baßtönen und Begleitakkorden in 4 bis 5 Reihen aufgeteilt, der Grundstein für das heutige „Standardbaß-Manual".

Diese Baßanordnung hatte aber viele Nachteile, die die Entwicklung des Akkordeons bis heute bestimmen und deren Auswirkungen und Lösungsversuche später noch erwähnt werden.

Vor allem die vielfach verkoppelten Baßtöne und Baßakkorde ließen die Baßseite in ihrem großen Tonvolumen ständig im Kontrast zur Melodieseite stehen. Und außerdem war das Baßmanual in seiner melodischen Beweglichkeit dem Diskantmanual immer schon deshalb weit unterlegen, weil die Tonfolge im Baß immer nur jeweils eine Septime weit über den jeweiligen Grundton reicht und ein melodisches Höherbewegen nicht möglich ist, sondern nur ein melodischer Wiederansatz beim Grundton (der sogenannte Baßknick). Diese bautechnische Spaltung in Baß- und Diskantseite mußte auf die Dauer lähmend für die musikalische Gebrauchsfähigkeit des Akkordeons wirken und seinen Aktionsradius sehr einschränken.

5. *Register:* Zunächst gab es nur Acht-Fuß-Register (8' = Originaltonhöhe nach der Orgelregisterbezeichnung), später auch 4'- (Oberoktave des Hauptones) und 16'-Register (Unteroktave). Das sogenannte Tremolo-Register wurde in Wien bei der Firma Thie erfunden und

beruht auf dem Prinzip zweier sehr gering gegeneinander verstimmter Zungen (wie bei der vox humana in der Orgel).
Diese drei elementaren Registermöglichkeiten werden beim Akkordeon, auf die verschiedenste Art und Weise verkoppelt und kombiniert.

IV. Ökonomische Bedingungen der Erfindung und Verbreitung der beiden Instrumente im 19. Jahrhundert

Die Querflöte war bis zu Boehms Erfindungen ein bürgerliches Liebhaberinstrument von großer Verbreitung, in vielen kleinen Werkstätten gebaut. Durch die mechanisch-konstruktive Verfeinerung von Boehms Erfindung und ihre Präzision wurde es unmöglich, gute „Boehm-Flöten" in billiger Massenproduktion herzustellen. Heute sind Serienflöten ab etwa 400 DM zu bekommen, aber meist ist ihre Mechanik sehr schlampig gebaut und anfällig, zudem der Ton oft scharf und das Instrument unsauber in der Stimmung. Die Profi-Flöten aus Silber beginnen im Preis etwa bei 2500,- DM. Die Entwicklung mittel-teurer Flöten von annehmbarer Qualität ist nicht abzusehen. Das war auch bei Boehm schon so.

Seine ersten Abnehmer waren englische Industrielle und Adlige, in deren Kreis er sich durch sein Spiel und seine Erfindungen eingeführt hatte. Mit den Flötisten hatte er es lange Zeit sehr schwer. Sie setzten seiner Erfindung großen Widerstand entgegen, entweder aus Gründen des Griffsystems oder wegen des Tons der neuen Flöte. In England gab es zwar schon 1843 ein Lehrbuch für die Flöte mit Boehms Griffsystem, aber der Absatz von Boehms Flöten ging sehr langsam voran. Seine Werkstatt verkaufte in den 50er Jahren im Höchstfall 20 Flöten nach dem neuen Prinzip pro Jahr, 1853 sogar nur zwei. Hauptabsatzgebiete waren Deutschland, England und Rußland.

Eine Äußerung von Boehm über die Preise seiner Flöten gewährt einen Einblick in sein Verständnis von der Funktion seiner Instrumente. Sie stammt aus einem Prospekt der Werkstatt von 1851:

„Allerdings entsteht durch die nothwendige Genauigkeit und Solidität in der Arbeit und folglich durch die, im Verhältniss zu gewöhnlichen Instrumenten bedeutend grösseren Verfertigungskosten der Nachtheil, dass der Preis meiner Flöten, obschon möglichst niedrig gehalten, dennoch ein Hinderniss ihrer allgemeinen Verbreitung bleibt. Eben desshalb lohnt es sich auch nicht, solche Flöten aus unedlen Metallen zu machen; denn die Arbeit bleibt, wenn das Instrument vollkommen gut sein soll, ganz dieselbe, und die Preisdifferenz liegt daher nur in dem verschiedenen Werthe der Metalle, wodurch zwar der Ankaufspreis einer silbernen Flöte ein höherer wird, allein der Werth des Instrumentes ein um eben so viel grösserer ist, abgesehen davon, dass der Ton einer silbernen Flöte der schönste ist.

Aus diesen Gründen, und weil es vor allem mein Bestreben ist, meine Instrumente zur größtmöglichen Vollkommenheit zu bringen, lasse ich gewöhnlich nur Deckelklappenflöten ganz von Silber mit Embouchure [= Mundplatte] von Gold verfertigen." (nach Ventzke)

Wenn man den Argumentationszusammenhang dieser Rechtfertigung verfolgt, so fällt auf, daß Boehm zwei Gedankengänge vermischt. Einmal argumentiert er ganz logisch: Seine Instrumente haben gegenüber anderen höhere Genauigkeit und Solidität. Daher entstehen höhere Verfertigungskosten, also auch ein hoher Preis der Flöten, die dadurch notwendigerweise keine allgemeine Verbreitung erlangen können. Der Kostenfaktor bleibt unerwähnt.

In einem zweiten Gedankengang aber, der vom ersten getrennt ist, wird der höhere Preis damit begründet, daß die „größtmögliche Vollkommenheit", der „schönste Ton" und der „größere Wert" sich nur beim Bau aus Silber mit Goldmundplatte erreichen lasse. Daher ergebe sich nur eine geringe „Preisdifferenz" zum Bau mit „unedlen Metallen". Irgendein Bedauern über die geringe Verbreitung der Flöte klingt nun gar nicht mehr an. Nur noch das Ideal der Meisterflöte ist der Angelpunkt der Berechnung.

Der Umschlag im Begründungszusammenhang vom 1. zum 2. Gedankengang, sozusagen die logisch schwache Stelle, ist der Satz: „Eben deshalb lohnt es sich auch nicht, solche Flöten aus unedlen Metallen zu machen." Hier erfolgt die von Scheinlogik verbrämte Selbstentlastung Boehms von dem für die „Werth"- und „Vollkommenheits"-Perspektive hinderlichen Aspekt der allgemeinen Benutzbarkeit.

Bemerkenswert ist demgegenüber aber, daß dieser Anspruch Boehms – er stammt aus einem Werbeprospekt!

– keineswegs seiner Praxis entsprach. Denn Boehm baute durchaus Flöten nach dem neuen System auch aus unedlen Metallen, z. B. aus Neusilber (Legierung aus Nickel, Kupfer und Zink), und viele sogar aus Holz. Die Preisdifferenz zwischen diesen aus unterschiedlichem Material hergestellten Flöten war entgegen der Beteuerung Boehms sehr groß, und zwar gerade um 1850, als der Prospekt entstand: Silber 220 Gulden, Neusilber 140 Gulden (vgl. Ventzke). Es kann also keine Rede davon sein, daß die Präzision der neuen Instrumente die allgemeine Verbreitung verhinderte.

Es scheint also, daß Mittelpreise durchaus möglich waren, allerdings nur in der allgemeinen Notzeit von 1850 gemacht wurden, und zwar mehr inoffiziell, während im offiziellen Prospekt die Werbung für die teuren Flöten, d. h. den hohen Profit, mit dem Argument der „Vollkommenheit" geführt wurde. Als offenbar auch noch später ein Teil der Kundschaft Boehms Auffassung und Beteuerung, Silber sei das einzig geeignete Material, nicht folgte, und als verstärkt Neusilber- und Holzflöten bestellt wurden, glich Boehm die Preise weitgehend an. 1880 kostete eine Silberflöte 410 Mark, eine Holzflöte 375 Mark. Die Preisgestaltung folgte also keineswegs den Forderungen der „Vollkommenheit", sondern den Marktgesetzen: Bei hoher Nachfrage trieb Boehm den Preis der Flöten aus „unedlen Metallen" in die Höhe, bei geringer Nachfrage (in Notzeiten) hielt er ihn niedrig.

Während Boehm (wenn auch Spezialisten-)Bedürfnissen nachkam und seine Eingriffe in den Markt vergleichsweise bescheiden sind, ist die Harmonika-Herstellung von vornherein auf Bedürfnisweckung angelegt, d. h. vom Konkurrenzdruck bestimmt.

Buschmanns Vater schreibt an dessen Bruder über die neue Erfindung der „Mund-Äoline": „Wir werden dadurch das größte Aufsehen erregen und gewiß gute Geschäfte machen", und der Bruder schreibt zurück: „Vielleicht ist damit mehr zu profitieren als mit den Terpodions" (einer anderen Erfindung des Vaters). (B)

In den konkurrierenden Werkstätten wurden die Gedanken und Neuerungen der frühen Einzelerfinder aufgegriffen und profitabel gemacht. Über die Tremolo-Register-Entwicklung bei Thie in Wien gibt es eine anekdotenhafte Geschichte, deren Pointe die für diese Erzählform typische Parteinahme für den Ausbeuter hervorbringt.[7] Die Geschichte hat keinerlei Anspruch auf Wahrscheinlichkeit, denn jeder Musikkenner wußte schon von der Orgel her um solche Tonschwingungs-Erzeugung. Aber die Selbstverständlichkeit, mit der die Geschichte kolportiert wird – in dem DDR-Buch ohne jeden Kommentar! –, ist ein gutes Beispiel für das ausbeuterische Selbstverständnis der Branche:

> „Thie war von der Kapelle Johann Strauß und dem schönen Ton der Geigen begeistert, der so viel anders war als der seiner Mundharmonikas in der Werkstatt. An einem Sonntag war er mit Reparturen beschäftigt, da hörte er aus dem Nebenraum einen Ton, den er sich schon oft in seiner Phantasie vorgestellt hatte und der dem Geigenton sehr ähnelte. Er stürzte vor Begeisterung in den Nebenraum, wo ein Stimmer seine Arbeit verrichtete. ‚Was haben Sie soeben getan?‘, rief er mit aufgeregter Stimme. Der Arbeiter erschrak und fürchtete eine schwere Rüge, denn er hatte eine kleine Spielerei vorgenommen, weil ihm die Sonntagsarbeit überdrüssig wurde. Zwei gleiche Tonzungen, eine davon etwas höher gestimmt, versetzte er gleichzeitig in Schwingung. Der Ton erzeugte ein zartes Schweben, welches von Thie mit ‚Celeste‘ bezeichnet wurde. Der Meister überblickte schnell die Situation. Er zog seine Geldbörse, gab dem verdutzten Arbeiter ein Geldstück und sagte: ‚Gehen Sie nach Hause und trinken Sie ein Glas Wein auf das Gedeihen unseres Geschäftes‘. So soll das ‚Wiener System‘, die Wiener Mundharmonika, entstanden sein." (AK)

Die Produktivität, die der Arbeiter trotz der überlangen, monotonen Arbeit entwickelt, bleibt ihm in Bezug auf ihre Verwertungsmöglichkeiten unbewußt und heißt daher in der Erzählung „Spielerei". Der Unternehmer, der zur produktiven Ausbeutung dieser Erfindung in der Lage ist, bestiehlt den Arbeiter, belügt ihn („unser Geschäft") und schickt ihn fort, um ihn von der Erkenntnis dieses Tatbestandes abzulenken.

Die Konkurrenzebene, auf der sich die Harmonikaproduktion abspielte, führte notwendig zur Monopolisierung. In Deutschland konzentrierte sie sich auf die beiden Orte Klingenthal (heute VEB) und Trossingen (Matth. Hohner AG).

Die Ausbildung eines solchen monopolistischen Zentrums kann am besten an Hand einer gerafften Darstellung der Geschichte des Hauses Hohner beobachtet werden. Sowohl Klingenthal wie Trossingen waren bis etwa 1870 kleine Bauerndörfer, für deren Einwohner die einzige zusätzliche Einnahmequelle die erbärmlich entlohnte Weberei war. Trossingen hatte um 1850 2300 Einwohner, darunter 400 Weber. Verkehrslage und Boden waren sehr schlecht, zudem hatte die seit Jahrhundertbeginn immer stärker anwachsende USA-Auswanderung den ganzen Landkreis sehr geschwächt.
Zur Charakterisierung der sozialen Situation sind zwei Abschnitte von E. Engelberg wichtig (Deutschland 1849–71, Lehrbuch der deutschen Geschichte, Bd. 7, S. 53, 55):

„In Süddeutschland vollzog sich die Ablösung der Feudallasten der Bauern [Aufhebung der Leibeigenschaft durch Freikaufen] in ähnlicher Form wie in Ostelbien. Die letzten Ablösungsgesetze wurden in Baden und Württemberg in den Jahren 1848 und 1852 erlassen. Da in der süddeutschen Agrarstruktur die Grundherrschaft [örtlich verteilte Bauern, von zentral gelegenen Fronhöfen überwacht, der Steuerpflicht und Gerichtsbarkeit des Herren untergeordnet] und nicht die Gutsherrschaft wie in Ostelbien dominierend war [herrschaftliche Eigenwirtschaft im Dorfband mit Fron- und Gesindepflicht der Bauern im abgeschlossenen Bereich], mußten die Bauern hohe Summen insbesondere für den Wegfall des Zehnten und der mannigfachen kleinen Feudalverpflichtungen zahlen.
Für die Ablösung des Zehnten war das 16fache seiner jährlichen Höhe, für die anderen Feudalverpflichtungen in der Regel das 12fache der bisherigen Jahresleistungen zu entrichten. Um die Ablösungsgelder zahlen zu können, sahen sich viele Bauern gezwungen, zu Wucherzinsen Geld zu entleihen. Viele vermochten bald die hohen Zinsen nicht mehr aufzubringen, und ihre kleinen Wirtschaften verfielen dann der Versteigerung. Von dem Ausmaß dieser Erscheinung zeugt das Beispiel eines badischen Dorfes, in dem 1853 alle Bauern bis auf zwei ihr Grundeigentum durch Zwangsversteigerung verloren. Auf der anderen Seite erhielten die Standesherren und Adligen durch die Ablösung riesige Summen, die sie in vielen Fällen zum Kauf von Grund und Boden verwandten. Darauf setzten sie Klein- und Mittelbauern, die durch die Ablösung ruiniert worden waren, als Pächter. So dehnte sich in Süddeutschland als ein Ergebnis der Ablösung das Pachtwesen beträchtlich aus ...
Die klein- und mittelbäuerlichen Verhältnisse verliehen weiten Teilen Badens und Württembergs das charakteristische Gepräge. In

Baden hatten z. B. dreiviertel aller landwirtschaftlichen Betriebe weniger als 3,5 ha Grundbesitz und die meisten sogar nur 2 ha. Für sie war es völlig unmöglich, die Fortschritte der Agrarwissenschaft auszunutzen. Die Ablösung hatte ihnen vor allem noch den Nachteil gebracht, daß die für ihre Viehhaltung unentbehrliche Allmende [Gemeineigentum der Dorfbewohner an Landbesitz für Viehweiden, Mast, Holzschlag usw.] entweder aufgeteilt oder vom Grundherrn eingezogen worden war.
Um ihre Familien zu ernähren, mußten sie versuchen, zusätzlich ein Stück Land zu kaufen oder zu pachten. Die ihnen hierfür nötigen Kredite schoß ihnen ein Wucherer vor, dem sie völlig ausgeliefert waren. Die Schuldknechtschaft nahm solche Ausmaße an, daß Bauern Wirtschaften betrieben, die ihnen gar nicht mehr gehörten. Unter diesen Umständen sahen sich viele gezwungen, sich in der *Hausindustrie* einen kümmerlichen Nebenverdienst zu erwerben oder das harte Los der *Auswanderung* nach Übersee auf sich zu nehmen. Zu den wirtschaftlichen Nöten der Klein- und Mittelbauern, die in Krisenjahren und bei Mißernten katastrophale Formen annahmen, kam noch der Druck von Seiten der Großbauernschaft, die im Dorf tonangebend war und den entscheidenden Einfluß auf die *Gemeindeverwaltung* ausübte." (Die Kursivschreibung soll die Leser auf die Bedeutung der entspr. Wörter für das Folgende hinweisen.)

Matthias Hohner, 1833 als Bauernsohn in Trossingen geboren, begann als Uhrmacher in der Werkstatt seines Onkels mit sechzehnstündigem Arbeitstag. Da er mit dem anschließenden Uhrenhandel nicht genug verdienen konnte, wandte er sich der Suche nach anderen Verdienstmöglichkeiten zu.

Die Mundharmonika, in Wien schon seit 1835 gewerbmäßig hergestellt (B), wurde bereits zu Hohners Uhrmacherzeiten in den Bauernhöfen Trossingens gebaut für den Feierabendgebrauch der Bauern und Weber.

Hohner beobachtete, „daß diesem Instrument eine günstige Entwicklung sicher sei, und der Bedarf sich steigere und daß die steigende Nachfrage ein guter Bundesgenosse im Kampf um eine neue Existenz sein könnte" (F). Sein Interesse war, wie ein Freund der Familie sagte, „ausgesprochen geschäftlich, und nur wo es der geschäftliche Zweck gebot, auch für das Musikalische" geöffnet (F). Die Situation war allerdings nach der Revolution nicht einfach für die Gründung eines Unternehmens, denn – wie Hohner in seiner Autobiographie von 1890 berichtet (L) – „der Kredit war fast ganz aus, keiner konnte mehr Geld entlehnen; die Kapitalisten [Wucherer, Geldleiher!] gaben keines ab aus Furcht, es werde alles zusammenbrechen. Erst nach dem Jahre 1855 erhielten die Realitäten [kreditsichernde Grundstücke oder andere Besitztümer] wieder einen festen Wert, der Kredit hob sich."

Also begann Hohner 1857 sein Geschäft mit zwei Arbeitern und seiner Frau. 650 Mundharmonikas entstanden in diesem Jahr, eine Zahl, die heute in 10 Minuten erreicht wird (A). Weitere Vergleichszahlen zum Betriebsablauf sind die folgenden (aus der Literatur zusammengetragen):

Jahr	Arbeiterzahl	Instrumentenausstoß	Exportanteil
1857	2	650 Mundh.	
1867		22 000 Mundh.	
1877	86	86 000 Mundh.	ca. 2/3 (USA)
1887		1 037 000 Mundh.	
1896	700		
1900	1000	4 000 000 Mundh.,	
1907	2050	7 000 000 Mundh., 650 Akk.	
ca. 1912			10 Mio. Instr. (66% Anteil an d. Weltproduktion)
1923		33 000 000 Instr.	
1940		20 000 000 Instr.	
ca. 1970	3000	50 000 000 Instr. (24 Mio Mundh.)	80%

Wie ist es zu dieser Expansion gekommen? Hohner vertrieb die Instrumente zunächst in Württemberg in Kram- und Spielwarenläden und auf Messen. Der Absatz breitete sich bald auf Grund der straffen Verkaufsorganisation und der in diesem Gebiet noch nicht so starken Konkurrenz auf Baden, Bayern, Österreich und die Schweiz aus, wobei sich Hohner dem Nürnberger Spielwarenvertrieb anschloß.

Daneben war Hohner immer noch Landwirt und lange Zeit als Bürgermeister von Trossingen an der entscheidenden Stelle, um Boden- und Arbeitskräfte-Markt zu überblicken und mitzubestimmen. Der eigentliche Aufschwung, d. h. auch zugleich die Durchsetzung gegen die simultan mit Hohners Betrieb anwachsende Konkurrenz, lag aber im Handel mit den USA seit 1867. Hohner bekam dafür einen Transportnachlaß für Bahn und Schiff.

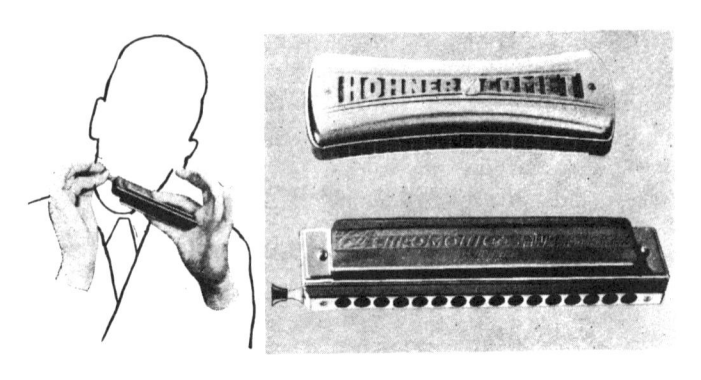

Dabei verdiente er gerade an jenen Auswanderern, die aus Not Deutschland hatten verlassen müssen: Sein Schwager wurde in den späten 50er Jahren gepfändet, Hohner gab ihm Mundharmonikas nach Kanada mit, und der Exporthandel nach dort begann. Ebenso gab er seinem Freund Bilger Mundharmonikas nach den USA mit. Über die Absatzlage dort schrieb er (L):

> „Hier stoßen die Massen zusammen, und es wird mit den Preisen furchtbar gedrückt! Sachsen hat mit weitaus bedeutend geringerer Ware spottbillige Preise, so daß wir uns wundern, wie es möglich ist, auszukommen. – Wir haben bei einer viel besseren Ware dementsprechend höhere Preise. Die Wiener Konkurrenz, die hauptsächlich in einer Hand steht [Thie], hat auch bedeutend höhere Preise als Sachsen."

Bilger schrieb aus den USA zurück (Z):

> „Die Deutschen täten sie hier gerne kaufen. Das sind die Menschen, wo immer das Heimweh haben. Dann müssen sie weinen oder singen. Wenn ich auf Deinem Bläsle gespielt habe und gesagt habe, es sei in Trossingen gemacht, sind sie still geworden und haben mir zugeloset [gelauscht]. Jeder möchte eine solche Musik haben und man könnte viele verkaufen . . . Du könntest hier ein gutes Geschäft machen. Zwei Ladengeschäfte möchten viel kaufen. Ich schreib Dir die Adressen, dann kannst Du solche hierher schicken."

Hohner lieferte und bestand dabei auf etwas höheren Preisen als die Konkurrenz. Sein Verkauf war trotzdem gut „dank der vorzüglichen Qualität meiner Fabrikate . . ., so daß ich jetzt enorme Quantitäten nach diesem Platze exportieren kann" (Z). Ein New Yorker Händler meinte allerdings in Bezug auf Hohners Konkurrenten: „Trotzdem muß man auch diesen Herren eine Gelegenheit geben, sonst wird ja der Herr Hohner zu früh ein Rothschild werden." (Z) In den größeren Städten Europas und der USA hatte Hohner Handelshäuser, und ab 1871 erhielt er für seine Instrumente Preise auf internationalen Ausstellungen.

Um 1880 begann Hohner, seinen Betrieb grundsätzlich umzustellen und zu erweitern. Die bisherige handwerkliche Einzelproduktion der Instrumente wurde durch Arbeitsteilung abgelöst, Spezialmaschinen zum Fräsen der Kanzellen und Zungen, die bisher einzeln ausgestochen worden waren, wurden bei dem Klingenthaler Erfinder Berthold bestellt, eine Fabrikhalle wurde gebaut, eine Dampfmaschine aufgestellt, eine Sägerei installiert, und Waldungen wurden erworben, um das nötige Holz für die Fabrikation schlagen lassen zu können und nicht mehr von den Holzhändlern abhängig zu sein. Außerdem begann Hohner nun, die Einwohner Trossingens und der umliegenden Dörfer in die durch Not erzwungene „Heimindustrie" einzuspannen, „die einen schönen Verdienst gewinnt", wie Hohner in seiner Schrift über den „Stand der Arbeiter im allgemeinen" berichtet (L). Die sog. „Stückwerker" arbeiteten den Sommer über meist auf ihrer Landwirtschaft, winters aber mit ihren Familien für Hohner. „Die tägliche Dauer der Arbeitszeit [in der Fabrik] ist im Durchschnitt zehn Stunden – in der Hausindustrie ist sie jedenfalls etwas länger." (Hohner)

1885 betrug der Tageslohn von Hohners Arbeitern 1,50–4,00 Mark (Es gab nur einmal zu Hohners Lebzeiten eine Lohnaufbesserung um 1 Pfennig pro Dutzend gefertigter Mundharmonikas!). Hohners Besitzstand belief sich 1879 auf 80000 Mark, 1897 auf 200000 Mark. 1896 beschäftigte er 700 reguläre Arbeiter und Stückwerker, und hatte bei also ca. 15000 Mark Lohngeld pro Monat eine Verkaufssumme von 75000 pro Monat (L, Z).

Eine wichtige Erkenntnis für Hohner brachte die Wirtschaftskrise in den USA Anfang der 1890er Jahre, als die Importzölle schlagartig stiegen. Hohner klagte: „Die Geschäfte gehen schlechter, die Aufträge bei uns bleiben aus und wir haben einen riesigen Vorrat an Waren." (Z)

Um sich für die Zukunft vor solchen Gefahren zu schützen, dehnte Hohner seinen Handel umgehend auch nach Südafrika, Australien und China aus. Überall entstanden seine Handelshäuser. Die Krise wurde überwunden.

Die Konkurrenz schaltete er nicht durch Preisunterbieten aus, sondern durch ein perfektes Vertriebssystem, durch blitzartige Expansion auf noch unbeachteten Märkten und durch ein kategorisches Bestehen auf seinem Qualitätsbegriff, der im wesentlichen sauberes Funktionieren betraf. Dem Vertreter Groß-Britanniens für den Empire-Markt schrieb er, „daß meine Fabrikate dieselbe [die Harmonika von Thie], was Ausführung und Qualität anbelangt, weit überholt hat, indem meine Harmonikas viel leichter zu blasen sind, helleren und lauteren Ton haben." (Z)

1888 schrieb er an die württembergische Handelskammer:

„Es ist bekannt geworden, daß mein Fabrikat den Ruf des Besten in diesem Artikel gewonnen hat, und zwar mit vollem Recht. Soll ich diesen Ruf verderben? Das kann ich nicht tun, und wenn ich billigere Preise mache, bin ich gezwungen an der Qualität zu schmälern. Dann sinkt mein Fabrikat, das ich mit ungeheurer Mühe auf die Höhe des guten Rufs gebracht habe, zurück und verliert an Wert. Ich mache meine Harmonika nicht geringer als bisher und bin deshalb auch nicht im Stande, billiger zu liefern." (Z)

1896 wurden wöchentlich 42 000 Harmonikas hergestellt, es waren jeweils zwei Wochenproduktionen im Lager. Im Export gab es monatlich 60 000 Mark Umsatz, im deutschen Handel 15 000 Mark. „Die Verkaufspreise sind für Europa entschieden niedriger, da der Konkurrenzkampf immer ein größerer wird, unter welchem dagegen das Exportgeschäft noch weniger zu leiden hat" (Diese Information entstammt einer Nachricht, die die Hohner-Söhne im neu gelegten Boden einer Fabrikhalle 1896 verbargen „zur Erinnerung" an sie, und die viel später im 20. Jahrhundert entdeckt wurde) (Z, L).

80 Harmonika-Typen wurden hergestellt mit Namen wie: Orpheus-Konzert, Viktoria-Tremolo-Konzert, Klosterglocken, Up to date (für den Export), Rheingold, Schuhplattler, Zigeunervirtuos, Ideal, Goliath, Alpenecho, Monopol, Viktoria, Siegeslauf, Husaren-Musik, Kavallerie-Musik, Kaiser-Wilhelm-Harmonika, Radetzki-Marsch, Deutsche vor die Front (Z).

1900 übergab Hohner in einem feierlichen Akt die Fabrik in die Hände seiner fünf Söhne. In seiner Rede ermahnte er die Arbeiter: „Kommet ihnen mit Liebe und Achtung entgegen, und macht ihnen den schon so schweren Stand eines Fabrikanten nicht noch schwerer; sie werden euch sicher halten, so wie ihr es verdient und so gut es ihnen möglich ist." (F) Die Söhne ermahnte er: „Bleibt immer in soliden Bahnen!"

Daraufhin wurde 1903 die Akkordeonproduktion begonnen mit einem sofortigen Erfolg auf Weltausstellungen. 1907 wurde das Unternehmen in eine Familien-AG umge-

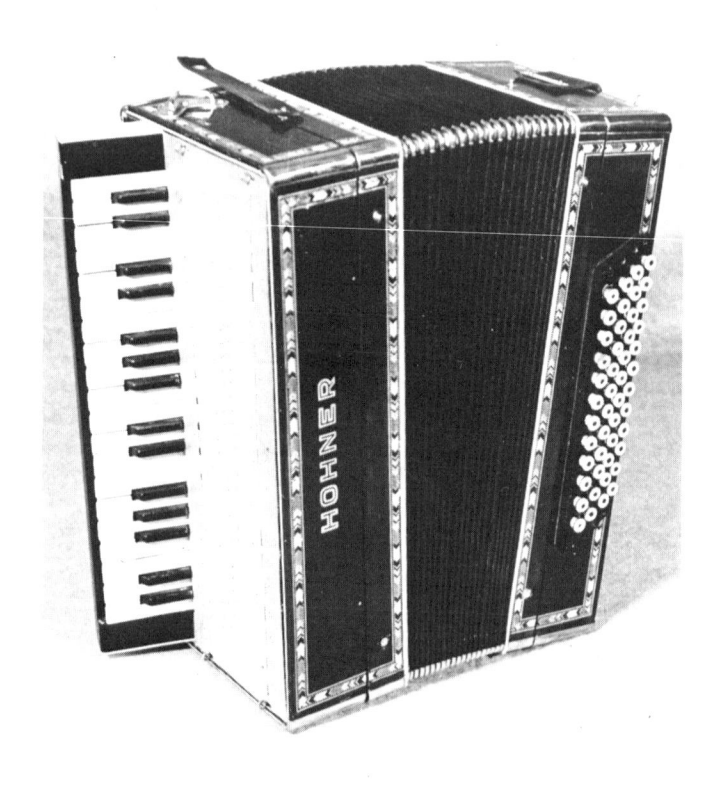

Eines der ältesten Hohner-Piano-Akkordeons um 1900

wandelt. 1906–29 wurden acht Konkurrenzfirmen, auch aus Berlin und Magdeburg, aufgekauft, und die Monopolstellung des Unternehmens wurde befestigt.

V. Zusammenfassende Analyse der Produktionsverhältnisse und kompositorischen Folgeerscheinungen der beiden Instrumentenentwicklungen

Die Darstellung der beiden Instrumentenentwicklungen war im wesentlichen auf zwei „bedeutende Männer" konzentriert, anstatt von z. B. dem Instrumentengebrauch in der Bevölkerung auszugehen. Das hat zwei Gründe: Zum einen ist bisher über Instrumentengebrauch und -verbreitung fast nichts an Untersuchungen vorhanden, und es bedarf einer großen Anstrengung, um erst einmal all die wenigen herauszubekommen und heranzuziehen, auf die man sich dabei stützen könnte. Zum anderen wäre es falsch, sofort und unbesprochen solche „Meister"-Bilder, auf die sich die bürgerliche Ideologie stützt, beiseite zu schieben. Vielmehr müssen sie erst einmal genau in einer Darstellung gezeigt werden, die nicht gezielt verschweigt, sondern durch eine umfassende Dokumentation den Kampfcharakter, den solche Heroen-Bilder haben, deutlich und kalkulierbar macht:

Boehm ist in fast allen Sparten der musikalischen Produktion tätig (Komposition, Interpretation, Instrumentenbau), der Spezialist der Kunst und der Erfindung von „oben". Mit dem Vertrieb seiner Produkte ist er jedoch nur auf einer handwerklichen Ebene beschäftigt.

Hohner dagegen ist fast ganz ohne musikalische oder erfinderische Fähigkeiten, sondern greift die „von unten" kommenden Erfindungen kleiner Handwerker und Instrumentenmacher auf, um sie mit rein wirtschaftlichem Interesse planmäßig für sich auszubeuten. Er ist der Spezialist der Verwertung.

Insofern ergänzen sich die beiden zu einem Abbild der arbeitsteiligen Produktion in der bürgerlichen Gesellschaft; der eine stellt spezialisiert Ideen und Erfindungen bereit, der andere verwertet sie lediglich.

Da keine Kontrolle im Hinblick auf den gesellschaftlichen Nutzen besteht, sondern allein der Profit zentrale Idee der Produktion ist, orientiert der Erfinder seine Erfindungen daran, ob er einen Verwerter dafür finden kann, und der Verwerter kontrolliert den Erfinder lediglich im Hinblick auf die Ausbeutungsfähigkeit seiner Produkte.

Diese Art der Arbeitsteilung, die personelle Trennung der Funktionen Erfinden und Verwerten, ist eine zentrale Kategorie der kapitalistischen Produktion. Sie garantiert, daß die gesamte Kontrolle beim Kapitalisten liegt ohne irgend eine Ablenkung durch gesellschaftliche Bedürfnisse, technische Neugier oder experimentelle Wißbegier. Diese Möglichkeiten nämlich lagen von je schon im Vorgang des Erfindens – wie die Beispiele aus der revolutionären vorkapitalistischen Wissenschaft zeigen (Galilei) – und hätten, verbunden mit der Möglichkeit wirtschaftlicher Verwertung, zu unvorhersehbaren Folgerungen führen können.

Daher wurden die beiden Funktionen mit dem aufkommenden industriellen Kapitalismus strikt getrennt. Und damit bei aller Isolierung noch der letzte Rest von kapitalschädigender Entfaltungsmöglichkeit aus der wissenschaftlichen Tätigkeit verloren ging und sie nur noch den leicht verwertbaren und produktionsrationalisierenden Interessen des Kapitals diente, wurde der Zugang zur höheren technischen Bildung, der Voraussetzung wissenschaftlicher Erfindung, im wesentlichen Angehörigen der Bürgerklasse vorbehalten, die schon von ihrer Schul- und Elternerziehung her dem Gedanken gesellschaftlicher Nützlichkeit entfremdet dazu bereit waren, sich der Ideologie von der „Wertfreiheit" intellektueller Kopfarbeit unterzuordnen.

Diese Zertrennung der gesellschaftlich wesentlichen Produktionsvorgänge in isolierte, gesellschaftlich unproduktive Einzelbereiche wird durch ideologische Mittel verschleiert, d. h. einer Überprüfung und Kritik weitgehend entzogen. Dies geschieht u. a. durch das Beschwören des Bildes vom „großen Meister" und „Heroen", in dem die gesellschaftlich rücksichtslose Verhaltensweise durch das Beschwören schicksalhafter Getriebenheit und genialer Einsamkeit und Unverstandenheit zur positiven Haltung umgedreht wurde. „Im Bereich der gedanklichen Abstraktion, der ideologischen Reflexbildung wurden solche Unternehmergestalten positiv entworfen: im Bild des Kraftgenies nämlich."[8a] Die Propagierung dieses Bildes verdunkelt in vielen Fällen den Blick sowohl auf die Fesselung produktiver Erfindungsmöglichkeiten als auch auf die Züchtung „wertfreier" Wissenschaftler: der potentielle Kritiker sieht sich der Anforderung ausgesetzt, mit der dürren Logik der Nützlichkeit gegen die von vornherein überlegene und ins Irrationale sich zurückziehende Autorität des „Meisters" antreten zu sollen.[9]

Gerade an den Beispielen Boehm und Hohner lassen sich diese Meisterbilder in unterschiedlicher Form beobachten, und zwar sowohl von dem Verhalten der beiden selbst als auch von der Kolportierung ihres Verhaltens her.

Im Falle *Hohner* handelt es sich dabei einmal um das Bild der Produktionsfamilie, dann um die Ritualisierung der Produktion[9a]. Diese beiden Relikte handwerklicher Produktion sind im arbeitsteiligen Industriebetrieb erlogen.

Hohner wurde selbstverständlich von den Arbeitern als „Vater" bzw. „Meister" angesprochen, während er sie seine „Kinder" nannte. Statt Lohnerhöhungen hatte Hohner eine Unzahl von Sondergaben parat, die er zu bestimmten Anlässen mit patriarchalischer Geste unter seine Arbeiterfamilie austeilte und sie so emotional von ihm abhängig hielt. Er erschien als der gütige Vater, der ein firmeneigenes Kirchenjahr mit eigenen Festen und Feiern stiftete: Neben der obligatorischen Treueprämie für langjährige Mitarbeit gab es nach der Kartoffelernte, die die Lehrlinge machten, Freibier, bei Kindgeburten einen Fünfer, zu Weihnachten zwei Mark als „Christkindle" – die Arbeiter schenkten einen Wecken zurück –, bei Großbestellungen Freibier, ebenso bei Fertigstellung einer Ladung, jeden Samstag Vespergeld für die Gesellen und Jahrmarktsgroschen für die Lehrlinge, zwei Freibier nach erfolgter politischer Wahl („Er achtete streng darauf, daß alle Werksangehörigen ihre Wahlpflicht erfüllten, enthielt sich aber jeden direkten Einflusses", Z). Einen Fond für alte Arbeiter gab es allerdings erst bei Werkübergabe im Jahr 1900.[10]

Ferner pflegte Hohner in bestimmten Situationen

immer die gleichen Aussprüche zu tun, die Geboten und Losungen gleich in der Firma zirkulierten, in zugespitzten Situationen, Krisen usw. die Reflexion ersetzten und als unbefragbare Handlungsmaximen bzw. -rechtfertigungen dienten. (Solche feststehenden Redewendungen und Maximen sind allgemein Mittel aller feudalen und bürgerlichen Herrenklassen gegen Nachfragen und Zweifel, ein Zusammenhang, den besonders eindrucksvoll die Romane von Walter Kempowski klar machen.)

Sagte z. B. jemand „Guten Morgen" zu Hohner, so antwortete er – zugleich Lehre und Tadel – „Der gute Tag hält länger an" (L). Weiter waren folgende Maximen geläufig: „Über sein Können hinaus ist niemand verpflichtet" und „Gegen die verdammte Bedürfnislosigkeit der Massen". Aus beiden spricht die Selbstverständlichkeit, mit der der Unternehmer den Absatz durch Bedürfniserweckung erzwingt, ausschließlich in seinem Interesse. So auch in der Ausbeuter-Maxime: „Mein Feld ist die (ganze) Welt": ernten, wo man nicht selbst gesät hat.

Diese Sprüche, ähnlich auch heute noch weitverbreitet, um das eigene Handeln bzw. Einflüsse der Umwelt als unabänderlich und unbefragbar darzustellen (z. B. „Denn erstens kommt es anders, und zweitens als man denkt", „Gleich und gleich gesellt sich gern" bzw. „Gegensätze ziehen sich an"), verbinden sich mit der Selbsteinschätzung der Familie Hohner als Wohltäter und Pioniere, wie die Abschiedsrede Hohners an seine Arbeiter und der von den Söhnen für die Nachwelt versteckte Zettel beweisen.

Vor allem diese letzte Episode, ihr Charakter als Selbsterhöhung des Unternehmers zur historischen Entdeckerfigur, gehört zum Ideologiebereich des „einsamen Meisters".

In diesem Bereich bewegt sich vor allem das Handeln und die spätere Beurteilung *Boehms*. Er erscheint überall in der Literatur als der einsame, seiner Wahrheit allein verpflichtete Streiter gegen die rückständigen Mächte der Umwelt und des Schicksals, der unbeirrt und unbeugsam allen Widerwärtigkeiten trotzt, ein Beethoven der Flöte.

„Der einsame Meister – das ist der einzige Typ des Künstlers in der kapitalistischen Gesellschaft, der Typ des Spezialisten der reinen Kunst, der außerhalb der unmittelbaren utilitären Praxis arbeitet, weil diese auf der maschinellen Technik basiert. Von daher rührt die Illusion des Selbstzwecks der Kunst, von daher ihr ganzer bürgerlicher Fetischismus." (Boris Arvatov)[11]
Und in dieser Illusion sieht sich „der Bürger . . . selbst als heroische Gestalt im einsamen Kampf um die Freiheit, als Individualisten im Kampf gegen alle gesellschaftlichen Verhältnisse, die den natürlichen Menschen fesseln, der freigeboren ist und aus einem unerklärlichen Grunde immer in Ketten liegt." (Christopher Caudwell)[12]

Die Hände hinter dem Rücken könnte man sich tatsächlich gefesselt vorstellen, die Szenerie als Hinrichtungsgerät, umgeben von Zuschauertribünen. Gemeint ist vom Bildhauer natürlich der einsam Daherschreitende, die Hände sinnend im Rücken gefaltet. Der Sockel erhöht ihn vor den Menschen, die er doch so liebte – „Seid umschlungen, Millionen, diesen Kuss der ganzen Welt" –, der steinerne Arkaden-Halbkreis trennt ihn von den Bäumen, die er ebenso liebte – „Allmächtiger – im Walde – ich bin selig – glücklich im Walde – jeder Baum spricht – durch dich, o Gott, welche Herrlichkeit – in einer solchen Waldgegend – in den Höhen ist Ruhe – Ruhe ihm zu dienen".

Dieses hartnäckige Beharren auf dem „Selbstzweck der Kunst" wird an der Art deutlich, wie Boehm den „Wert"-Begriff in seiner Verteidigung der hohen Flötenpreise verwendete, nämlich: daß durch das edle Metall „der Werth des Instrumentes ein um eben so viel grösserer ist ... und weil es vor allem mein Bestreben ist, meine Instrumente zur grösstmöglichen Vollkommenheit zu bringen".

Es handelt sich dabei weder um Gebrauchswert noch um Tauschwert, sondern um eine Art „ideellen" Wert, der – wie man sagt – sich nicht in Geldäquivalenten ausdrücken läßt. Das Produkt wird als Kunstwerk, als Wert- und Schmuckstück der Nützlichkeitserwägung entzogen und als Muster der Vollkommenheit fetischisiert.

Bemerkenswert ist, daß auch *Hohner* im Hinblick auf seine Mundharmonikas auf dieses Wert-Verständnis nicht verzichten kann, wiederum zur Verteidigung hoher Preise. Er lehnte, wir wir gesehen haben, eine Verbilligung seiner Waren ab mit dem Argument: „Dann sinkt mein Fabrikat, das ich mit ungeheurer Mühe auf die Höhe des guten Rufs gebracht habe, zurück und verliert an Wert."

In diesem Wert-Begriff liegt bei Hohner und Boehm ein Äquivalent für Prestige und Leistungsfähigkeit sowohl der Produkte als der Hersteller-Pioniere. Die Preiskonstanz oder gar -erhöhung ist als Werbemittel anzusehen, als ein Zeichen für das bleibende oder gar steigende Qualitätsniveau, das gegenüber anderen Produkten eine Sonderstellung einnimmt wie die dahinterstehenden „Meister" unter anderen Erfindern oder Fabrikherren.

Zu dieser Sonderbedeutung des Wertbegriffs hat Marx im „Kapital" (Bd. I, Marx-Engels-Werke Bd. 23, S. 117, 86 f.) an zwei Stellen folgende Bemerkungen gemacht:

> „Die Preisform kann einen qualitativen Widerspruch beherbergen, so daß der Preis überhaupt aufhört, Wertausdruck zu sein, obgleich Geld nur die Wertform der Waren ist. Dinge, die an und für sich keine Waren sind, z. B. Gewissen, Ehre usw. [bei Boehm: Vollkommenheit; bei Hohner: guter Ruf], können ihren Besitzern für Geld feil sein und so durch ihren Preis die Warenform erhalten. Ein Ding kann daher formell einen Preis haben, ohne einen Wert zu haben. Der Preisausdruck wird imaginär wie gewisse Größen der Mathematik."

In der Preisgestaltung und -verteidigung bei Boehm und Hohner drückt sich auch jene Mystifizierung der Waren aus, die Marx folgendermaßen beschreibt:

„Gebrauchsgegenstände werden überhaupt nur Waren, weil sie Produkte voneinander unabhängig betriebener Privatarbeiten sind [Boehm, der Zulieferer-Spezialist, Hohner, der die Erfindungen aufgreifende Kapitalist] . . . Da die Produzenten erst in gesellschaftlichen Kontakt treten durch den Austausch ihrer Arbeitsprodukte, erscheinen auch die spezifisch gesellschaftlichen Charaktere ihrer Privatarbeiten erst innerhalb dieses Austausches . . . Es ist nur das bestimmte gesellschaftliche Verhältnis der Menschen selbst, welches hier für sie die phantasmagorische Form eines Verhältnisses von Dingen annimmt. Um daher eine Analogie zu finden, müssen wir in die Nebelregion der religiösen Welt flüchten. Hier scheinen die Produkte des menschlichen Kopfes mit eignem Leben begabte, untereinander und mit den Menschen in Verhältnis stehende selbständige Gestalten. So in der Warenwelt die Produkte der menschlichen Hand. Dies nenne ich den Fetischismus, der den Arbeitsprodukten anklebt, sobald sie als Waren produziert werden, und der daher von der Warenproduktion untrennbar ist."

In der Mystifikation, die in Boehms und Hohners „Wert"-Begriff liegt, stellt sich die Scheinrationalität dar, die ihre Unternehmungen trotz aller Zielstrebigkeit und Konsequenz haben, im Sinne von Marx (Kapital I, S. 101, 89):

„In ihrer Verlegenheit denken unsere Warenbesitzer wie Faust. Im Anfang war die Tat. Sie haben daher schon gehandelt, bevor sie gedacht haben."[13]

Und deutlicher:

„Das Nachdenken über die Formen des menschlichen Lebens, also auch ihre wissenschaftliche Analyse, schlägt überhaupt einen der wirklichen Entwicklung entgegengesetzten Weg ein. Er beginnt post festum und daher mit den fertigen Resultaten des Entwicklungsprozesses. Die Formen, welche Arbeitsprodukte zu Waren stempeln und daher der Warenzirkulation vorausgesetzt sind, besitzen bereits die Festigkeit von Naturformen des gesellschaftlichen Lebens, bevor die Menschen sich Rechenschaft zu geben versuchen nicht über den historischen Charakter dieser Formen, die ihnen vielmehr bereits als unwandelbar gelten, sondern über deren Gehalt."

Dies trifft vollständig auf die Antriebe und Gedanken zu, die Boehm und Hohner leiteten. Dies Handeln „post festum" nach bestimmten unreflektierten Handlungsmustern mit der trügerischen „Festigkeit von Naturformen" hat selbstverständlich weitreichende Auswirkungen auf die Musikpraxis, die durch die neuentwickelten Instrumente eingeleitet wurde.

Boehm, von kleinbürgerlicher Abkunft und guter Bildung, mit guten, von Privilegien und Krediten belegten Beziehungen zum Hof, wird angeregt und gefördert von der englischen Stahlindustrie. Er unterstützt sie durch seine Hochofenerfindung, wobei er entweder als Beobachter (England) oder leitender Angestellter (Bayern) durch diese Erfindungen den Profit der beiden Unternehmer (Bourgeoisie, Krone) steigert. Für ihn stellt sich das Problem als reines Sachproblem „wertfrei" ebenso wie bei der Flötenerfindung. In beiden Fällen sieht er nur die Aufgabe der Problemlösung, nicht die Frage nach deren weiterreichender Nützlichkeit vor sich. Als Prototyp des kleinbürgerlichen intellektuellen Spezialisten reduziert er in beiden Fällen die aufgefundenen Bedürfnisse auf die „sachlichen" Fragen, die sich aber – siehe Boehms „Wert"-Begriff – als Angelpunkte höchster Unklarheit und Unsachlichkeit herausstellen.

Die Tatsache, daß Boehm unter Anlehnung an die englische industrielle Produktionsweise die „exakten" Naturwissenschaften zu Hilfe nahm und ständig mit einem Physiker zusammenarbeitete – an seinen Flöten wurde gerühmt, sie hätten Aussehen und Präzision, wie sie sonst nur von optischen Geräten her bekannt seien (Ventzke) –, weist Boehms Erfindung dem industriellen Prinzip der Effektivierung durch Uniformierung und Rationalisierung zu.

Auf Grund dieser durchgerechneten Uniformierung wurden die Töne der Flöte dann auch von „vollkommener Gleichheit", wie Boehm rühmte, d. h. aber: uniform. Die bei der alten Flöte und überhaupt der alten Musik geschätzten Klangfarbenwechsel zwischen den verschiedenen Tonhöhenlagen und den einzelnen Halbtönen wurden durch eine „süße" einheitliche Tonfarbe über alle Höhenbereiche ersetzt. Diese ausgeglichene, verschmelzende Klangfarbe und die erhöhte Lautstärke machten das Instrument zwar zum durchsetzungsfähigen und gleichwertigen Element im immer größer werdenden Orchester, minderten aber erheblich die Möglichkeiten der Klangdifferenzierung, -flexibilität und -modulationsfähigkeit.

Dies hat der Querflöte viele Möglichkeiten genommen und vor allem ihren Einsatz für ältere Musik problematisch gemacht. Boehm, wie viele heutige Flötisten diesem Mangel gegenüber verständnislos, beklagte sich 1847, sein Instrument sei „sowenig bekannt und geachtet, daß noch im Jahre 1844 [von dem deutschen Flötisten A. B. Fürstenau] die Stärke und Gleichheit seiner Töne – sonst für das Ideal aller Vollkommenheit im Instrumentenbau erachtet – als Mängel darzustellen gesucht werden konnten" (zit. Ventzke).

Die klangliche „Gleichheit" der Boehm-Flöte raubte ihr viele Möglichkeiten, z. B. in der Kammermusik. Die Flöte war nun von vornherein Orchester –, d h. Spezialisten-Instrument.

Eine weitere Folge der Boehmschen Erfindung besteht in der weitgehenden Entfremdung des Instrumentes von einer bisher breiten Spielerschicht, dies einmal durch den Preis und vor allem auch durch die Zunahme der spieltechnischen Schwierigkeiten.

Das klingt zunächst widersinnig, denn Boehm hatte ja mit der Rationalisierung des Klappensystems die technischen Probleme verringert. Es wurden jedoch dadurch derartig viele neue spieltechnische Möglichkeiten geboten, die bisher auf der Flöte undenkbar gewesen waren, daß die Kompositionen, in denen Boehms System ausgenutzt wurde, nun objektiv schwerer wurden.

Wenn man annehmen will, daß vor Boehm die vielen bürgerlichen Laienflötisten den Großteil der zeitgenössischen Literatur außer der zahlenmäßig geringen Virtuosenmusik zumindest behelfsmäßig oder andeutend reproduzieren konnten, ist das bei der jeweils zeitgenössischen Musik seit Durchsetzung der Boehmflöte, also seit Ende des 19. Jahrhunderts, nicht mehr möglich: von da an bis heute ist die „fortschrittliche" Musik für Flöte nur noch von professionell Ausgebildeten ausführbar, von Laien nicht einmal mehr anzudeuten oder im behelfsmäßigen Spiel vorzustellen. Die Studentenzahl von 157 Flötisten für das Wintersemester 1966/67 in der BRD verdeutlicht die Elite-Stellung, die das Instrument inzwischen hat.[14]

Alle anderen, die etwas für das Instrument Flöte übrighaben, sehen ihre Aktivitäten aufs Zuhören beschränkt oder auf die reproduzierende Beschäftigung mit „leichter" neuer Musik, d. h. zeitgenössischer Musik für den Hausgebrauch, oder mit der fälschlich für leicht gehaltenen alten Musik. Hier mag auch der seit den 20er und 30er Jahren beginnende Rückgriff auf die Blockflöte einen seiner Gründe haben.

Die Entwicklung der Querflöte ist ein Modell für die Zerstörung eines allgemeinen gesellschaftlichen Produktions- und Reproduktionsaustausches durch das Eingreifen bürgerlicher, „wertfreier" Wissenschaft. Zwar: Der „Individualismus des Bürgers... verursacht einen gewaltigen, unaufhörlichen Fortschritt in der Produktion... (und) in der poetischen Technik" (Christopher Caudwell)[15]. Aber: Dieser Fortschritt, dessen einziger bewußter Leitstern die „Vollkommenheit" ist, bewirkt die Bildung einer von den Bedürfnissen der Massen abgetrennten Elite. Damit wird direkt die Klassentrennung innerhalb der Gesellschaft gestützt, wie auch alle Bemühungen der heutigen Kultusbürokratie um Reformen der Musikausbildung zeigen, die stets auf größere Verbreitung von Instrumenten wie gerade Flöte hinzielen (nicht etwa Akkordeon) oder auf eine Qualitätssteigerung des Spieles auf solchen Instrumenten, letztlich also auf eine weitere Stärkung und Perfektionierung der Elite.[16]

Hierfür und für die Charakterisierung der Boehmschen Erfindung als typische bürgerliche Spezialistenleistung kann ein Satz von Boris Arvatov gelten[17], bei dessen Lektüre an die Leitsterne von Boehms Erfindung zu denken ist, „Vollkommenheit des Instrumentes" und „Schönheit des Tones":

> „Die Produktion künstlerischer Werte in der bürgerlichen Gesellschaft gründet auf der Spezialisierung und dem Markt. Die Produkte dieser Produktion zeichnen sich deshalb durch ausgeprägte Isoliertheit aus; sie sind passiv, berechnet auf eine geschmacksbe-

tonte Konsumentenhaltung, gekennzeichnet durch ihren ästhetischen Fetischismus („Schönheit" u. ä.), ihre intendierte Selbstgenügsamkeit usw."

Der beschriebene Weg *Hohners* dagegen bietet ein musikalisch-ökonomisches Beispiel des „Gründer"-Kapitalismus. Hohners rein profitorientiertes Interesse an der Harmonika machte sich die Folgeerscheinungen des „Ablösung" genannten Bauernbetruges zunutze: er verpflichtete die Ein- und Umwohner Trossingens zur Hausindustrie, ging bereitwillig auf die psychische Notlage der Ausgewanderten ein (vgl. Brief Bilgers) und konnte als Bürgermeister die für seine Produktion erforderlichen Geländekäufe leichter in die Wege leiten.

Wegen des bäuerlich-handwerklichen Ausgangspunktes seiner Produktion war Hohner gegenüber anderen Wirtschaftszweigen mit den Schritten seiner Entwicklung meist zeitlich etwas im Verzug. Dies gilt einmal für die erst in den 80er Jahren erfolgte Arbeitsteilung, Ausrüstung mit Spezialmaschinen, Dampfkraft und grundstoffbietenden Ländereien, dann auch für die erst in den 90er Jahren auch auf andere Kontinente als Amerika übergreifende exportexpansive Bewegung.

Wenn man diese Ausrichtung auf den Imperialismus bei Hohner nach den fünf von Lenin genannten Merkmalen untersucht (Der Imperialismus als höchstes Stadium des Kapitalismus, Berlin 1970, S. 94), so genügt die Firma dem ersten Punkt (Konzentrierung der Produktion) vollauf. Mit 86 Arbeitern 1877 kann Hohner zu dem nur 0,4 Prozent starken Anteil von Großbetrieben gerechnet werden, die (für 1882) in der Statistik der deutschen Wirtschaftsbetriebe aufgeführt ist. Die absolute Zahl dieser 0,4 Prozent ist 9481[18]. Damit ordnet sich Hohner dem Konzentrationsprozeß ein, von dem Lenin (a.a.O., S. 19f.) für 1909 sagt:

„Fast die Hälfte der Gesamtproduktion aller Betriebe des Landes in den Händen eines Hundertstels der Gesamtzahl der Betriebe! Und diese dreitausend Riesenbetriebe umfassen 258 Industriezweige."

Hohner war darunter.

Die Tendenz zum Monopol, der zweite Punkt bei Lenin, ist bei Hohner nicht nur äußerlich durch den Typennamen „Monopol" angedeutet, sondern vor allem durch den seit 1909 erfolgten Aufkauf der Konkurrenzfirmen.

Die folgenden Punkte, Verbindungen zum Finanzkapital und Verflechtung mit der Kapitalausfuhr, gelten für Hohner angesichts seiner stürmischen Expansion selbstverständlich, wenn er – Lenins fünfter Punkt – an der Aufteilung der Welt unter den Großmächten selbst auf einem vergleichsweise so bescheidenen Gebiet wie dem Instrumentenbau teilnehmen wollte. Und zwar tat er das genau zu der von Lenin für die Gesamtentwicklung angegebene Zeit um 1900: Südafrika, China und Australien werden mit eigenen Handelshäusern bestückt. Noch heute ist der Export die Stärke des Hohner-Profits, getreu dem Satz „Mein Feld ist die ganze Welt."

Die kulturellen Auswirkungen solchen Expansionszwanges, nämlich musikalischer Imperialismus und eine fortschreitende Entindividualisierung der musikalischen Produktion, lassen sich im Falle Hohner sehr gut beobachten.

Die Technik des Einschleichens in die Märkte fremder Kontinente bzw. der Aufbau solcher Märkte ist flexibel: je nach Problemlage wird die Akkordeonkultur aufgedrängt oder den fremden Kulturtechniken scheinbar angepaßt. So gibt es Mundharmonikas in Maqam-Stimmung für die Araber, in Pelog-Stimmung für die Javaner. Das Modell „Penta" in pentatonischer Stimmung liefert Hohner sowohl nach Afrika als auch in die europäischen Schulunterstufen! „Auch in der Jazzband dominiert . . . das Trossinger Akkordeon", behauptet angeblich 1933 ein Amerikaner (F).

Neben dieser scheinbaren Unterordnung unter fremde Kulturen ist das Hauptmittel der Expansion aber das Aufdrängen der europäischen Konzertkultur, quasi als Gratisgeschenk zum Kauf des Instrumentes. Zugleich mit Tonsystem und Spielweise wird dem Käufer auch seine traditionelle Musik entzogen. Beispielhaft ist ein Bericht von der Trossinger Jahrhundertfeier 1933 (F):

„Und es gibt ja ein Zaubermittel, das die Völker und Rassen eint. Schon hat der schlanke, liebenswürdige Japaner in die Tasche gegriffen und spielt den Zuhörern die Carmen-Ouverture vor. Dann folgt die Arlesienne, der Faustwalzer, die Stradella-Ouverture, o sole mio, und ... die Donauwellen."

Bis Hohner aber so die Welt beherrschte, waren vielerlei Strategien und vor allem ein gewaltiger Produktionsausstoß nötig. Hierfür war wie bei Boehm eine weitgehende Rationalisierung und Uniformisierung der Produktion und des Produktes nötig, allerdings nicht – wie bei Boehm – mit dem Ziel einer wissenschaftlich begründeten Instrumentenverbesserung, sondern eines kostensparenden Massenausstoßes. Diese beiden unterschiedlichen Zielsetzungen sind die Folgeerscheinungen der unterschiedlichen Bedürfnislage, auf die Boehms und Hohners Produkte treffen: Während Boehm auf ein vorgefundenes Bedürfnis – wenn auch eines von Spezialisten – reagiert, bemüht Hohner sich, zunächst einmal neue Bedürfnisse für sein Produkt zu erwekken. Dabei nutzte Hohner den Umstand, daß sein Produkt nicht – wie die Boehmflöte – den Vergleich mit Vorläufern zu fürchten brauchte. Es war eine Neuigkeit, keine Verbesserung oder Reformierung. Und diese Neuheit war schon Werbung genug.

Allerdings gab es seit Beginn der Harmonika-Instrumente Vergleiche mit anderen Instrumenten, und zwar Vergleiche von „unten" als auch von „oben". Die Vergleiche von „unten" äußern sich schon sehr früh in einem ironischen Lied (Refrainbeginn: „Zither spielen, Zither spielen!"), das die älteren Trossinger Bauern sangen, um die Vorzüge des älteren Volksinstrumentes gegenüber der neumodischen, technisch uniformierten Mundharmonika hervorzuheben. Auch der alte Name Teufelspfeifle wird in diesem Zusammenhang stehen.

Dieser Widerstand von „unten" hat sich bald gelegt, aber in vielen bekannten volksläufigen Bezeichnungen für die Mundharmonika schlägt sich die Niedrigkeit des Instrumentes nieder, daneben auch einfach die Beschreibung der Blastechnik:

    Bläsle, Blasebalg, Brummeisen, Fotzhobel, Goschenhobel, Judenharfe, Lippenquäke, Litschknochen, Maulblase, Maulharfe, Maulhobel, Maulklavier, Maulorgel, Maulrolle, Maultrommel, Mundfiedel, Mundharfe, Mundhobel, Mundorgel, Mundschnuffel, Mundwetze, Musikraspel, Rotzhobel, Rutschkommode, Schnauzenfiedel, Schnauzelgeige, Schnüffelrutsche, Schnutenhobel, Schnutenklavier, Schnutenorgel, Schubbelrutsch, Suckorgel, Zahnhobel (teils nach Akkordeon-Literatur, teils nach Avgerinos[19])

Deutlich wird auch in diesen Bezeichnungen das allgemeine Verständnis von der Ersatzfunktion der Harmonika-Instrumente, und zwar als billiger industrieller Ersatz für die alten volkstümlichen Instrumente (Harfe, Geige) oder die zu teuren Künstlerinstrumente (Klavier, Orgel). Der Abstand des neuen Instrumentes zu diesen Kunstinstrumenten, seine Niedrigkeit, findet in der Verwendung von Jargon (Schnute) oder Dialekt (Bläsle) seinen Ausdruck.

In den zahlreichen volksläufigen Bezeichnungen für das Akkordeon ist neben diesen drei Bedeutungen (Niedrigkeit, Spielweise, Ersatzfunktion) noch eine vierte enthalten: der soziale Ort der Verwendung ist genannt (Volk, Soldaten, Maurer, Bergleute, Schiffer), teilweise auch durch Anspielungen auf die Lebensbedingungen derjenigen, die das Instrument verwenden (Wanzen, Mansarde):

Bauchgeige, Bergmannsklavier, Blasebalg, Griffelkasten, Handorgel, Knautsch, Knautsche, Knautschklavier, Knautschkommode, Knautschorgel, Knutsch, Knutschorgel, Mansardenklavier, Matrosenharmonika, Matrosenklavier, Maurerklavier, Minderklavier, Monika (!), Orgele, Quetsche, Quetschbalken, Quetschbeutel, Quetschbündel, Quetschkasten, Quetschkommode, Quetschmaschine, Quetschorgel, Quietschkommode, Recksack, Schifferklavier, Schifferorgel, Schützengrabenklavier, Schweinsblase, Schweinsfidel, Seemannsklavier, Treckbüdel, Treckbügel, Treckdings, Treckfiedel, Trecksack, Uff- und Zuckaib, Volksorgel, Wanzenpresse, Wanzenquetsche, Zerrwanst, Ziehharmonika, Ziehriemen, Ziehwanst. (Quellen wie oben und mündl. Sammlung; vgl. auch die Ironie in der für das Harmonium bekannten Bezeichnung Psalmpumpe)

Die Niedrigkeit und der Ersatzcharakter, die den Harmonikainstrumenten von Anbeginn anhafteten, haben bis heute die Geringschätzigkeit und Überheblichkeit motiviert, mit der Kritik oder Nichtachtung von „oben" betrieben wird. Dies gilt vor allem für die bürgerlichen Wissen-

Kölner „Hofmusikanten" 1927

schaftler. Sie betrachteten die Instrumente von vornherein als „primitiv" und damit unwürdig einer näheren Betrachtung. Schon 1840 heißt es in der zweiten Auflage des bereits genannten Musiklexikons von Gathy unter „Mundharmonika":

„Eine jetzt gewöhnliche Spielerei[20] und gräulichste der Ohrenplagen. In einem Metallplättchen befinden sich 4 bis 10 in den Accord gestimmte Zungen, welche durch den eingezogenen und ausströmenden Athem zum Erklingen gebracht werden. Kinder, Spazierstöcke, Regenschirme, Reitgerten gehen mit diesem Unheil schwanger und überfallen unversehens damit den harmlosen Wanderer!" (B)

Zu dieser Zeit war die Proletarisierung des Instrumentes offenbar noch nicht gänzlich erfolgt. Erst mit der Industrialisierung auch der Mundharmonika-Produktion in Deutschland, z. B. bei Hohner, erfolgte eine festere Klassenbindung des Instrumentes. Allerdings gibt es noch recht spät Ausnahmen, wenn auch in Kultur-Exklaven wie Pommern[21].

Die Geringschätzung durch die bürgerlichen Kunstsachverständigen schlägt sich seither in einer weitgehenden Ignorierung der Harmonikainstrumente durch die Wissenschaft nieder. Spezialabhandlungen gibt es fast ausschließlich von den fabriknahen Verlagen und Autoren: Zepf war Präsident des DHV (Deutscher Handharmonika Verband), Fett war Leiter der Trossinger Musikschule. Ebenso steht es mit den Möglichkeiten, in der BRD an Hochschulen Harmonikainstrumente zu erlernen: Nur fünf haben eigens angestellte Lehrer.

Ein besonders deutliches Beispiel für die spezielle Behandlung der Harmonika bietet das „Handbuch der Musikinstrumentenkunde" von Curt Sachs. In der zweiten Auflage (1930) nehmen die Abhandlungen von „Ziehharmonika" und „Mundharmonika" zwei von 393 Seiten ein, und zwar die beiden letzten – als Abschluß der Abteilung „Die Orgel mit ihren Verwandten". Es könnte geradezu den Eindruck erwecken, daß dies eine Folge von Sachs' strenger Systematik sei.

Diese Geringschätzung bedeutet natürlich nicht eine Einflußlosigkeit des Bürgertums auf die Harmonikainstrumente. Vielmehr hat die bürgerliche Musikkultur von Anfang an der Harmonika und ihrer Musik unverkennbar ihren Stempel aufgedrückt.

Die Harmonika-Instrumente waren von Anbeginn der Notlage des Proletariats in doppelter Weise angepaßt:

Billig, solide, tragbar, schnell und ohne Unterricht erlernbar, waren sie wie geschaffen für die geringe Rekreationszeit zu Hause, in Geselligkeit, im Wirtshaus. Gerade hier aber war das Proletariat dem bürgerlichen Einfluß ausgesetzt:

> „Im spätindustriellen Zeitalter bleibt den Massen nichts als der Zwang, sich zu zerstreuen und zu erholen, als ein Teil der Notwendigkeit, die Arbeitskraft wieder herzustellen. Das allein ist die ‚Massenbasis‘ der Massenkultur. Auf ihr erhebt sich die mächtige Vergnügungsindustrie, die immer neue Bedürfnisse produziert, befriedigt und reproduziert." (Eisler/Adorno)[22]

Die Verbreitung der Harmonika ist früher Bestandteil dieser Massenkultur und Vergnügungsindustrie. Sie trägt in sich eine jener

> „Methoden, mittels welcher das Proletariat im 19. Jahrhundert geistig ... ausgebeutet wurde [und die] die Entstehung einer eigenständigen proletarischen Kultur im Keime zu ersticken vermocht und das Proletariat zum Konsumenten eines gräßlichen Abklatschs der bürgerlichen Repräsentationsmusik gemacht [haben], die recht schnell sich verselbständigte und innerhalb der eigenen Sphäre produziert wurde." (K. Boehmer)[23]

Gerade die leichte Handhabung und Erlernbarkeit nämlich verband sich bei den verbreiteten ein- und zweireihigen Harmonikas (entsprechend bei Mundharmonikas) mit einer Einschränkung auf eine oder zwei Tonarten in Melodie und Begleitakkorden. Die Harmonik war mittels weniger Baßknöpfe vorgeformt auf die geringste denkbare Auswahl der nächstliegenden Tonika- und Dominantdreiklängen. Die Tongebung der Melodie war gegenüber Zither, Schalmei, Klarinette usw. auf Grund der vorgeformten Tonentstehung (vorgeformtes Tremolo!) von auffallender Monotonie. Durch dieses Instrument waren die Spieler also von vornherein auf die niedere Abfallkunst und den Amüsierstil der bürgerlichen Unterhaltungssphäre festgelegt, was die bürgerlichen Kunstwissenschaftler als bequemen Beweis für die kulturelle Niedrigkeit des breiten Volkes nehmen konnten.

Damit wurden die Spieler auch in der Rekreationszeit noch fester als ohnehin schon dem Ideologiezwang des Bürgertums unterworfen, ein Beispiel dafür, wie die Bourgeoi-

148

sie „die Arbeiterklasse ökonomisch, politisch und folglich auch kulturell in Sklavenabhängigkeit hält." (Bucharin)[25]

So kann das Akkordeon schon bald bei seiner Verwendung in der Kunstmusik als Zeichen der Niedrigkeit oder gar Verzweiflung fungieren, z. B. in der Wirtshausszene von Alban Bergs „Wozzek"[26] bei dem Chor „Ja, lustig ist die Jägerei" und dem Betrunkenen-Gesang „Ich hab ein Hemdlein an, das ist nicht mein, und meine Seele stinkt nach Branntewein."

Der Fall von Dien Bien Phu

21.40 General Giaps größter Erfolg

Nach jahrelangen, verlustreichen Kämpfen in Indochina fiel am 7. Mai 1954 die Festung Dien Bien Phu, als ›Stalingrad Frankreichs‹ bezeichnet. Das Ende des Krieges, in Indochina bejubelt (unten), hatte die Teilung Vietnams in Nord und Süd zur Folge. Unumstrittener Held war General Giap (rechts), der seither Verteidigungsminister und stellvertretender Ministerpräsident in Hanoi ist

Nach dem Fall von Dien Bien Phu (7. 5. 54), dem „Stalingrad Frankreichs"

Die Ablenkungs- und Fesselungsfunktionen, die die Harmonikainstrumente erfüllen konnten, zeigten sich besonders deutlich während der imperialistischen Kriege des 20. Jahrhunderts (vgl. oben: „Schützengrabenklavier"). Curt Sachs berichtet in dem genannten Handbuch auf S. 393 im Artikel Mundharmonika ganz aus der Position des Bourgeois-Komplizen:

> „Billigkeit und Kleinheit haben ihr die Gunst der breitesten Volksschichten verschafft, und man [!] kann mit den Erfolgen des bescheidenen Instruments wohl zufrieden sein. Die Rolle, die es im Weltkrieg spielte, wird in seiner Geschichte ein Ruhmesblatt bilden; auf endlosen Märschen ersetzte die anspruchslose Mundharmonika, die manch einer virtuos zu beherrschen wußte, dem Mann eine ganze Regimentsmusik, und in der Stellung kürzte sie die Zeit des entnervenden Wartens"

oder auch Marschierens, wie ein Bericht über ein Freikorps bezeugt: Hinter dem Feldzeichen

> „schwang ein Pionier die Ziehharmonika, den preußischen Armeemarsch spielend, wie auf jedem der langen und ermüdenden Märsche, die wir in diesem Lande schon gemacht."[27]

Auch beim Sammeln war das Akkordeon gebräuchlich[28]. Diese militärischen Hilfsdienste, die – dem Typennamen nach zu schließen (vgl. S. 119) – die Mundharmonika schon im Krieg 1870/71 leistete, werden am Akkordeon auch für den 2. Weltkrieg gerühmt (F, 1940):

> „Die moralische Stellung, die sich die Harmonika im (1.) Weltkrieg als seelische Kraftquelle eroberte, ist auch in dem heutigen Krieg in vollem Maße anerkannt und durch neue Erfahrungen bestätigt worden, ... insbesondere unter der bis jetzt im Westen vorherrschenden Art der Kriegsführung mit ihrem Bunkerleben usw. Dem entspricht auch die Stellung, die der Matthias Hohner-AG. als Wirtschaftsunternehmen in der heutigen Kriegswirtschaft von Anfang an angewiesen und zuerkannt wurde."

Auf die hohe Bedeutung, die die Nazis daher dem Harmonika-Instrumenten zumaßen – 1938 zählte die Reichsmusik-Kammer 6000 Mundharmonikaorchester mit ca. 300000 Mitgliedern (MGG) –, reagierte das Monopol-Unternehmen Hohner bereitwillig. Mit Hakenkreuzfahnen reich geschmückt (Foto in F), konnte das Werk jetzt endlich seinen Absatz im Inland besser steigern als vordem. Daß die

Erfahrungen aus dem dritten Reich auch ideologisch langfristig wirkten, zeigen Bildunterschriften der heutigen Prospekte wie: „Jugend will musizieren" oder „Harmonikaspielen, schwimmen und radfahren sollte jeder richtige Junge können." (A)

Neben den spiel- und klangtechnischen Einengungen gab es aber auch noch andere Faktoren, die die Harmonika-Instrumente zu Hemmschuhen kultureller Selbstbestimmung machten.

Das war zunächst einmal die vom Bürgertum ausgehende, um 1900 erfolgte Festlegung der Harmonika-Musik auf bestimmte Gefühlssphären, in denen sich die deformierten Wünsche und Träume von Freiheit widerspiegeln: Fernweh, Abenteuer, Erotik und Exotik. Diese Spießerparadiese gingen in die Unterhaltungsmusik ein und harmonisierten für den Kleinbürger die aggressive Primitivität, die er beim Spiel des klassenfremden Instrumentes Harmonika empfunden haben mochte, zum sündhaften Schauer ferner Verlockungen. Und diese Gefühlssphären basierten immer auf einer verkitschten und sentimentalisierten Verformung der Ausdruckssphären der überseeischen oder zumindest ausländischen Arbeitenden: Hillbilly-Musik der Cowboys und Blues der schwarzen Landarbeiter (beides mit Mundharmonika), englische Shanties und Seemannslieder, südamerikanische Tangos und Musette-Walzer vom alten Montmartre (Akkordeon).

Überall hier spiegelte man sich genüßlich kulturelle Unterdrückung als exotischen Reiz vor, indem man die Klassendistanz zur geographischen Distanz umwandelte und damit als Unruheherd beim Musikhören ausschaltete. Durch diese Festlegung auf bestimmte Gefühlssphären der Amüsiermusik wurde das Akkordeon, zumindest in Deutschland, als Werkzeug proletarischer Kultur so gut wie unbrauchbar gemacht.[29]

All diese Sphären – soziale Verächtlichkeit, „Primitivität", billiger Ersatz, verlogene Exotik –, die für den Bürger im Akkordeon und seinem Spiel präsent sind, bilden ein Gefühlssyndrom, mit dem er die Unterdrückung, die er selbst bewirkt oder bestärkt, leicht als selbsterzeugte Ursache des sozialen Elendes verdrängen kann und stattdessen das Bild der „natürlichen" Kulturlosigkeit und Niedrigkeit der unterdrückten Klassen für sich aufbauen kann.

Das Idealbeispiel hierfür ist der Bettler, der auf dem Akkordeon „Moulin Rouge" spielt. Hierbei dient das Akkordeon denjenigen als Krücke, die soweit erniedrigt oder verstümmelt sind, daß sie nicht einmal mehr dazu fähig sind, ihre Arbeitskraft zu verkaufen, die – wie der Bürger sagt – arbeitsscheu sind. Wer nicht einmal mehr dazu bereit ist, sich verwerten zu lassen, für den ist das letzte gut genug, der Abfall: musikalisch und instrumental. Das Akkordeon ist aus einem Instrument für die Armen zu einem Instrument gegen die Armen geworden.

Vor allem aber waren es Tendenzen in der Arbeiterbewegung selbst, die einen Gebrauch der Harmonikainstrumente im Sinne proletarischer Interessen verhinderten. Offenbar bestand ein starker Zwang, den Elementen bürgerlicher Kunst-Instrumente (Klaviatur, Balg) in dem Mischinstrument Akkordeon dadurch Rechnung zu tragen, daß man auch spielte, wie und was die bürgerlichen Klavier- und Orgelspieler spielten. Hierzu meinte Hanns Eisler:

„Es ist der alte Gedanke der Volksbildung, der, auf die Musik angewendet, ergab, daß man den Arbeitern die Musik des Feudalismus und die Musik des Bürgertums eroberte. Es war ein im vornhinein vergebliches Bemühen; denn man kann in der ökonomischen Situation der Arbeiterschaft nie gegenüber der Kunst die Haltung einnehmen, wie sie die Bourgeoisie einnimmt. Es ist dies der alte klassische Fehler jeder reformistischen Haltung, der zwangsläufig

Das englische Akkordeonorchester aus Norwich auf dem Internationalen Wettbewerb London 1937

> ästhetisch wertvolleres Material gegen politisch wertvolleres Material ausspielte, der also, ohne es zu wollen, die Zwecke der Bougeoisie fördert."[30]

Das Ergebnis sind dann Haltungen, wie sie in folgender klassischer Äußerung sich zeigen:

> „Wir Arbeiter wollen keinen Umsturz und keine Revolte, dazu sind wir viel zu gebildet."[31]

Es genügte aber nicht, daß die um und nach der Jahrhundertwende gegründeten Mundharmonika- und Akkordeon-Ensembles und -orchester Wagner-Ouverturen und Salon-Piècen spielten, daß sich allmählich das Virtuosentum ausbreitete und Übertragungen von bürgerlicher Vortragsmusik bis hin zu Liszt-Etuden gespielt wurden. Die Nachahmung der bürgerlichen Instrumentalkultur wurde so weit getrieben, daß nun Übertragungen nicht mehr ausreichten, sondern für Akkordeon bzw. Mundharmonika spezifische Originalmusik geschrieben wurde.

Der Rückschritt der bürgerlichen gegenüber der vorangegangenen Musik („Barock"-Musik und frühere), der darin gelegen hatte, daß die vielfältigen Besetzungsmöglichkeiten der älteren Musik eingeschränkt wurden und jedes Stück nur noch einem bestimmten Instrument vorbehalten war, wurde also bereitwillig kopiert, damit die Harmonikainstrumente nur ja den Makel des Ersatz- oder Behelfsmäßigen ablegen konnten und – „wie die Großen" – auch „eigene" Musik vorweisen konnten.

Auch an diesem Punkt war Hohner schrittmachend. Die Firma hatte in den 20er Jahren nicht nur eine Musikschule und eine Anstalt für Harmonikalehrer in Trossingen eingerichtet, sondern sie sorgte auch für die Veröffentlichung der ersten Originalkompositionen für Akkordeon (Sieben neue Spielmusiken, 1929) ihres Musikschulleiters Hugo Hermann. Wichtig zu wissen ist, wie Hermann seine Neuerung begründete (aus „Gegenwart und Zukunft der Handharmonika", zit. nach F):

> „Die Handharmonika hat zwei für ein Hausinstrument sehr wichtige Eigenschaften: Erstens: leichte und einfache Handhabung, verbunden mit verhältnismäßig billiger Anschaffungsmöglichkeit,

> Zweitens: Möglichkeit zum freien Spiel und Fantasieren für den Laien (was man leider oft unterschätzt und mißachtet). Dieses freie musikalische Spiel des Laien war einerseits ein starker Anreiz zur Verbesserung des Instruments, andererseits aber auch wieder ein Hemmschuh künstlerischer Höherentwicklung. Einmal mußte aber die Schwelle zur Originalmusik für dieses Instrument überschritten werden, was jetzt endgültig geschah ... Nachdem nun Schittenhelm sie im Rundfunk aufführte, interessierte sich sofort die Fachwelt für das ‚Unerhörte' und wunderte sich, was man künstlerisch alles aus der Handharmonika herausholen kann."

Dies ist geradezu ein Manifest des Kulturrevisionismus: das „freie Spiel", d. h. der letzte noch verbliebene Rest selbständiger Spielversuche, fällt wie selbstverständlich den Leitgedanken – ähnlich wie bei Boehm! – der „künstlerischen Höherentwicklung" und des „Fachwelt"-Interesses zum Opfer. Damit sind Reflexionen über die soziale Bedeutung der Neuerung abgeschnitten, die eigene Handlung erscheint nach Marx als feste „Naturform": Endlich einmal mußte sie geschehen! Sie ist nicht befragbar. Der Pioniergeist Boehms und Hohners, also des Erfinders und des Verwerters, erscheint hier beim Komponisten. Das „wertfreie" Spezialistentum bildet, in unterschiedlichen Erscheinungsformen aneinander angereiht, eine große Kette des besinnungslosen Fortschritts.

Eine andere Seite des Phänomens Originalmusik soll nicht unterschlagen werden. Vielen Akkordeonkomponisten, -solisten und -lehrern war durch den Umgang mit der klassisch-romantischen Konzertmusik deutlich geworden, wie perspektivelos eine solche Reproduktion bürgerlicher Musik auf dem Akkordeon war. Meist war der klangliche Vergleich dieser Musik in der originalen instrumentalen Fassung und der – meist bearbeiteten – Fassung auf dem Akkordeon für den Spieler frustrierend: das Spiel einer Beethovenschen Klaviersonate verlangt einen chromatischen Tonvorrat ohne intervallische Unterbrechung, aber mit artikulatorischer und dynamischer Unabhängigkeit und Veränderbarkeit der Einzelstimmen. Diese Bedingungen sind beim Akkordeon nicht gegeben. Alle gespielten Töne haben durch die Balgbewegung einen gemeinsamen Auslöser. Baßwerk und Diskant sind intervallisch voneinander getrennt und klanglich unterschiedlich. Die Akkorde des

Akkordwerkes sind nicht auflösbar, und das Akkordwerkmanual bleibt stets auf Begleitung beschränkt. Auf Grund des Baßknicks sind keine tonhöhenrichtigen Baßmelodien zu spielen, ein Hemmnis für die Wiedergabe polyphoner Stücke.

Oder: ein Klavierstück von Chopin, also ein sog. romantisches, ist auf die spezifische klangliche Realisation des Klaviers hin angelegt. Der leiser werdende Ton der Klavierseite kann sofort gedämpft oder aber mittels Pedal beliebig verlängert werden. Je nach Spielweise überschneiden sich die Klänge. Die Tonquelle des Akkordeons, die Stimmzunge, schwingt zwar auch aus, aber so schnell, daß der Ausschwingvorgang vom menschlichen Ohr nicht als Abnehmen, sondern als Abbrechen wahrgenommen wird. Der Ton ist im Vergleich zum Klavierton starr. Ein Klavierwerk von Chopin kann also auf dem Akkordeon nicht gespielt werden.

Damit war das für das Akkordeon verwertbare Repertoire aus der bürgerlichen Musik äußerst begrenzt. Es ergab sich die Erkenntnis, daß das Instrument in seiner bisherigen Bauweise, also mit getrennten Diskant- und Akkord/Grundbaß-Manualen, musikalisch in eine Sackgasse führte. Die bautechnische Änderung und Ergänzung setzte daher bei der Baßseite an. Um die dreißiger Jahre des 20. Jahrhunderts begann man, die Akkorde der Baßseite aufzulösen, die Einzeltöne sollten auf einem gesonderten Manual spielbar sein (Versuche schon früher bei den Instrumenten der Konzertina- und Bandoneongruppe). Wie bei der allgemeinen Entwicklung der Harmonikainstrumente, so ist auch bei diesem Reformunternehmen keine Stringenz erkennbar, was sich heute noch in der Vielzahl der Einzelbaßton-Systeme niederschlägt.

Dieser uneinheitliche bautechnische Entwicklungsprozeß manifestiert sich in einem Mangel an akkordeonspezifischen neuen Kompositionen zwischen den dreißiger und den frühen sechziger Jahren, aber auch in einer Hinwendung zur „vorklassischen" polyphonen Musik, in der die für die klassische und romantische Musik beschriebenen klanglichen Komplikationen nicht in dem Maße auftreten:

Johann Sebastian Bach und Domenico Scarlatti sind seit damals vielgespielte Komponisten.

Zugleich mit dieser Entwicklung zum Melodiebaß (Einzelton)-Manual fand aber mit der Verbreitung der Atonalität auch noch eine Weiterentwicklung des Standardbaß (Akkord)-Manuals statt. Da sich eine Beschränkung auf die festgelegten Dur-Moll-Akkorde des herkömmlichen Manuals nicht mehr allgemein halten ließ, ergab sich eine Baurichtung, die so stark von der Harmonika herkömmlichen Typs abwich, daß eine vollständige und grundsätzliche Spaltung der Harmonikabewegung die Folge war:

Der „Massen"-Weg der Akkordeonvereine steht in der Tradition der herkömmlichen Standardbaß-Entwicklung. Die Ausbildung dieses überwiegenden Teiles der Akkordeonisten findet in Vereinen statt oder bei Lehrern, die Vereinen angeschlossen sind. Vielfach sind diese Lehrer ohne spezielle Ausbildung. Der Unterricht erfolgt auf einfachen Instrumenten, die die Basis und der Angelpunkt der Hohnerschen Instrumentenproduktion sind. Diese vereinheitlichte Massenherstellung einfacher Instrumente führt aber nicht unbedingt zum Aufkommen von Billiginstrumenten wie z. B. bei Querflöten. Immer noch kosten die billigsten Akkordeons dieser Bauart um DM 500, die teuersten um 4500 DM.

Was im Orchester mit Instrumenten dieser Art gespielt wird, schwankt je nach der Spielfähigkeit der Mitglieder und der Orchesterübung. Die Möglichkeiten für den Solisten dabei scheinen aber bei dem technischen Standard zu enden, den Wolfgang Jacobi (gest. 1973) in seinen Solostücken erreicht hat. Deshalb wird heute auch kaum noch mit solchen Instrumenten auf internationalen Wettbewerben gespielt.

Bei der Erwähnung von technischen und musikalischen Hochleistungen und Wettbewerben befinden wir uns schon in der zweiten der beiden erwähnten Akkordeonwelten. Und hier ist nur noch ein Instrumententypus den Anforderungen gewachsen, nämlich derjenige mit dem sogenannten M III-Manual (Melodiebaß-Manual) und erweiterten Standardbässen.

Dieser Instrumententyp ist von vornherein auf solistisches Spiel angelegt, und entsprechend hoch sind auch die spieltechnischen Anforderungen. Als Beispiel soll die Aufzählung dessen dienen, was die linke Hand an Aufgaben zu bewältigen hat: Diese Hand ist nicht mehr die „schwächere" Hand, d. h. ist der rechten Hand nicht mehr begleitend untergeordnet. Sie ist sowohl mit der Registrierung des Baßteiles und der Beherrschung des Standard-Baßwerkes beschäftigt als auch mit dem Spiel des Melodiebaß-Manuals, dessen fortlaufender melodischer Gebrauch durch den Tragriemen am Handgelenk besonders erschwert ist. Schließlich ist die komplizierte Balgtechnik, von der die Klangvorstellung abhängt, von der Arbeit des linken Armes bestimmt. So hat mit dem Aufkommen des neuen Instrumententypus ein Wechsel der bestimmenden Spielfunktionen von der rechten auf die linke Hand stattgefunden.

Die Probleme sind denen auf dem Kontrafagott sehr ähnlich und ebenfalls nur zu bewältigen, wenn ein so aufmerksamer Lehrer wie auf dem Bild gefunden wird.

Das Erlernen dieser Spieltechnik setzt einen spezialisierten Lehrer voraus, der nicht nur spielerisch qualifiziert sein muß, sondern auch musiktheoretisch, weil die für das neue Instrument geschriebenen Stücke den tonalen Raum verlassen. Daher muß der Spieler in die Lage versetzt werden, selbständig und ohne Vorgabe traditioneller Harmoniemodelle die Stücke zu gestalten.

Erst allmählich können sich potentielle Akkordeonsolisten auf die „zunehmende neue Ausbildungsmöglichkeit an den verschiedenen neu entstandenen örtlichen Musikschulen" stützen.[32] Der Akkordeonsolist neuen Typs ist also nur als hochentwickelter Spezialist denkbar, und auch die Musik, die auf ihn und sein Instrument zugeschnitten ist, hat einen qualitativen Sprung gegenüber der traditionellen Akkordeonmusik gemacht. Sie ist kein seriöses Anhängsel an die bürgerliche klassische Musik mehr, sondern hat kompositorische und instrumentale Unabhängigkeit erlangt.

Es gibt jetzt so etwas wie eine akkordeontypische und nicht ersetzbare Klanglichkeit. Manchem scheint das Akkordeon sogar klangliche Lücken geschlossen zu haben wie dem skandinavischen Komponisten Torbjörn Lundquist[33]:

„Es wurde mir klar, daß das Akkordeon eine Lücke im modernen Instrumentarium ausfüllt, und plötzlich entdeckte ich neue und unbeschrittene Wege für die Verwirklichung meiner musikalischen Vorstellungen. Gedanken und Ideen, die ich auf den traditionellen Instrumenten für undurchführbar hielt, klangen auf einmal vollkommen natürlich und überzeugend."

Das bedeutet, daß das Akkordeon und seine Musik sich künstlerisch emanzipiert haben, d. h. als vollgültiger bürgerlicher Kunstzweig neben anderen stehen. Damit verbindet sich auch die Emanzipation von der Firma Hohner. Da diese keine Ausbildungsinstrumente des neuen Typs, also Instrumente, die nach Größe und Überschaubarkeit für Kinder geeignet sind, herstellt, hat die solistische Akkordeonentwicklung sich von der Instrumentenpolitik des Hauses Hohner unabhängig gemacht. Daß die Firma Hohner kein Interesse an dieser solistischen Entwicklung hat, zeigen die Tatsachen, daß sie erstens keine finanzielle Unterstützung für Solisten gewährt, wie es andere Firmen tun, und zweitens die wenigen dreimanualigen Instrumentenmodelle nur zu horrenden Preisen anbietet (6–7000 DM für Serien-, um 12000 DM für handgemachte Instrumente).

Die Integration der Akkordeonmusik in den bürgerlichen Kunstbereich bedeutet aber auch notwendig, daß – wie bei der ganzen bürgerlichen Kunst – die unüberbrückbare Trennung zwischen dem oberen und unteren Bereich besteht, eine Scheidung in Spezialistenkunst und „niedere" Kunst.

Der Akkordeonpädagoge Wolfgang Eschenbacher beschreibt den Vorgang so[34]:

„Von Anbeginn unserer Bemühungen um Literaturverbesserung und qualifizierte Spielmethodik stand als erklärtes Ziel die künstlerische Anerkennung des Akkordeons. Auf diesem dornenvollen Wege konnte aber schon von der Masse her die größere Gruppe der Akkordeonspieler in den Orchestern nicht im gleichen Tempo folgen. Dazu kam, daß sich die Ziele und Zwecke eines Orchesters nicht mit solistischen Fortschritten decken ... Und jetzt, da jene, diese M III-Welle auslösenden Solisten reichlich zu tun haben, die neuen Werke zu erlernen und bekannt zu machen, jetzt bei sozusagen erhöhtem Tempo zum Endziel künstlerischer Anerkennung, jetzt kann der Laie im Verein weder musikalisch-technisch noch instrumental, weder als aktiver Spieler noch als Hörer folgen ... Die Zweiteilung der Akkordeonwelt ist eine Tatsache."

Wie bei Boehm und Hugo Hermann ist hier die künstlerische Höherentwicklung als Motor der Aktivität artikuliert, und dann auch das Staunen und die Hilflosigkeit angesichts der Folgen:

Es zeige sich,

„daß man auch keine ‚Einheit' mehr in Akkordeonkreisen herstellen kann, wenn nämlich wir, die Fachleute, dem Laien nach dem Munde reden. Das hieße, unser Fachwissen mißbrauchen. Allerdings sollten wir das Verständnis für das ‚Nicht-mehr-mitkommen' des Laien nicht verlieren: Wir müssen vermitteln, nicht polemisieren."[35]

Die Spiel-Fachleute, Nachfolger der Erfindungs- und Verwertungs-Fachleute, können nicht mehr hinter ihren Anbeginn zurück und empfinden den Vorgang als tragisch, aber eben unabwendbar. Dieser Vorgang, den wir am Bei-

»Immer erste Kränze«. Über vierzig Diplome hat Johann Sebastian Bach der Jüngere in seinem langen Musikerleben eingeheimst

Die Bachs sind eine musikalische Familie: Der Vater gründete den Blasmusikverein »Harmonie«. Die Mutter war eine begabte Sängerin. Bruder Ambrosius ist Experte für die singenden Sägen. Mit ihm musiziert Johann Sebastian gern im Freien

spiel Boehm für die Querflöte in der Mitte des letzten Jahrhunderts beobachtet haben, vollzieht sich für das Akkordeon ein Jahrhundert später. (Das Akkordeon trat ja auch erst 100 Jahre nach dem Zeitpunkt in Erscheinung, zu dem die Querflöte in die Kunstmusik aufgenommen wurde!)

Dieser Vorgang ergreift als Spaltungsprozeß, als Klassentrennungsprozeß notwendig alle Bereiche der bürgerlichen Gesellschaft. Er ist die Bedingung ihrer Existenz. Daß es dabei zum Teil zu Ungleichzeitigkeiten und zeitlichen Verschiebungen kommen kann wie im Fall von Flöte und Akkordeon, ergibt sich aus den unterschiedlichen materiellen Bedingungen der Produktion: physikalisch-handwerkliche Stufe bei der Querflöte, industriell-arbeitsteilige Stufe bei den Harmonikainstrumenten.

Eine ausgezeichnete Analyse der ideologischen Absicht, die in diesem Trennungsvorgang steckt, hat Peter Raabe gegeben, im Nazi-Reich Präsident der Reichsmusik-Kammer (Quelle: F):

> „Die Ziehharmonika kann helfen, den Menschen glücklich und gut zu machen, und die Missa solemnis von Beethoven kann es auch. Aber nicht bei derselben Person. Hier kommt es jetzt darauf an, nicht in bester Absicht etwas Verkehrtes zu tun. Der Mann, der des Abends nach der Arbeit seine Ziehharmonika spielt und vielleicht ein Lied dazu summt, ist dabei glücklich. Man soll ihn nicht unglücklich machen, indem man ihm etwas Anderes, Höherstehendes zeigt, das noch nicht sein dauernder Besitz werden kann."

Hier ist die Klassenscheidung als etwas Unantastbares und Bewahrenswertes aufgefaßt, zudem mit einem Wertgefalle verbunden: Die obere Klasse „besitzt" das „Höherstehende", nämlich ein bestimmtes Werk. Die untere Klasse besitzt nichts Individuelles, Bestimmtes, sondern ist nur an ein mechanisches Instrument zur Rekreation der Arbeitskraft gebunden, dessen Musik so anonym und niedrig in Raabes Augen ist, daß er sie gar nicht näher beschreibt. Was die höheren Klassen der „Werksbesitzer" haben, soll man den niederen Klassen gar nicht zeigen, damit sie nicht über den Umstand unglücklich werden, daß sie an diesen Besitz doch nie herankommen.

Der kulturrevisionistische Weg, wie ihn die ältere SPD zeigte, wie ihn auch die DKP im Gefolge der sog. Warschauer Pakt-Staaten geht, zielt nun gerade darauf ab, die *missa solemnis* allen Bevölkerungsteilen gleichermaßen zugänglich zu machen, also den Besitz gleichmäßig zu verteilen, eine Art kulturelles Eigentums-Bildungs-Programm.

Hanns Eisler hat 1933 in dem Aufsatz „,Freizeit' im Kapitalismus" diese Strategie kritisiert:

> „Das ist ein altes Lied der Reformisten gewesen. Im gleichen Saal sitzen der Millionär und der Arbeiter, und beide lauschen ergriffen den Klängen einer Beethoven-Sinfonie. Es ist aber festzuhalten, daß eine Beethoven-Sinfonie, gegenübergestellt einem Auditorium von Ruhrkumpels, in eine peinliche Lage gerät. Der für kulturell Bemühte peinigende Widerspruch zwischen der klassisch bürgerlichen Kunst und dem modernen Industrieproletariat kann nur durch die Veränderung der ökonomischen Lage des Industrieproletariats (und das bedeutet die Vernichtung des Kapitalismus) liquidiert werden."

Das bedeutet also weder eine kulturelle Klassenversöhnung unter dem Dach der bürgerlichen Musik noch eine Zementierung der „natürlichen" Klassentrennung als Abbild von Besitz und Arbeit, sondern die Beseitigung der ökonomischen und kulturellen Unterdrückung. Wie eine neue Kultur aussehen wird, hängt davon ab, wie und in welchem Umfang Methoden und Techniken der bürgerlichen Gesellschaft als bewährt übernommen oder als hinderlich abgestoßen werden.

Daß die Boehm-Flöte und das Akkordeon (mit M III-Manual) in diesem Fall wohl kaum verbreitete Volksinstrumente werden können, ist durch ihre Produktionsmethode bedingt, deren Aufwendigkeit und Kompliziertheit nicht vom Gedanken an eine volkstümliche Nutzbarkeit ausgelöst sind, sondern von der Spezialisierung der bürgerlichen Musik. Und mit der Heroisierung und alleinigen Propagierung der bürgerlichen Musik werden auch die durch sie hervorgebrachten Instrumente viel von ihrer Bedeutung einbüßen.

Es gibt daneben ja noch viele Instrumente, die schon immer Volksinstrumente waren und es auch geblieben sind, da ihre Entstehung nicht vom Kapitalismus bestimmt wurde: Klarinette, Gitarre, Trompete, Geige usw. Dabei muß auch in diesem Zusammenhang nochmals auf die besondere und der Untersuchung harrende Rolle des Klaviers hingewiesen werden, das im Gegensatz zur Flöte schon immer Kunstinstrument war, wie die Flöte bei beginnendem Bürgertum grundsätzlich umgestaltet wurde und wie das Akkordeon daraufhin in industriell-arbeitsteiliger Weise gebaut und auf den gesamten Weltmarkt geworfen wurde.

Diese Gedanken sollen Anregung zu einer grundlegend neuen Systematik der Musikinstrumente sein, die nicht nach der Tonerzeugung vorgeht, also unter Ausschluß von Menschen und Geschichte – so arbeiteten fast alle bisherigen Systematiken –, sondern nach den Funktions- und damit auch Strukturänderungen im historisch-sozialen Prozeß. Das würde bedeuten, die Musikinstrumente in ihrer Herkunft und ihrem Werdegang als Begleiter, Unterstützer oder Hemmschuhe der unterschiedlichen sozialen Klassen zu sehen.

Freia Hoffmann

„Gewaltig viele Noten, lieber Mozart!" Über die gesellschaftliche Funktion von Musikeranekdoten

Vorbemerkung des Herausgebers

Freia Hoffmann ist auf dieses Thema bei der Arbeit für ihre Dissertation gestoßen, einer ideologiekritischen Untersuchung der *Musiklehrbücher in den Schulen der BRD* (Neuwied, 1974). In den Kapiteln über Musikgeschichtsschreibung und Biographien, vor allem aber in demjenigen über *Das Biographische als Prinzip* sind die Ergebnisse dieser Untersuchungen ausgeführt. Sie wurden – in Zusammenarbeit mit Walter Mossmann – für eine Rundfunksendung bearbeitet, die 1974 sowohl im WDR als auch im Südwestfunk lief. Das Manuskript dieser Sendung, von Freia Hoffmann leicht bearbeitet, kommt hier zum Druck.

Der Text ist vor allem nützlich für Lehrer, die sich nicht damit begnügen, die reaktionären Inhalte der üblichen Musikgeschichtsdarstellung für sich zu „entlarven" und dann ad acta zu legen, sondern die solche Prozesse ideologiekritischer Analyse zusammen mit den Schülern vollziehen wollen, vor allem wohl mit Schülern der Mittel- und Oberstufe, da es jüngeren Schülern wohl schwer möglich sein dürfte, sich kritisch zu solchen Geschichts-Geschichten zu stellen.

In solchen Musikeranekdoten stecken viele Momente: Klatschsucht, Heroenverehrung, Wahrheitsverfälschung, das Beziehen vieler unterschiedlicher Entwicklungen nur auf eine Person usw. Das sind Haltungen, die ausgerechnet die Linke beim Bürgertum mit einer gewissen hämischen Freude konstatiert.

In der „Kurzen Anthologie des Klatsches" in Alexander Mitscherlichs Buch *Auf dem Weg zur vaterlosen Gesellschaft* (München 1963, S. 402) heißt es:

> Dem bleiernen Gewicht der Vorurteile entrinnen wir offenbar nur in entschlossener Raffung unserer Gegenkräfte. Aber kein Thema kann so ‚tierisch' ernst sein, daß nicht auch die Satire sich an ihm versuchen könnte. Der Klatsch gibt dieser Erwartung recht. Er ist gleichsam der Clown, der groteske Imitator der höheren Kunst, mit Vorurteilen umzugehen. Je weniger Macht wir in uns verspüren, uns von Konventionen frei verhalten zu dürfen, desto versteckter der Ausweg, auf dem wir uns rächen. Im unauffälligen Alltag wird mit kleiner Münze bezahlt. Eine solche ist der Klatsch und das, was in ihm dem anderen angehängt wird. Im Klatsch spricht man nicht von Tatsachen schlechtweg, sondern zugleich immer von den Affekten, die sie in uns erwecken. Die Bemühung richtet sich nicht auf Verständnis, sondern auf den Erwerb von Genuß" – und auf den Erwerb einer Macht, die sehr verletzen kann, gegen die es aber kaum ein Gegenmittel gibt (außer dem Rückzug), weil die wahren Anlässe und die Personen der Angreifer im Verborgenen bleiben."

Wer mit dem Stoff dieses Manuskripts weiterarbeiten will, ist auf die angegebenen Kapitel der Dissertation von Freia Hoffmann verwiesen. Quellenangaben wurden dem Sendungstext nur dort zugefügt, wo die angeführten Anekdoten aus Schulbüchern stammen.

„Die Herren von Do-re-mi", „Mit Pauken und Trompeten", „Durchs Notenschlüsselloch betrachtet", „Eine kleine Lachmusik" – so oder ähnlich lauten Titel, unter denen ständig kleine Bändchen auf dem Musikmarkt erscheinen, aus denen der Musikfreund Menschliches und Heiteres von den Heroen der Musik erfahren kann. Sie beginnen meistens mit einer rührenden Geschichte beispielsweise vom kleinen Johann Sebastian Bach, der beim Mondenschein heimlich Noten abschreibt, setzen sich fort über ewig-aktuelle Klatschgeschichten um Papa Haydn, das Wunderkind Mozart, den dämonischen Beethoven, die Kampfhähne Wagner und Brahms und enden bei der neuesten Pointe über den Dirigier-Star Karajan.

Die schriftliche Festlegung aber, so würde der Anekdotenliebhaber vermutlich einwenden, nimmt solchen Geschichten ihren eigentlichen Reiz und ihre Lebendigkeit. Denn Musikeranekdoten leben in der mündlichen Verbreitung. Sie blühen in Salons, Cafés, an Stammtischen, in der Kantine und im Foyer des Theaters, in den erlauchten Zirkeln von Professoren der Konservatorien und Musikhochschulen, überall, wo sich Musiker und Musikhörer zu geselligen Runden treffen. Wo Musik gemacht und gehört wird, vor allem aber da, wo man zeigen will, daß man in der „Welt der Musik" zuhause ist, gehört die Musikeranekdote als wichtiges Unterhaltungselement dazu.

Aber auch Institutionen, die Musik verbreiten und in lockerer, anspruchsloser und scheinbar harmloser Weise über sie plaudern, verwenden Musikeranekdoten. Allen voran der Rundfunk. In den großen Musiksendungen am Sonntagvormittag, im Schulfunk, in Sendungen der leichten Muse für die Hausfrau oder am Feierabend, sogar in Jazzsendungen, immer sind Musikeranekdoten eine beliebte Zutat. Moderatoren dieser Sendungen müssen gewissermaßen „professionelle" Anekdotenerzähler sein. Im Südwestfunk beispielsweise sitzt ein ehemaliger Schauspieler zu diesem Zweck hinter dem Mikrophon. Zum Thema Musikeranekdoten befragt, erzählte er zunächst ein paar Beispiele:

> Ich verwende sie ab und an in den Sendungen, besonders im 1. Programm. Im 2. Programm mit etwas mehr Anspruch weniger, dann also mehr aus Briefstellen, wo etwas über einen Menschen ausgesagt wird, vielleicht auch etwas karikiert, aber das mehr als Hintergrunderhellung. Während es im 1. Programm auch dann und wann auf den Witz ankommt. Und das wird auch ganz gern gehört, soviel ich weiß und das aus Briefen auch erfahre.
>
> Und da hab ich einmal ausgesucht, so für den Witz, was ich garnicht für so gut halte, wenn es auch wirksam ist: Da ist diese Anekdote von dem Tenor Josef Schmidt, bekannt, nicht? Blutjung, besucht er den Presseball in Berlin, und ein schönes Fräulein erregt seine Aufmerksamkeit, und er bittet um den Tanz. Die junge Dame, aus bester Gesellschaft, schaut ihn an und sagt:
> „Mit einem Kind tanze ich nicht."
> Schmitz stutzt, lächelt und sagt:

"Verzeihung, meine Gnädigste, ich hatte keine Ahnung, daß Sie ein Kind erwarten."
Verbeugt sich und geht davon.
Nun, das ist also mehr auf Pointe, das erhellt aber garnicht den Menschen Josef Schmidt. Während zum Beispiel diese schöne Geschichte – wenn sie nicht wahr ist, ist sie gut erfunden – von Louis Armstrong etwas davon gibt, was dieser Armstrong doch wohl hatte.

Da wird erzählt, daß er in New Orleans als kleiner Junge mit seinem Vater draußen vor den Toren sitzt. Und sie schauen zu den Sternen hoch, und er sagt: "Papi, wieviel Sterne gibts denn eigentlich?"

Der zuckt die Achseln. Und sie denken weiter nach. Und er Junge sagt dann: "Sag mal, wieviel Sprachen gibt es denn?"

Und da guckt ihn der Vater an und nimmt die alte verbeulte Trompete, die sein Vater schon gespielt hatte und fängt an, Trompete zu blasen.

Und das hat der Kleine sich also gemerkt: Die Trompete kann für alle Menschen sprechen.

Das also, auch wenns erfunden ist, erhellt etwas von der Persönlichkeit des Louis Armstrong.

Oder für die Zeit oder für einen Charakter, da gibt es diese schöne Geschichte von dem Fritz Kreisler, dem virtuosen Violinspieler.

Nach dem ersten Weltkrieg kommt er nach London. Und da schreibt eine Zeitung: "Das Publikum wird heute abend nicht erscheinen, um einen Mann zu ehren, der unter österreichischer Flagge gegen uns gekämpft hat. Sollten sich dennoch Konzertbesucher einfinden, so kommen sie nur, um die herrliche Amati-Geige zu hören, die er spielt."

Saal ausverkauft, langer Beifall für den ersten Vortrag. Kreisler verneigt sich. Als der Applaus zu Ende ist, faßt er seine Geige an beiden Enden – krach – und bricht sie über dem Knie kaputt. Entsetzen – atemlose Stille. Kreisler: "Meine Damen und Herren, dieses Instrument kaufte ich heute morgen in einem hiesigen Warenhaus. Den Rest des Programms spiele ich auf meiner Amati."

Das ist eine Anekdote, um eine Zeitstimmung zu treffen: eben nun mal gegen Deutschland oder dafür, und wie man sich als Künstler dazu stellt.

Wie sich der Künstler zu etwas stellt, wie Gesellschaft und Politik in Musikeranekdoten eingehen und welche Haltung die Anekdote ihren Hörern/Lesern nahelegt, das wird uns hier beschäftigen.

Anekdotenerzählen ist eine Kunst, die nicht jeder lernen kann. Der Rundfunkmoderator erzählte uns, welche besondere Umgebung dazugehört.

Ja, ich erinnere mich gut daran, denn ich bin Schauspieler geworden, das ging schon in früher Jugend los, daß so mit vierzehn Jahren das Interesse doch schon stark war für die Bühne, und da kam ich dann in die Ausbildung und interessierte mich in Göttingen da im Deutschen Theater, bei Heinz Hilpert und brachte Bier und Zigaretten und durfte da so mal zugucken bei der Inszenierung und traf nun Schauspieler um Schauspieler. Es gibt ja immer noch die alte Garde, damals auch schon, die von Geschichten überschwappte. Abends dann wurde erzählt und auch am Tag im Aufenthaltsraum. Und durch diese Anekdoten bekam man doch überhaupt erstmal – und diese Witze von berühmten Kollegen – bekam man dann, wie ich vorhin schon sagte, etwas Fleisch an die Knochen. Und man merkte, daß das auch Menschen waren und nicht, wie sie für mich damals schienen, in aller Verehrung, vom Himmel herabgestiegene Engel, die da die Bühne bevölkern.

Und das eben auch zur Musik. Das war ja ein Dreispartentheater, und da wird nun drüber erzählt: Ach, der spielt wie damals der und der, und wie Paganini und Hexenmeister ... Wieso Hexenmeister? Und dann kommt eine Geschichte über Paganini oder Liszt. Sofort bekommt man dann natürlich einen Bezug. Wenn man dann in den Konzertsaal geht und sich hinsetzt, dann ist das nicht nur die Schönheit der Welt, die deutschen Kulturgüter werden da hingeblättert und hingebreitet. Sondern man weiß eben auch, daß es die Wut über den verlorenen Groschen gab und warum Beethoven das geschrieben hat und aus welchem Anlaß heraus. Das ist das Salz in der Suppe.

Auf diese Art Salz in der Suppe will auch der Musikunterricht in der Schule nicht verzichten, wenn es darum geht, Schüler an die große bürgerliche Kunst heranzuführen. Musiklehrbücher würzen damit die Biografien der großen Meister; durch Musikeranekdoten lernen die Schüler, wie große Werke zustandekommen. Z. B. daß Haydn mit dem Paukenschlag, nach dem die Paukenschlagsinfonie benannt ist, vornehme Damen aus dem Konzertschlaf wecken wollte. Oder daß Mozart zum Quintett im ersten Zauberflötenakt beim Billardspielen inspiriert wurde.

Über Anekdoten in der Schule befragten wir einen Musiklehrer, Professor an einem Gymnasium in Süddeutschland.

Anekdoten sind im Prinzip immer verwendbar. Ganz besonders wichtig finde ich die Anekdoten in der Mittelstufe und in der oberen Unterstufe, um eine gewisse Wärme, möcht ich mal sagen, eine gewisse menschliche Wärme für ein Werk oder für einen Menschen, für eine besondere Situation, für das Entstehen eines Werkes usw. zu erzielen.

Was der Musikpädagoge das Erzielen einer gewissen menschlichen Wärme für ein Werk oder für einen Menschen nennt, ist in Wahrheit mehr: ein Prozeß von Identifikation, der verschiedenste ideologische Inhalte hat, und insgesamt höchst aufschlußreich ist für das bürgerliche Musik- und Geschichtsverständnis. Wir haben als Beispiele Musikeranekdoten aus Anekdotenbüchern, Musiklehrbüchern und aus Rundfunksendungen gewählt und wollen an ihnen die gesellschaftliche Funktion von Musikeranekdoten zeigen. Die Abschnitte unserer Sendung sind orientiert an Merkmalen, die die meisten Musikeranekdoten haben.

Der komische Effekt

Beispiel: eine Anekdote, die in vielen Musiklehrbüchern abgedruckt ist[1]:

„Eine junge Dame fragte Brahms: ‚Überlegen Sie sich immer lange, ehe Sie komponieren?'

Brahms antwortete: ‚Überlegen Sie sich immer lange, ehe Sie sprechen?'"

Wir fragten den Musikpädagogen, in welchem Zusammenhang er eine solche Anekdote im Unterricht verwenden würde.

> Überlegen Sie lange . . . Wie hat das geheißen? Überlegen Sie lange, ehe Sie komponieren? Praktisch eine Frage nach dem Schaffensprozeß. Eigentlich eine ganz legitime Frage eines Laien an einen Künstler, der sich den Vorgang ja eigentlich nicht recht erklären kann. Und in der Antwort, die eigentlich keine ist, spiegelt sich nur – und da könnte man sie eigentlich verwenden – die Scheu des Künstlers,

etwas über diesen geheimnisvollen Prozeß des Schaffens auszusagen.
Insofern könnte man sie, glaube ich, verwenden. Das werden Sie immer finden. Wenn Sie einen Künstler fragen: Wie machen Sie das eigentlich? Wie kommen Sie zu solchen Ergebnissen? Dann wird er immer ausweichen und wird das eben nicht in den Vordergrund zerren wollen. Und ich meine, das hat Brahms getan, indem er diese ungalante Antwort gegeben hat. Man könnte sie als Beispiel für die Scheu des Künstlers vor der Enthüllung des eigentlich schöpferischen Vorgangs durchaus einbeziehen.

Nun ist diese Scheu des Künstlers hier in einer besonderen Form mitgeteilt, die Vergnügen bereiten und den Hörer erheitern soll. Warum wirkt eine Anekdote komisch?

Um diese Frage zu beantworten, ist es nützlich, Friedrich Georg Jüngers Theorie „Über das Komische"[2] heranzuziehen. Komische Abläufe oder Effekte beruhen nach Jünger auf einer Konfliktsituation, deren Ablauf durch vier Merkmale gekennzeichnet ist.

1. Das Mißverhältnis in den Kräften der streitenden Parteien. Ein Konflikt braucht nicht unbedingt komisch zu sein. Der tragische Konflikt, in dem die streitenden Parteien sich auf gleicher Ebene begegnen, ist es zum Beispiel nicht. Der komische Konflikt ist dadurch gekennzeichnet, daß die Parteien, die da gegeneinander antreten, von vornherein in einem Mißverhältnis stehen. Komisch ist es schon, daß der Kampf überhaupt stattfinden kann, und daß derjenige, der unterliegt, sich auf so einen Konflikt eingelassen hat.

2. Die Provokation des Unterlegenen

Der Unterlegene muß den Streit anfangen, er muß denjenigen, von dem wir schon von vornherein wissen, daß er Sieger bleibt, herausfordern. Jünger nennt dieses Moment des komischen Schemas die Provokation.

3. Die Unangemessenheit der Provokation

Die Provokation liegt nicht allein darin, daß der Unterlegene Streit anfängt, sondern auch darin, *wie* er es macht. Nach Jünger muß die Provokation auch einen Widerspruch enthalten. Der Hörer empfindet den Widerspruch, der Provokateur nicht.

4. Die Replik

Der Konflikt wird damit beendet, daß der Sieger die Provokation zurückweist, daß er mit seiner Antwort die

Dinge wieder zurechtrückt. Die Form der Replik kann unterschiedlich sein: Oft genügt schon die bloße Wahrnehmung der unangemessenen Provokation, oft ist die Replik verbunden mit Ironie, absichtlichen Mißverständnissen, Wortwitzen. Aber sie muß so entschieden sein, daß sie eine Fortführung des Konflikts ausschließt.

Warum also ist die Brahmsanekdote komisch?

„Eine junge Dame fragte Brahms: ‚Überlegen Sie sich immer lange, ehe Sie komponieren?'

Brahms antwortete: ‚Überlegen Sie sich immer lange, ehe Sie sprechen?'"

Zwei Parteien stehen einander gegenüber; die starke Partei Komponist und die schwache Partei, die dadurch gekennzeichnet ist, daß sie etwas wissen will. Die junge Dame kann z. B. das Pbulikum repräsentieren. Sie kann auch stellvertretend sein für Schüler, die ein Lehrer auf Brahms-Musik neugierig gemacht hat. Daß diese Partei von vornherein als schwächere angesehen wird, ist schon bedenklich. Aber worin besteht ihre ‚Provokation'? Sie will vom Komponisten etwas über den Kompositionsvorgang hören und ist noch so dumm nicht zu bemerken, daß das ein völlig abwegiger und zudringlicher Wunsch ist. Die Antwort des großen Meisters weist sie in ihre Schranken und gibt dem Hörer Gelegenheit, mit ihm über eine solche Haltung zu lachen.

Nach Jüngers Theorie des Komischen kann dann gelacht werden, wenn sich durch die Pointe wieder die Regel geltend gemacht hat. Und die Regel ist hier durch zweierlei bestimmt: Erstens durch die musikalische Heldenverehrung, die nicht zuläßt, daß ein kleiner Namenloser sich mit einer Frage an den großen Meister wendet. Und zweitens durch eine irrationale Haltung dem Werk gegenüber, die demjenigen, der zwar ins Konzert gehen und Schallplatten kaufen soll, es jedoch streng verwehrt, einmal hinter die Kulissen der Produktion zu schauen.

Wenn man sich klarmacht, wo solche Anekdoten erzählt werden, nämlich gerade in Kreisen von Konzerthörern und Hausmusikanten, dann wird auch klar: Wer diese Anekdote erzählt und lacht, lacht über sich selbst. Warum er das tut, werden wir in einem anderen Kapitel untersuchen.

Besonders paradox ist es aber, daß diese Anekdote, die das Informationsbedürfnis verächtlich macht, ausgerechnet in einem Schulbuch steht, das ja gerade Informationsbedürfnis wecken und befriedigen soll. Aber die Regel – Heroenverehrung und irrationalistische Werkrezeption – ist auch in der Schule stärker. Das zeigte sich, als wir den Musiklehrer fragten, ob er die Haltung des Komponisten in dieser Anekdote richtig findet.

> Ja, richtig insofern, als eine ganze Menge Dinge, die wir nicht letztlich in den Griff bekommen können, da am Werk ist, und deswegen geheimnisvoller Vorgang des Schöpferischen. Sehen Sie, wenn man den künstlerischen Vorgang rationalisiert, wenn man ihn in die Nachweisbarkeit hineintreibt, dann kommt man eben zu Ergebnissen, die den Menschen irgendwo nicht befriedigen.
>
> Und insofern meine ich, daß da gewisse geheimnisvolle Vorgänge sind, die auch der Künstler nicht in den Griff bekommt, aber er ist eben eine Art Medium, dem das zufällt. Natürlich muß er sich durch viel Arbeit dazu bereiten, solche Dinge dann nachher empfangen zu können.

Das Medium ist allem Irdischen so weit entrückt, daß eines den Schülern, die solchem Unterricht folgen, mit Sicherheit nicht in den Sinn kommt: einmal selbst das Produzieren von Musik zu versuchen. Die Arbeitsteilung zwischen dem Komponisten und dem Hörer setzt da feste Schranken.

Wenn es jemand unter den Namenlosen trotzdem einmal wagen sollte, diese Schranke zu durchbrechen und musikalisch produktiv zu werden, setzt er sich natürlich ganz besonders dem Salongelächter aus. Z. B. als Gegenspieler von Brahms.

„Brahms wurde von einem jungen Komponisten eine Sinfonie zur Begutachtung eingesandt. Der sehr bescheiden gehaltene Begleitbrief gipfelte in dem Schlußsatz! ‚Wenn Sie etwas an meiner Partitur auszusetzen haben, dann dürfen Sie mir ruhig die Wahrheit sagen. Nie fühle ich mich mehr geadelt, als wenn ein weiser Mann mich tadelt.'

Brahms sandte die Partitur mit der Bemerkung zurück: ‚Ich möchte Sie am liebsten mindestens zum Großherzog machen.'‛

Dieses Beispiel zeigt, wie weit die Kategorien Konflikt

und Provokation zu fassen sind. Der Konflikt wird hier erst im Nachhinein spürbar, wenn Brahms dem Gegenspieler kompositorische Unfähigkeit bescheinigt hat und klar wird: der junge Komponist hat den Meister bloß belästigt. Und die Provokation bestand in der Anmaßung des Unbekannten, Produzent sein zu wollen.

Daneben gibt es natürlich auch Anekdoten, in denen ein offener Konflikt ausgetragen und ein regelrechter Streit durch die Pointe beendet wird:

„Vor Toscanini stand ein von sich mächtig eingenommenes, auch sonst mächtiges Exemplar von Sängerin, die nach einigen Zurechtweisungen des Maestros explodierte: ‚Ich will Ihnen mal was sagen, Mister Toscanini. Schließlich bin ich eine weltberühmte Primadonna!‘

Der Maestro grinste. ‚Sorgen Sie sich nicht, meine Gnädigste. Dieses Geheimnis ist bei mir gut aufgehoben.‘"

Auch die Anekdote, die uns der Südwestfunk-Moderator erzählte, verläuft nach dem Jüngerschen Schema.

> Da ist diese Anekdote von dem Tenor Josef Schmidt, bekannt, nicht? Blutjung, besucht er den Presseball in Berlin, und ein schönes Fräulein erregt seine Aufmerksamkeit, und er bittet um den Tanz. Die junge Dame, aus bester Gesellschaft, schaut ihn an und sagt:
> ‚Mit einem Kind tanze ich nicht.‘
> Schmidt stutzt, lächelt und sagt:
> ‚Verzeihung, meine Gnädigste, ich hatte keine Ahnung, daß Sie ein Kind erwarten.‘
> Verbeugt sich und geht davon.

In anderen Geschichten kommen körperliche Besonderheiten wie Kurzsichtigkeit, Kahlköpfigkeit oder auch kindliches Aussehen gerade recht, um jemanden lächerlich zu machen. Aber hier wird so etwas ganz selbstverständlich ausgeglichen durch die geniale Leistung des jungen Tenors. Daß sie ihn nicht sofort erkannte und nicht entsprechend ehrfürchtig behandelte, das macht die Provokation der jungen Dame aus. Und sie wird zur Befriedigung des Anekdotenhörers in amüsanter Peinlichkeit zurechtgewiesen. Nicht nur, daß der berühmte Tenor das Kind selbstverständlich nicht auf sich bezieht; seine Antwort ist noch dazu anzüglich genug, um jeden Zweifel an seinem männlichen und erwachsenen Geist zu beseitigen.

Exkurs über die Geschichte der Anekdote

Die Struktur der meisten Anekdoten beruht auf einem Konflikt. Wie ein solcher Konflikt inhaltlich ausgefüllt ist, wer die streitenden Personen sind, welche Gruppen sie in der Anekdote vertreten, wie ein solcher Konflikt verläuft und zu wessen Gunsten er endet; das alles ist abhängig von der historischen Situation, in der eine Anekdote entsteht und erzählt wird. Außerdem spielt dabei die Herkunft und die Geschichte der Musikeranekdote eine Rolle. Unser Exkurs soll kurz über sie informieren.

Wir brauchen dazu nicht zurückzugehen bis zur Entstehung der Musik und auch nicht bis zur Entstehung des Musikerstandes. Denn die Musikeranekdote ist eine historisch relativ junge Erscheinung im Musikleben. Es gibt sie erst seit der Entstehung des bürgerlichen Musikpublikums, also etwa seit dem Ende des 18. Jahrhunderts.

Die Musikeranekdote hat sich abgespalten von der allgemeinen Anekdotenentwicklung, die wir ein paar Jahrhunderte zurückverfolgen wollen[3].

Die ersten schriftlichen Belege für Anekdoten, die sich deutlich von der Legende, dem Schwank und dem Witz abgrenzen lassen, stammen aus dem 15. Jahrhundert. Von 1440 an schrieb der Italiener Poggio Bracciolini seine sogenannten ‚Facetien‘: Sammlungen von kleinen Geschichten, unter denen sich auch Anekdoten befinden. Poggio war apostolischer Sekretär in der Kanzlei Bonifaz IX., später päpstlicher Geheimschreiber unter acht verschiedenen Päpsten. Seine Anekdoten spiegeln ihre Entstehungskreise wider: eine relativ geschlossene Gesellschaft von Klerikern und Adligen, die offenbar mit Vorliebe Anekdoten benützten, um die neuesten Gerüchte und Wahrheiten über Kardinäle, Sekretäre, Mönche, Edelleute usw. zu verbreiten. Poggio schreibt im Schlußwort zu seinen Facetien:

> Es erscheint mir angebracht, zum Schluß noch den Ort zu nennen, der gleichsam die Bühne für die Erzählung der meisten dieser Plau-

dereien darstellte. Es ist dies unser Bugiale, eine Art Lügenschmiede, die von den päpstlichen Sekretären einst zur Kurzweil gegründet wurde. Seit den Tagen Papst Martins pflegten wir nämlich an einem etwas abgelegenen Ort des päpstlichen Hofes zusammenzukommen, wo die Neuigkeiten ausgetauscht wurden und wo wir uns über verschiedene Dinge unterhielten. Meist geschah dies, um uns zu zerstreuen, manchmal war aber auch von ernsten Dingen die Rede. Dort wurde niemand geschont, dort griffen wir alles an, was uns mißfiel, und sehr oft war es der Papst selbst, mit dessen Kritisierung wir die Sitzung eröffneten; so kam es, daß viele uns aufsuchten, um nicht zuerst an die Reihe zu kommen.

Beispiele aus dem Facetienbuch:

„Von dem Abt von Settimo

Der Abt von Settimo, ein dicker Mann mit einem starken Bauch, begab sich eines Abends nach Florenz und fragte unterwegs einen Bauern: ‚Was meinst du, komme ich durchs Tor?' Er wollte damit sagen, ob er noch vor Toresschluß in die Stadt käme. Der Bauer aber antwortete mit scherzhafter Anspielung auf den Umfang des Abtes: ‚Wenn ein Heuwagen durchs Tor kommt, wieviel mehr Ihr!' "

„Was hat Gott lieber: Worte oder Werke?

Ein Witzbold aus meiner Bekanntschaft fragte einmal einen Mönch, was Gott lieber sei, Worte oder Werke. Als dieser sagte ‚Werke', meinte der andere: ‚Also hat derjenige, der Rosenkränze macht, ein größeres Verdienst als der, der sie herbetet.' "

In den meisten Fällen strapazierten Poggios Anekdoten aber die offizielle Moral und das Ansehen der Kleriker derart, daß das Buch durch Beschluß des Tridentiner Konzils um 1550 verboten wurde.

„Als der Kardinal de' Conti, ein fetter und beleibter Mann, eines Tages auf Jagd gegangen war, verspürte er um Mittag herum Hunger und stieg ab, um Mahlzeit zu halten. In Schweiß gebadet, setzte er sich zum Essen nieder und befahl, daß ihm jemand Wind mit dem Fächer mache. Da die Diener mit verschiedenen Verrichtungen beschäftigt und nicht zugegen waren, befahl er einem gewissen Everardo Lupi, einem apostolischen Sekretär, ihm Wind zu machen. ‚Ich weiß nicht, wie Ihr es haben wollt', antwortete dieser. ‚Mach es auf deine Weise, wie du es verstehst' sagte der Kardinal. ‚Sehr gern, bei Gott!' rief Everardo, hob das rechte Bein und ließ einen Riesenfurz fahren mit der Bemerkung, daß er sich auf diese Weise hie und da ein Windchen zu machen pflege. Hierüber brachen die Anwesenden – und es waren ihrer viele – in ein schallendes Gelächter aus."

Ein zweites Zentrum der Anekdotenentstehung war der französische Hof des 16. bis 18. Jahrhunderts. Dort erzählte man sich nicht nur den neuesten Klatsch über die Bourbonenkönige und ihre Verwandten, sondern auch Intimitäten und Enthüllungen der Höflinge, der Hofdamen und ihrer Liebhaber. Berühmte Anekdotenerzähler waren damals Pierre Brantôme, Tabarin, Tallemant des Réaux, Chamfort und Rivarol. Ein Anekdotenbuch von Pierre Brantôme heißt beispielsweise ‚Les dames galantes' (die galanten Damen) und reiht in sieben Kapiteln Tausende von kleinen Klatschgeschichten aneinander, meist aus dem Sexualleben der höfischen Gesellschaft. Der Verfasser nennt zwar fast nie Namen, aber die eingeweihten Leser wußten wohl auch so Bescheid, wer gemeint war.

Ein Beispiel, das wie viele andere mit der Geste des intim-vertrauten Erzählers beginnt: j'ai connu . . .

„Ich habe einen Edelmann und einen Grandseigneur gekannt, die beide schöne Frauen hatten. Der Grandseigneur fand die vom Edelmann besonders schön und gefällig. Er sagte eines Tages zu ihm: ‚Herr Soundso, ich muß mit Ihrer Frau schlafen.' Der Edelmann antwortete ohne langes Nachdenken (denn er war sehr schlagfertig): ‚Das ist mir recht, aber dann schlafe ich mit der Ihrigen.' Der Grandseigneur gab zurück: ‚Was hättest du davon? Die meine ist so mager, daß du nicht viel Geschmack dran finden würdest'. Der Edelmann antwortete: ‚O, bei Gott, ich werde sie so fein spicken, daß sie dann schon schmeckt'."

Bis zum 18. Jahrhundert hatte sich die Anekdote so weit in der geselligen Unterhaltung eingebürgert, daß es bereits eine Reihe von „Dictionnaires d'anecdotes" gab.

In diesem Jahrhundert griff die Anekdotensucht auch auf Deutschland über. Die Orientierung am westlichen Nachbarn brachte zumal dem preußischen Hof auch die Praxis des Anekdotenerzählens, allerdings inhaltlich angepaßt an dessen Moral und Gesprächsthemen. Hauptsächlich die biederen Geschichten um den „Alten Fritz" kursierten dann nicht nur am Hof in Berlin, sondern auch auf dem Land und erhielten sich über den aktuellen Entstehungsraum hinaus ein zähes Leben. Ihre Aktualität, d. h. die Verwertbarkeit ihrer Untertanenideologie reicht noch bis ins heutige Schullesebuch.

„Im Siebenjährigen Krieg veranlaßte die anfängliche Geheimhaltung der wirklichen Marschroute den General von Kalckreuth zu der neugierigen Frage:

,Majestät, die Deichsel steht wohl nach Schlesien?'

,Kann Er schweigen?' fragte der König.

,Unbedingt' erwiderte rasch der General.

,Ich auch', meinte der König lakonisch."

Die schriftliche Verbreitung seit der Mitte des 18. Jahrhunderts zeigt, daß auch die bürgerliche Gesellschaft das Unterhaltungsmittel Anekdote bereitwillig aufnahm. Entsprechend den in Frankreich verbreiteten Dictionnaires erscheint 1784 das ‚Anekdotenlexikon für Leser von Geschmack' von Karl Müchler. Solche Sammlungen machen die Anekdote für jedermann zugänglich und verfügbar und verhelfen auch innerhalb der bürgerlichen Gesellschaft zur ‚Hoffähigkeit'. Zahllose Almanache, Zeitungen, Kalender und Zeitschriften verbreiten Anekdoten. Adelung berichtet im ‚Grammatisch-kritischen Wörterbuch' 1793 von ‚Anekdoten-Jägern', die nach Intimitäten ‚haschen'. Goethe schreibt:

„Eine Sammlung von Anekdoten und Maximen ist für den Weltmann der größte Schatz, wenn er die ersten an schicklichen Orten im Gespräch einzustreuen weiß, der letzten im troffenden Falle sich zu erinnern weiß."

Auch die gehobene Literatur nimmt sich der Anekdote an: Kleist und Hebel schreiben Anekdoten, hauptsächlich, um damit ihre Zeitschriften, die Berliner Abendblätter und den Rheinischen Hausfreund zu füllen. Als Literaturgattung anerkannt wird die Anekdote damit aber nicht, weil sie immer noch in der Nachbarschaft von Sensationsberichten, Tagesereignissen und Neuigkeiten aus der Welt der Mode erscheint. Das würde auch dem Leserkreis der beiden

Anekdotendichter nicht entsprechen. Kleist schrieb in seiner täglich erscheinenden Zeitung für das literarisch anspruchslose städtische Kleinbürgertum, Hebel für die Landbevölkerung. In den renommierten Literaturzeitschriften wie der Thalia, den Horen, Propyläen usw. erscheinen keine Anekdoten.

Mit der Verbürgerlichung der Kunst werden auch Maler, Dichter und Musiker in den Kreis der anekdotenwürdigen Persönlichkeiten einbezogen. Wo vorher nur von Klerikern, Monarchen, Feldherren und adligen Höflingen die Rede war, erscheinen jetzt auch die bürgerlichen Kunstheroen. Sie übernehmen die Aufgabe, für die bürgerliche Kunst zu werben und sollen gleichzeitig die bürgerliche Ideologie vorbildlich repräsentieren.

Die ersten Musikeranakdoten findet man seit 1760 vereinzelt in Musikerbiografien. Selbständige Anekdoten gibt es dann in Musikzeitschriften ab 1780. Denn die Musiker-Redakteure wie Forkel, Cramer, Reichardt oder Rochlitz hatten nicht den literarischen Anspruch, den etwa Goethe oder Schiller bewiesen, wenn sie in ihre Zeitungen keine Anekdoten aufnahmen. Außerdem waren Anekdoten in Musikzeitschriften eine gute Möglichkeit, die Komponisten sozial aufzuwerten und gleichzeitig das Kleinbürgertum als Interessenten und Käufer zu gewinnen.

Seit 1800 fehlen Anekdoten in kaum einer Biografie, Würdigung, Zeitschrift oder Künstler-‚Galerie'. Die Freunde und Angehörigen der Komponisten merken immer mehr, wie wichtig sie als Zuträger und Gewährsleute für Anekdoten und anekdotische Aussprüche werden. Immer mehr Musikeranekdoten werden gesammelt und teils schon zu Lebzeiten aufgeschrieben. Seit der Mitte des 19. Jahrhunderts werden auch berühmte Musikkritiker wie Kalbeck und Interpreten wie Bülow und Mottl anekdotenfähig. Wagner ist ein Beispiel dafür, daß Komponisten sogar selbst Anekdoten propagandistisch einsetzen. Jeder ästhetische Streit drückt sich in Anekdoten aus, sie werden von Anhängern verschiedener Schulen als Waffe gegeneinander eingesetzt.

Seit Beginn des 20. Jahrhunderts werden schließlich

selbständige Sammlungen von Musikeranekdoten veröffentlicht, die alles behandeln, was in der Musikwelt Rang und Namen hat.

Die Musikeranekdote ist mit dem bürgerlichen Musik- und Konzertleben entstanden. Die Produktion und Verbreitung von Musik war nicht mehr gesichert durch die Bindung an Klerus, Adel und städtische Obrigkeiten, sondern unterlag den Gesetzen des freien Marktes. Mit diesem Markt zusammen hat sich auch die Musikeranekdote ausgebreitet.

Ihre Funktion in diesem Prozeß ist Werbung. Das ist nicht so zu verstehen, daß eine Anekdote immer direkt für ein bestimmtes Stück, für den Verkauf von Noten oder einer Schallplatte wirbt. Auch dafür gibt es Beispiele, auf die wir später zurückkommen. Aber im allgemeinen wirbt die Anekdote in dem Sinn, wie wir es an der Brahms-Anekdote sehen. Sie hilft mit, die bürgerliche Kultur, das Bild des bürgerlichen Genies oder auch einen ganz bestimmten Komponisten zu erhöhen, sie sorgt mit dafür, daß die bürgerliche Kultur und Ideologie als etwas Erstrebenswertes erscheint, an dem jeder teilnehmen möchte. In den folgenden Kapiteln untersuchen wir weitere Merkmale der Anekdote, die sie zu dieser Aufgabe besonders geeignet machen.

Die Gegner

Zwei Personen, das wurde schon an den Beispielen im ersten Kapitel deutlich, sind gewöhnlich die Gegenspieler in der Anekdote. Einmal sind es Vertreter der Parteien Komponist und Publikum, einmal ein berühmter und ein nicht berühmter Komponist. Meist steht schon am Anfang fest, wer hier der Stärkere ist und das letzte Wort behalten wird: etwa wenn eine nicht informierte junge Dame an den berühmten Tenor Josef Schmidt gerät. Selten bleibt das Kräfteverhältnis zunächst offen, wie etwa hier, wo zwei gleichermaßen berühmte Komponisten gegeneinander antreten:

„Pfitzners ‚Palestrina‘ war in München uraufgeführt, und der Komponist traf Richard Strauß.

‚Zehn Jahre härtester Arbeit stecken in diesem Werk‘, sagte Pfitzner.

‚Warum gibt er's Komponieren net auf, wann's ihm so schwerfällt‘ murmelte Strauß und wandte sich zum Gehen."

Der Anekdotenhörer wird vom genialeren Künstler belehrt, was mehr zählt als Fleiß und harte Arbeit: Genie, und das kann man nicht erwerben. Trotzdem kann er sich nicht nach irgendwelchen Kriterien richten. Wenn es dem Erzähler paßt, wird der Spieß einfach umgedreht:

„Nur einmal erschien Richard Strauß bei den Musikfesten in Donaueschingen. Er sah und hörte sich ein Streichquartett von Hindemith an, fragte, wie lang der Komponist daran gearbeitet habe, und bekam zur Antwort: ‚Drei Tage‘.

Darauf Strauß trocken: ‚Das hab ich mir gleich gedacht.‘ "

Hier steht also der Fleiß wieder als unerläßliche Tugend da, wenn es darum geht, die etablierte Kunst vor den angeblichen Scharlatanen in der Neuen Musik zu retten.

Die sachlichen Kriterien täuschen. Hier wird lediglich eine Abfuhr erteilt und nicht argumentiert. Und normalerweise ist dem Hörer schon nach den ersten Worten klar, wer wem die Abfuhr erteilen wird. Die Hauptperson hat es meist mit schwachen Gegnern zu tun: Mit dem Musikliebhaber, der jungen Sängerin, dem Portier in der Oper, mit reichen, aber ungebildeten Leuten oder – in Anekdoten tausendfach strapaziert – dem schlechten Geiger:

„Eines Nachmittags fordert man Rosenthal auf, sich ein drittklassiges Streichquartett anzuhören, und unvermeidlicherweise tritt der zweite Geiger danach auf ihn zu mit der ebenso unvermeidlichen Frage: ‚Hat es Ihnen gefallen, Maestro?‘

‚Ausgezeichnet, ausgezeichnet‘, lügt Rosenthal.

‚Und unsere Tempi waren Ihrer Meinung nach auch richtig?‘ insistiert der Geiger.

‚Aber ja‘, sagt Rosenthal, ‚einfach fabelhaft – ganz besonders Ihres!‘ "

Die großen Meister

Die Hauptperson ist nicht irgendwer, der erst in die Erzählung eingeführt und bekannt gemacht wird, sondern eine bereits bekannte historisch bedeutende Persönlichkeit. Zu den Namen Bach, Mozart, Beethoven, Brahms braucht kein erklärendes Wort hinzugefügt zu werden, sie sind bekannt, also groß, und mehr braucht der Hörer nicht zu wissen. Das zeigt sich auch daran, daß die Namen von unbekannten Meistern mit einer Selbstverständlichkeit präsentiert werden, als wüßte jeder, was in Musikerkreisen Rang und Namen hat. Wenn er es aber nicht weiß, ist er selber schuld, denn die Anekdote ist für gebildete Leute. Der Anekdotenhörer wird sich also die notwendige Namens-Quiz-Bildung aneignen, und das kann er besser beim Anhören von Anekdoten als von Musik. Wenn er hört: ‚Rosenthal kam ...', ‚Godowsky speiste ...', ‚Backhaus traf ...' oder ‚Busoni reiste ...', dann weiß er sofort: Aha! Eine bedeutende Persönlichkeit des Musiklebens. Schon mit Namen vertraut sein heißt mehr wissen als andere. Die Unwissenden aber werden umso schadenfroher ausgelacht. Ein beliebtes Anekdotenmuster:

„Busoni reiste vor dem Ersten Weltkrieg viel als Konzertpianist in die Vereinigsten Staaten, oft bis in die entlegensten Südstaaten. In Oklahoma wurde er, als er in gottverlassener Gegend aus dem Expreßzug stieg, vom Sheriff hoch zu Roß begrüßt: ‚Are You Mr. Busoni?'
‚Yes, I am.'
‚What are you going to play for us tonight?'
‚Well, a sonata by Beethoven.'
‚Beethoven? Is he a good man?'
‚I am afraid he is dead.'
‚Dead? Who shot him?'"

Hier hat der Bildungsbürger was zu lachen, denn er ist vertraut mit den Großen, und mithilfe der Anekdoten weiß er auch bald mehr als nur die Namen.

Ursprünglich bedeutet das Wort ‚Anecdota' das ‚Nicht-Herausgegebene'. Ein Geheimschreiber des durch zahlreiche Vernichtungsfeldzüge rund ums Mittelmeer bekannt gewordenen Feldherrn Belisar, namens Prokop, ließ z. B. nach seinem Tod die Geschichte des Hoflebens unter Kaiser Justinian herausgeben und nannte seine Enthüllungen ‚Anecdota'. Das war im 6. Jahrhundert. Im 17./18. Jahrhundert wurden am französischen Hof die Anekdoten aus Memoiren, Briefen, Tagebüchern, aus Erzählungen der Hofschranzen und sonstigen Kennern zusammengetragen und als Hofklatsch von Salon zu Salon gereicht. Selbst in Sammlungen veröffentlicht, also literarisch geworden, hatten sie immer noch den Charakter der galant-intimen Histörchen.

Die bürgerliche Musikeranekdote ist so etwas wie Klatsch vom Hof der Geistesfürsten. Gerade das deutsche Bildungsbürgertum, das in der Politik nichts zu bestellen hatte, liebte es, die Macht und Größe seiner Dichter, Denker und Musiker nach feudalen Vorbildern aufzubauen. Konnte man schon die Aristokratie nicht von der gesellschaftlichen Macht verdrängen, adelte man sich eben selbst in seinen Genies.

Spätestens nach dem Tod des „großen Meisters" ging die Anekdotenjägerei los. Briefe, Aufzeichnungen, Erzählungen der Zeitgenossen wurden durchstöbert. Mozarts Witwe erbat von Andreas Schachtner, dem Jugendfreund des Komponisten, Kindheitserlebnisse des kleinen Wolfgang Amadeus. Die Autoren Iffland und Dies sammelten Haydn-Geschichten. Die Schubertfreunde Vogl, Grillparzer, Schwind, Bauernfeld und Spaun schrieben unzählige Erinnerungen auf bis hin zu der überaus erhellenden Tatsache, daß der musikbesessene Schubert mit der Brille ins Bett zu gehen pflegte, damit er am nächsten Morgen unverzüglich zu Notenpapier und Feder greifen konnte. Bettina von Arnim verbreitete ihre Erlebnisse mit Beethoven bereitwillig in der gebildeten Welt. Sie gab dem Denkmal bleibende Züge: Beethoven mit tiefgründiger Geistigkeit und filosofischer Würde begabt, Beethoven als heruntergekommenes kaum zurechnungsfähiges Genie, das ‚seine Jahre nicht kennt', oder Beethoven als ausgenützter Elendsmusikant, der „wie Florestan sommers wie winters auf Strohsack und unter dünner Decke" nächtigt. Noch 1870 füllten die Impressionen der Frau von Arnim die Klatschspalten der Gartenlaube[4].

Welche Bedürfnisse werden durch den Klatsch befriedigt?

Die Intimität mit einem großen Herrn wertet den Erzähler auf. So wie sich der Lakai im Gesinderaum mit Geschichten aus der Intimsphäre seines Herrn brüstet, bläht sich auch der Anekdotenerzähler mit Klatsch über die Meister. Ein Glanz von dessen Ruhm fällt dabei auch auf ihn, und dankbar vertritt er dafür dessen Interessen.

Bis heute ist die intime Kenntnis der Mächtigen und Stars ein wichtiges Mittel, um Bewunderung und Untertanen-Vertraulichkeit zu verbreiten. Nichts anderes will die Regenbogenpresse mit den Berichten vom Koch der Familie Kennedy, dem Schneider des Shah Reza Pahlewi oder dem Briefträger bei Beckenbauers.

Informationen werden den Lesern verweigert, stattdessen bekommen sie die menschlichen und allzumenschlichen Stories, die beweisen, daß die Großen gar nicht so sind. Die Leser sollen sich mit illustrem Klatsch beschäftigen, um zu vergessen, wer sie selber sind. Gerade im Verhältnis zu den Großen.

Identifikation

„Fritz Kreisler spazierte in New York mit einem Freund durch die Fifth Avenue, als sie vor dem Riesenschaufenster eines Fischgeschäftes stehenblieben. Kreisler hob grüßend die Hand und blickte auf die Reihen toter Fischaugen und offenstehender Mäuler. ‚Gut‘, sprach er, ‚daß ich daran erinnert werde. Ich habe ja heute abend Konzert!‘ "

Warum wird wohl nach dieser Pointe gelacht? Doch sicher nicht deshalb, weil sich das zahlende Konzertpublikum in der Auslage des Fischgeschäftes wiedererkannt hat. Im Gegenteil. Es hat seine Identität glatt vergessen und identifiziert sich statt dessen mit dem großen Meister, blickt genau wie dieser angeekelt und verächtlich auf die fischköpfige Masse der Nicht-Genies hinunter.

Da die emotionale Führung in der Anekdote prinzipiell nach dem Muster solcher Identifikation funktioniert, wäre zu fragen, welchen Genuß das dem Hörer bereitet, und was es ihm nützt. Ob der Meister Publikumsverachtung demonstriert, oder Entrücktheit, oder Kühnheit, immer ist der Anekdotenhörer mit von der Partie. Wie wir schon gesehen haben, kann ihm dabei nichts passieren, nichts kann ihn verunsichern, denn der Sieger im jeweiligen Konflikt steht ja fest. Anekdoten werden nur über Mächtige erzählt.

„Nach der Uraufführung der ‚Entführung aus dem Serail‘ wurde Mozart vom Kaiser empfangen. ‚Gewaltig viele Noten, mein lieber Mozart‘, erklärte der Monarch mit leisem Staunen.

‚Gerade soviel, wie nötig sind, Majestät‘, erwiderte der Meister."[5]

Gesetzt den Fall, der kolportierte Wortwechsel zwischen Monarch und Komponist stimmt[6], kann man im historischen Zusammenhang zwei Feststellungen machen:

1. Die Musik Mozarts, heute durch Gewöhnung nicht mehr anstößig oder überraschend, galt damals als schwierig.

2. Mozart, der sich von Amtsabhängigkeiten löste und als ‚frei‘ produzierender Künstler verselbständigte, bewies in einigen Fällen (und erst recht in seiner Musik) bürgerliche Kühnheit gegen Adel und Geistlichkeit.

Die aus dem historischen Zusammenhang abgelöste Anekdote aber hat weder mit der Person Mozart noch mit dem österreichischen Kaiser etwas zu tun. Jetzt, fast 200 Jahre später, ist der Anekdoten-Meister selbstverständlich der Mächtige und nicht mehr jener ignorante Monarch. Was also bleibt, ist ein einfaches Muster: Der Dümmere will dem Meister ins Handwerk pfuschen und der läßt sich nicht reinreden. Er erklärt, daß es genau so richtig ist, wie ers gemacht hat, punktum, Kritik ist unzulässig. Und mit einer derart autoritären Geste mag sich der Bürger gern identifizieren, der gleichzeitig jede Neuerung in der Musik und anderswo bekämpft, und niemals wagen würde, seinem Chef eine solche Antwort zu geben.

Noch stärkere Triumphe kann man an der Seite des Kolosses Beethoven feiern[7]:

„Als einer der ihm befreundeten Fürsten nicht aufhörte, ihn ans Klavier zu nötigen, damit er – noch dazu vor französischen Offizieren – phantasiere, wurde er verdrießlich und gar wütend. Dazu beging der Fürst die unverzeihliche Torheit, etwas von Hausarrest zu murmeln. Sofort verließ Beethoven das Haus und wanderte in stockdunkler Nacht zur nächsten Station, wo er in den Morgenstunden eine Extrapost nach Wien nahm. In seiner Wohnung angekommen, stürzte er die Büste des fürstlichen Gönners vom Sockel, so daß sie in tausend Stücke ging. Außerdem schrieb er dem Fürst folgende Zeilen: ‚Fürst! Wer Sie sind, sind Sie durch Zufall und Geburt. Was ich bin, bin ich durch mich. Fürsten hat es und wird es viele Tausende geben. Beethoven gibt es nur einen!'"

Die Beleidigung ist schwer, die Reaktion gewaltig, echt beethovensch, ins Anekdotenbild passend. Er stürzt die Gipsbüste seines Chefs vom Sockel und schreibt jenen selbstbewußt-trotzigen Brief, den er sich in Wirklichkeit nie erlaubt hat. Die Genüsse aus solchen Anekdoten sind vielfältig: Der Nachruhm hat das Selbstbewußtsein dieses Mannes legitimiert, im Alkoholdunst der Anekdotenrunde kann jeder Duckmäuser ersatzweise an so gewaltiger Stärke teilhaben. Und: Die Größe ist ein Ergebnis eigener Leistung.

Dieses bürgerliche Ideal wird in Anekdoten ständig dick unterstrichen:

„Mozart war nicht schüchtern. Sein ungezwungenes Benehmen bei einem Festessen am kaiserlichen Hof fiel einigen Höflingen unangenehm auf. Sie baten daher den Kaiser, den jungen Musikus aus Salzburg in seine Schranken zu verweisen. ‚Laßt mir den Mozart in Ruhe', rief der Kaiser; ‚einen General kann ich alle Tage machen, einen Mozart aber niemals!' "

Bettina von Arnim[9] legt dieselbe Idee in etwas ausführlicherer Formulierung wieder Beethoven in den Mund. Wörtliche Entsprechungen zeigen, daß sie sich zur Formel verfestigt hat:

> Einen Orden können sie einem wohl anhängen, aber darum sei man nicht um das geringste besser. Einen Hofrat, einen Geheimrat können sie wohl machen, aber keinen Goethe, keinen Beethoven. Also das, was sie nicht machen können und was sie selber noch lange nicht sind, davor müssen sie Respekt haben lernen, das ist ihnen gesund.

Solche Sätze erinnern an das aufkommende bürgerliche Selbstbewußtsein in einer noch nicht bürgerlichen Gesellschaft.

Im prinzipiell autoritären Zusammenhang der Musikeranekdote aber ist die außergewöhnliche Leistung des außergewöhnlichen Individuums zu einem irrationalen Mythos geworden, identisch mit dem Mythos ‚Vom-Tellerwäscher-zum-Millionär'. Nur daß in diesem Fall nicht Geld und Macht, sondern Geist und Ruhm akkumuliert werden, wir haben es mit der bildungsbürgerlichen Variante zu tun. Aber das Ergebnis ist in beiden Fällen unbefragbare Autorität, Kritik ist ausgeschlossen: Der Schaffensprozeß ist geheimnisvoll, die Voraussetzungen für solche Leistungen sind Begnadung und Genie, das Werk ist unfaßbar und kann in der Anekdote nur von kongenialen Geistern verstanden werden. Die Masse des Musikpublikums trägt ihren Teil zum Ruhm nur in Form von Applaus bei.

Die Freiheit des schöpferischen Menschen ist in der Realität für die Nicht-Genialen nicht zu haben. Aber weil der Künstler nach seinem Tode so sehr erhöht wird, kann man sich zwar mit ihm identifizieren, braucht sich aber nicht mit ihm zu messen.

Der Musikpädagoge gab ein Beispiel dafür, daß die Anekdoten-Identifikation auch Sonderrechte des Genies unangetastet läßt:

> Nun also z. B. Beethoven, da gibt es so eine ganze Reihe von Anekdoten, die sein temperamentvolles Wesen kennzeichnen, nicht? Oder etwa den interessanten Augenblick, wie ein Mensch von einer Idee überfallen wird, sie versucht zu verwirklichen, egal, was das ist. Also z. B. eine von seinen – ich weiß nicht, hundert? Wohnungen, oder wieviel er gehabt hat, als er die bezieht, und sein schwerer Flügel da mühsam die Treppe hochgeschleift wird, und er dann eben in einem bestimmten Augenblick, wo das Instrument nun an einer bestimmten Stelle im Treppenhaus steht, jetzt nun gerade absetzen läßt, weil ihm jetzt gerade ein wichtiges Thema für ein Klavierkonzert eingefallen ist. Ja, ich glaube es war das 4. oder 5. – und er eben nun das jetzt gerade auf dieser Stelle spielen muß ...

Keiner dürfte selbst machen, was der Anekdoten-Beethoven darf: Einem spontanen Einfall nachgeben und damit einen Arbeitsablauf stören. Auch der Schüler, der mit dieser Geschichte über geniale Spontaneität belehrt wird, darf den Unterricht nicht stören mit seiner Spontaneität.

Die Identifikation mit der Freiheit der Großen hebt den Abstand zwischen Oben und Unten eben nicht auf, sondern verfestigt ihn gerade.

Der Rundfunkmoderator:

> Natürlich sind das keine Menschen wie du und ich. Das sind begnadete Künstler.

Und der Lehrer, befragt über das Verhältnis zwischen Schülern und großen Meistern:

> Natürlich, in gewisser Weise identifizieren sie sich schon. Aber sie spüren ja auch den Abstand, finde ich. Ich meine, das Anekdotenhafte ist ja doch immer etwas Herausgehobenes, etwas, was eben doch das Besondere eines Menschen kennzeichnet. Und nicht das Allgemein-Übliche. Insofern ist die Identifikation doch gebremst, möchte ich mal sagen ...

Man könnte nun fragen: Ist es immer so, daß die Anekdote den Hörer einlädt, sich nur mit dem Größten zu identifizieren? Offensichtlich muß es so Wein. Wir kennen keine Gegenbeispiele, allenfalls dann und wann leichte Kratzer am berühmten Mann, die unter der Rubrik „Menschliches" laufen und doch letztlich Übermenschlichkeit suggerieren. Die Ursache liegt wohl daran, daß Anekdoten immer in der Nähe der großen Meister entstehen, und dort kursieren, wo ihre Größe nicht in Frage gestellt wird: im bürgerlichen Musikbetrieb. Musiker, Liebhaber, Lehrer, Verleger usw. brauchen selbst die bürgerliche Kunstideologie samt Heroenverehrung zur Rechtfertigung ihrer eigenen Tätigkeit. Die Hierarchie im Orchester oder die Ranglisten auf dem Schallplattenmarkt zwingen auch den letzten Orchestermusiker noch, sich am Bild der Großen zu orientieren, sogar sie zu kopieren, will er sich besser verkaufen oder mit Aufstiegsträumen seine Unzufriedenheit bewältigen.

In einer Umgebung, die ihre Geistesfürsten und Stars notwendig braucht, kann es gar keine Kritik geben, die das elitäre Prinzip in Frage stellt, genausowenig wie der Hofklatsch das Prinzip der Monarchie in Frage stellen kann.

Der Widerspruch gegen das Anekdoten-Prinzip drückt sich nicht in bildungsbürgerlichen Konversationsformen aus, sondern etwa in so aggressiven Unterhaltungsformen wie dem politischen Witz. In seiner Perspektive nämlich sind die Großen prinzipiell nicht verehrungswürdig.

„Bei einem Spaziergang durch Berlin trifft Göring eine Gruppe spielender Kinder, die aus Straßenkot und Pferdeäpfeln Figuren formen:

,Was macht ihr denn da?' fragt Göring.

,Wir machen hier Figuren von Dr. Goebbels und Dr. Ley', antwortet ein Junge.

,Habt ihr denn auch schon einen Hermann Göring gemacht?' fragt Göring.

,Nein, solch einen großen Haufen Dreck haben wir noch nicht gefunden', antwortet der Junge."

Dieser Flüsterwitz aus der Nazizeit erlaubt keine Identifizierung mit dem Mächtigen, auch wird kein Konkurrent aufgebaut, der ihn vielleicht überflügeln könnte. Wer sich mit den Kindern identifiziert, greift mit seinem Lachen das elitäre System an. Er identifiziert sich mit dem

Schwächeren, Namenlosen gegen den Mächtigen mit dem großen Namen.

So wird auch keine Göring-Anekdote daraus, sondern ein antiautoritärer politischer Witz.

Charaktermasken

Die Anekdote will mit Konstellation, Handlung und Pointe durch den dargestellten Augenblick hindurch einen Zusammenhang sichtbar machen. Für die Literaturwissenschaftler steht diese Eigenschaft im Mittelpunkt der Anekdotendefinition.

C. F. W. Behl[10] zum Beispiel meint etwa, daß durch die Anekdote die „bedeutende Wirklichkeit wie durch ein umgedrehtes Fernglas mit besonderer Schärfe erkennbar werden muß".

Und Max Dalitzsch[11] spricht von der „Charakteristik einer Persönlichkeit oder Kennzeichnung einer gemeinsamen, womöglich allgemein-menschlichen Eigenschaft einer Gruppe von Menschen".

In der Tat wollen Anekdoten charakterisieren und tragen „Bedeutung". Allerdings sieht man durch ihre Linse keine bedeutende „Wirklichkeit", sondern ein Kaleidoskop bürgerlicher Wunschvorstellungen.

Wollte man der vorhin zitierten Anekdote („Gewaltig viele Noten, lieber Mozart!") glauben, so erschiene Mozart als selbstbewußter Bürger, der den Konflikt mit dem Kaiser ironisch-elegant löst, was der landläufigen Vorstellung vom stets heiteren und galanten Weltmann Mozart entspricht. Beethoven tritt entsprechend immer als der gewaltige Rebell auf. Die Reihe läßt sich fortsetzen:

Da sieht man Bach als biederen, erzprotestantischen Familienvater, Händel als weltoffenen Renaissance-Menschen, Haydn als freundlichen Papa oder Bruckner als treuherzigen Idioten.

Die großen Meister müssen, so will es die Biografenideologie aus dem 19. Jahrhundert, „charakteristisch" dargestellt werden. Das heißt: charakterlich undifferenziert, typisierend, maskenhaft.

Wenn auch einige Züge der Charaktermasken ursprünglich der historischen Realität entnommen sind, in fertigem Zustand, über ein Jahrhundert weitergeschleppt, sind sie nichts anderes als merkwürdige Karikaturen aus dem bürgerlichen Künstler-Kabinett. Gerade weil sie so unhistorisch und griffig sind, eignen sie sich heutzutage so gut als Markenzeichen, die man auf Gips-Klassiker und Schallplatten kleben kann.

Die Superlative, die ihrem Werk beigelegt werden, müssen die Meister auch als Menschen, genauer: Übermenschen einlösen. In Schulbüchern z. B. schlagen sie alle Rekorde[12].

Bach ist „einer der größten Meister aller Zeiten", Beethoven „einer der größten Tonkünstler aller Zeiten", Bach „war nicht nur einer der genialsten, sondern auch der fruchtbarsten Komponisten aller Zeiten", und – damit noch nicht genug – Bach „war auch einer der frömmsten Tondichter aller Zeiten und Länder".

Die Musikeranekdote, die mehr mit Klatschgeschichten als mit Musik zu tun hat, stellt konsequent Zusammenhänge her:

„Händel war einer der fruchtbarsten Komponisten: Die Gesamtausgabe seiner Werke umfaßt 100 Bände. Der ungeheuren Arbeitsenergie entsprach sein guter Appetit.

Eines Tages ging Händel in ein Gasthaus und bestellte ein Essen für 3 Personen.

Als der Kellner mit dem Auftragen der Speisen warten wollte, bis die „übrige Gesellschaft" käme, erklärte er schmunzelnd: ‚Die Gesellschaft – das bin Ich!'"[13]

Das Sterotyp „großer Schaffer – großer Fresser" wird offensichtlich gern benutzt, weil es so sinnfällig die Ausmaße der künstlerischen Leistung in faßbare Einheiten übersetzen kann, etwa in Schnitzel:

„Max Reger fraß gern und viel. So bestellte er beim Ober eines Tages, sich hungrig zu Tisch setzend:

‚So mein Lieber, nun bringen Sie mal zwei Stunden lang Wiener Schnitzel'."

Ein anderes modernes Stereotyp entwickelt konsequent aus der „Große-Meister-Herablassung" den Manager-Zynismus des Dirigenten:

„Sir Thomas Beecham bei einer Opernprobe in Buenos Aires: ‚Schaffen Sie die Frau von der Bühne und bringen Sie einen frischen Sopran!'"

Der Ablösbarkeit einer solchen Charaktermaske von der jeweils gemeinten historischen Person entspricht auch die Ablösbarkeit der Handlungsmodelle. Beispiel[14]:

„Ein italienischer Leiermann erkannte in einer sich nähernden Gestalt den berühmten deutschen Komponisten Richard Wagner. In der Hoffnung, ein besonders reichliches Trinkgeld zu erhalten, legte er schnell eine neue Walze mit dem Brautzug aus Wagners Oper Lohengrin ein, spielte das Stück aber so schnell, daß ein Geschwindmarsch daraus wurde. Wagner ging aufgebracht zu ihm und begann, die Leier im richtigen Tempo zu drehen.

Am nächsten Tag hatte der Orgelmann an seiner Leier ein Schild befestigt mit der Aufschrift: ‚Schüler von Richard Wagner'."

Genau dieselbe Anekdote wird mit anderem Ort, Musik-Titel und Personal erzählt. Hauptpersonen sind z. B. Verdi, Pietro Mascagni und Grétry[14]. Das heißt, die Charakterisierung der Einzelpersönlichkeit ist in Wahrheit nur noch der Typ des prominenten Meisters, und die „bedeutende Wirklichkeit" ganz einfach ein Muster von bürgerlicher Überheblichkeit und Denunziation; das ideologische Modell besagt:

1. Bürgerliche Kunstmusik ist so klassenübergreifend, allgemein-menschlich, populär, daß sie auch vom niederen Volk auf der Straße gespielt wird. Leider können es die ungebildeten Leute nicht gut genug, man muß sie eben bilden.

2. Der große Meister ist so populär, daß ihn die Leute auf der Straße erkennen, und so leutselig, daß er sich herabläßt, den Leuten zu zeigen, wie es richtig geht.

3. Der Straßenmusikant spielt aber leider nur aus niedrigen, materiellen Motiven, und selbst aus dem Bildungsangebot des Komponisten schlägt er bloß schnöden Gewinn. Denen ist eben nicht zu helfen.

Die historische Zuverlässigkeit

Frage an den Südwestfunk-Moderator: Woher stammen die Anekdoten, die Sie im Rundfunk erzählen?

Quellen – das heißt, also erst einmal wird die ganze Familie eingespannt, je nachdem was er liest, von „Hör zu" bis „Die Zeit" oder Tageszeitungen oder spezielle Zeitschriften für die Dämlichkeiten des Hauses. Und dann und wann gibt es da was, was berichtet wird. Und das schreibt man sich auf, schneidets aus und hat dann doch eine ganz schöne Sammlung zusammen, es leppert sich zusammen im Lauf der Zeit ...
   Und dann gibt es immer wieder so kleine Büchlein, in denen etwas zusammengetragen ist, und dafür ist man ja auch sehr dankbar. Es gibt so ein Anekdotenbuch, in dem man nachschlagen kann. Und so reicht nun eine hilfreiche Hand die andere.

Frage an den Musiklehrer: Prüfen Sie nach, ob eine Anekdote stimmt, bevor Sie sie erzählen?

O nein, die Anekdote ist da ... da ist mir jede Anekdote recht. Da leg ich keinen wissenschaftlichen Maßstab an. Wissen Sie, wenn sie mir dienlich ist, etwas darzustellen, was nun gerade in besonders guter Weise sich in der Anekdote auslebt, dann verwend ich sie. Ich mein, sie sind ja auch im Grunde überhaupt nicht nachzuprüfen. Wie wollen Sie das nachprüfen? Das sind Dinge, die haben sich irgendwie so tradiert. Ich glaub, da gibt's keine wissenschaftliche Mtthode, Anekdoten nachzuprüfen und, wie gesagt, für den Lehrer ist in dieser Phase, also in der oberen Unterstufe, Mittelstufe, ist die Anekdote, wenn er sie verwendet, grad dann recht, wenn sie ihm irgendetwas liefert, was er in schöner Weise, in interessanter Weise darstellen kann. Und da wird er nicht lange überlegen, ist das wohl richtig oder nicht. Darauf kommt's im Grunde auch nicht an. Sie hat einen methodischen Stellenwert und keinen wissenschaftlichen. Und insofern ja, man wird nicht grad etwas Falsches sagen, man wird nicht grad was erfinden, um es nun in einer bestimmten Situation anzubringen, aber man wird auch nicht lang nachprüfen, wenn's einem nun grad in den Kram paßt, in mein methodisches Konzept reinpaßt, dann nehm ichs, ich kann's auch nicht nachprüfen, wie sollt ichs machen?

Unter Umständen könnte man das sehr leicht machen. Zum Beispiel bei der folgenden Anekdote[15]:
   „Brahms war trotz seiner Berühmtheit ein sehr bescheidener Mensch. So war er auch ein warmer Verehrer des

Wiener Walzerkomponisten Johann Strauß. Als ihn die Witwe von Strauß einmal um ein Autogramm bat, schenkte er ihr seine Photographie. Auf diese hatte er unten die ersten Takte des Straußwalzers ‚An der schönen blauen Donau' geschrieben und darunter die Worte:

‚Leider nicht von Ihrem ergebenen Johannes Brahms!'"

Ein Blick in ein Lexikon würde genügen um festzustellen, daß es zu Lebzeiten Brahms die Witwe Strauß noch garnicht gegeben hat. Johann Strauß starb erst 1899, zwei Jahre nach Brahms' Tod. Außerdem kann sich ein Musiklehrer in jeder Brahmsbiografie davon überzeugen, daß es Adele Strauß nicht nötig hatte, Brahms um ein Autogramm zu bitten. Brahms war mit dem Ehepaar Strauß eng befreundet und hat – will man der Anekdotenfassung des Straußbiografen Decsey glauben – die Widmung auch nicht auf eine Fotografie, sondern auf den Holzfächer von Adele Strauß geschrieben.

Aber auf die historische Klaubwürdkigkeit „kommts nicht an". Das allerdings ist ein Eingeständnis, das man nur quasi im Lehrerzimmer zu hören bekommt, denn – streng genommen läuft es dem Anspruch der Anekdote zuwider. Sie gibt vor, im näheren Umkreis der bedeutenden Persönlichkeit entstanden zu sein, der Erzähler beruft sich gern auf Gewährsleute. Diese Geste hat sich sogar noch in die literarische Anekdote hineingerettet, wenn etwa Kleist seine berühmte „Anekdote aus dem letzten Preußischen Krieg" folgendermaßen beginnt: „In einem bei Jena liegenden Dorf, erzählte mir, auf einer Reise nach Frankfurt, der Gastwirt, daß sich mehrere Stunden nach der Schlacht..." usw.

Aber in Wahrheit sorgt natürlich gerade dieser Zug der Anekdote sowie auch ihre mündliche Verbreitung dafür, daß sich Anekdoten im Lauf ihres Lebens, selbst wenn sie im Kern auf eine wahre Begebenheit zurückgehen, inhaltlich wandeln, daß sie, je nach Ideologien und Wunschvorstellungen der Erzähler, ihr Gesicht verändern.

An der Beethoven-Anekdote von Friedrich Herzfeld, die wir im Kapitel „Identifikation" (S. 193) anführten, läßt sich so ein Prozeß gut verfolgen: Wilhelm Rust, ein Freund Beethovens, hat diesen Konflikt, den Herzfeld dramatisch und fantasievoll ausführt, 1808 in einem Brief an seine Schwester angedeutet[16]:

> Die Franzosen muß er auch nicht leiden können; denn als einmal der Fürst Lichnowsky Franzosen bei sich hatte, bat er den Beethoven, der auch bei ihm war, auf ihr Verlangen vor ihnen zu spielen; aber er verweigerte es und sagte: vor Franzosen spiele er nicht. Deshalb entzweite er sich mit dem Lichnowsky.

Schon das ist historisch nicht korrekt. Wo Beethoven sich gegen Franzosen geäußert hat, läßt sich das immer durch konkrete Erfahrungen begründen. Napoleon dagegen hat er bis zu seiner Kaiserkrönung hoch verehrt. Rusts Formulierung, die allgemein Franzosenhaß unterstellt, bedeutet, Beethoven für nationalistische Ideologien zu vereinnahmen.

Alles übrige, was diese Geschichte dramatisch und anekdotisch macht, der Druck, den der Fürst auf Beethoven ausübt, die nächtliche Wanderung, das Zertrümmern der fürstlichen Büste und die Entladung in dem selbstbewußten Brief, all das hat sich erst Jahrzehnte später an den Erzählkern angesiedelt.

1832 fügt ein Musiktheoretiker namens Ignaz Xaver Seyfried[17] die Geschichte mit der Gipsbüste und die „gewiß nicht ernstlich gemeinte Drohung mit Hausarrest" hinzu. Seyfried wußte noch, daß Beethoven nicht bei Lichnowsky angestellt war und also auch nicht mit Hausarrest bestraft werden konnte. Herzfeld weiß es vermutlich auch, aber es macht sich eben trotzdem gut, den Widersacher mit Hausarrest drohen zu lassen.

Der Schlußabschnitt mit dem Brief an den Fürsten ist die jüngste Zutat zu dieser Anekdote. Sie taucht erst 1873 bei Franz Xaver Boch in der Wiener Deutschen Zeitung[18] auf. Die ehrerbietigen und förmlichen Briefe, die Beethoven in Wirklichkeit geschrieben hat, sind ein besseres Zeugnis dafür, wie weit die Rebellion des Künstlers schon gediehen war, und daß sie in kleinen Schritten vor sich ging. Die Nachwelt dagegen läßt Beethoven mit scharfen Geschützen auffahren, weil sie ihn einfach als Inbegriff des kompromißlosen Individuums sehen und sich mit seinem Bild im Herzen zur Ruhe setzen will.

Eine andere Anekdote, deren historische Unzuverlässigkeit ebenfalls aufschlußreich ist. Kleist hat über den Tod von Bachs erster Frau eine Anekdote geschrieben und zwar 90 Jahre nach diesem Ereignis. Maria Barbara Bach starb 1720, die Kleist-Anekdote stand 1810 in den Berliner Abendblättern.

„Bach, als seine Frau starb, sollte zum Begräbnis Anstalten machen. Der arme Mann war aber gewohnt, alles durch seine Frau besorgen zu lassen; dergestalt, daß, da ein alter Bedienter kam und ihm für Trauerflor, den er einkaufen wollte, Geld abforderte, er unter stillen Tränen, den Kopf auf den Tisch gestützt, antwortete: ,Sagts meiner Frau' –"

Kleist, seine Erzählhaltung, sein Stil sind für den Literaturkenner schon selbst ein lokalisierbares Stück Geschichte, das im Widerspruch steht zu der Vorstellung, die man von der Zeit um 1720 hat. Und trotz der stilistischen Distanz, die diese Erzählung von der sonst üblichen Anekdotenvertraulichkeit abhebt, zeigt sich: Kleist hat hier nicht den historischen Bach gezeigt, sondern hatte das Genie-Bild der Kleist-Zeit vor Augen. Bach lebte das sehr alltägliche und eher bescheidene Leben eines Hof- und Stadtbeamten, ließ ganz sicher nicht alles durch seine Frau besorgen und hatte auch keine Bedienten. Überdies befand er sich mit dem Fürsten Leopold von Anhalt-Köthen in Karlsbad, während seine erste Frau starb und begraben wurde.

Noch weniger als die äußeren Umstände trifft die innere Haltung Bachs zu. Auch sie ist der Genie-Vorstellung um 1800 angepaßt. Einen Todesfall hat Bach sicher – wie die meisten seiner Zeitgenossen – mit dem Bewußtsein eines gläubigen Christen aufgefaßt und verarbeitet. Aber Kleist und seine Zeitgenossen konnten sich das Genie nur so denken, daß es sich auch in diesem Punkt vom Normalbürger unterscheidet. Daß es äußere Anlässe nur wahrnimmt, um durch sie in die geniale Versenkung zu verfallen, egal, wie einschneidend der Anlaß in diesem Fall auch war.

Die Entstehungsanekdote

Die meisten Musikeranekdoten haben mit der musikalischen Produktion höchstens einen lockeren und zufälligen Zusammenhang, wie z. B. die Mozart-Anekdote mit der „Entführung aus dem Serail". Eine besondere Form der Anekdote stellt das Kunstwerk in den Mittelpunkt. Wir nennen sie Entstehungsanekdote, weil sie Auffälligkeiten an einem Musikstück in Zusammenhang bringt mit der Geschichte seiner Entstehung. So erzählen z. B. Schulbücher[19]:

„Bei einem Nachmittagsgottesdienst hörte Weber, wie die Kirchenbesucher die einstimmige Litanei auf zwei verschiedenen Tönen anstimmten. Mit diesem falschen Klang im Ohr kam er nach Hause, setzte sich an den Schreibtisch und begann zu schreiben. Der Spottchor im ‚Freischütz' war aus diesem Eindruck entstanden."

Oder es wird berichtet, Händel sei eines Tages auf einer Wanderung von einem schweren Regenschauer überrascht worden. Er habe sich in der Werkstatt eines Hufschmieds untergestellt, „woselbst ihr hart arbeitender Bewohner das Eisen auf den Amboß schlug und dazu sang". Das habe Händel zu den Grobschmied-Variationen inspiriert. Bei musikalischen Kennern sind solche Anekdoten sicher nicht entstanden. Sondern sie waren ein Hilfsmittel, um auch solche Hörer an die Musik heranzuführen, die ein Musikstück nicht im Sinn des Kenners begreifen konnten. D. h. sie waren ein Hilfsmittel, um den musikalischen Markt auszuweiten. Noch heute dienen solche Entstehungsanekdoten dazu, entsprechend ausgeschmückt und zubereitet ganze Schulfunksendungen zu füllen.

Ganz besonders beliebt als Hauptrolle von Entstehungsanekdoten ist der Papa Haydn, etwa als angeblicher Verfasser der „Kindersinfonie"[20], die sehr wahrscheinlich nicht von Haydn, sondern von Leopold Mozart stammt. Eine der berühmtesten Entstehungsanekdoten bezieht sich auf die „Abschiedssinfonie" und zeichnet Haydn als fürsorglichen Vater seines Orchesters. Die Sinfonie wurde 1772 komponiert und hatte zunächst keinen Beinamen. Er tauchte erst 1784 auf. Drei Jahre später wurde im Wiener Blättchen erzählt, Haydn habe diese Sinfonie nach einem Streit seiner Kapelle mit den Hausoffizieren des Fürsten Esterhazy geschrieben. Dieser Streit sei Anlaß für die Kündigung der ganzen Kapelle gewesen.

Eine andere Version macht die ökonomischen Verhältnisse des Fürsten für eine Entlassung der Kapelle verantwortlich. Nachdem Haydn die Abschiedssinfonie vorgeführt habe, bei der am Schluß ein Musiker nach dem anderen das Spielen einstellt und das Pult verläßt, sei die Kündigung zurückgenommen worden.

Heute wird meist die Geschichte erzählt, die zum erstenmal 1882 in einer Haydn-Biografie steht[21]:

„Der Fürst hatte wegen mangelnder Unterbringungsmöglichkeiten den Angehörigen seiner Musiker den Aufenthalt in Esterhaz verboten, sodaß diese nun in Eisenstadt wohnen mußten. Ein Besuch war aber nur in Abwesenheit des Fürsten möglich, da sonst die Kapelle jeden Tag gebraucht wurde. Nun hatte der Fürst 1772 seinen Aufenthalt auf seinem Sommersitz Esterhaz ungewöhnlich lange in den Herbst ausgedehnt. Die Musiker wollten endlich zu ihren Familien nach Eisenstadt, und um ihr Verlangen dem Fürsten zu demonstrieren, hat Haydn diese Sinfonie geschrieben, worin einer nach dem andern am Schluß seinen Platz verläßt."

Auch im Fall der Abschiedssinfonie ist längst bewiesen, wie wenig wahrscheinlich all diese Geschichtchen sind. Hoboken, der Verfasser des Haydn-Werkverzeichnisses schreibt[22]:

> Keine dieser Anekdoten ist hinreichend verbürgt. Es ist unwahrscheinlich, daß ‚ökonomische Verhältnisse' dem Fürsten Nikolaus im Jahre 1772 den Gedanken eingaben, seine Kapelle zu entlassen. Er galt immer als der reichste ungarische Magnat und gab gerade in diesem und im folgenden Jahr besonders prächtige Feste. Und ob in den 1770er Jahren in Esterhaz nicht genug Raum war, um auch die Familien der Musiker unterzubringen, war bisher nicht zu ermitteln. In den 1780er Jahren war Haydn, wie aus seinen Briefen hervorgeht, manchmal im tiefsten Winter noch in Esterhaz und somit auch die fürstliche Kapelle, ohne daß Klagen darüber bekannt geworden sind. Bleibt der ‚Streit mit den Hausoffizieren', der in einer solchen Hofhaltung durchaus möglich war, aber kaum zu einer Sinfonie geführt hätte.

Die Musikerziehung, die in der Schule, im Rundfunk, in Feuilletons mit solchen Geschichten betrieben wird, läßt sich aber durch wissenschaftliche Widerlegungen kaum stören. Denn die Anekdote und mit ihr die ganze anekdotenhaft heroisierende bürgerliche Musikgeschichtsschreibung werden vom Kriterium der historischen Wahrheit nicht berührt:

> Für den Lehrer ist die Anekdote, wenn er sie verwendet, grad dann recht, wenn sie ihm irgendetwas liefert, was er in schöner Weise, in interessanter Weise da darstellen kann. Und da wird er nicht lange überlegen, ist das wohl richtig oder nicht. Darauf kommts im Grund auch nicht an.

Wir haben versucht, Musikeranekdoten daraufhin anzuhören, was sie wohl nützen, und wem.

Wir kamen zu dem Ergebnis, daß sie dem Bildungsbürgertum nützen zur ständigen Befestigung seiner Ideologie vom ‚Großen Werk' und vom ‚Großen Meister'.

Der Gebrauch, der Form und Inhalte bestimmt, wird festgelegt durch bürgerliche Unterhaltungskonventionen aus dem 19. Jahrhundert. In diesen Geselligkeits-Ritualen haben Störer keinen Platz; Aufsässigkeit und radikale Fragen werden im Salon nicht geduldet. Die Anekdoten-Spannung, der amüsante Kitzel, beruhen auf einer unangemessenen Provokation, einer scheinbaren Störung. Der Genuß aber auf der autoritären Wiederherstellung der gewohnten Ordnung.

Das ist die Pointe.

Der Erzähler kann mühelos den Effekt abrufen, wenn er will. Sein Applaus ist das Gelächter, ein Aufatmen über die Unzerstörbarkeit der Hierarchie.

Anekdoten-Komik ist affirmativ.

Weil aber der Denkvorgang im Abrufen fertiger Muster besteht, bleibt nichts mehr weiterzudenken oder zu diskutieren. Die Anekdote reicht über ihren Schluß nicht hinaus.

Brecht fand andere Dinge komisch, z. B. daß im ‚Zerbrochenen Krug' ein Richter ein Verbrechen entdecken muß, das er selbst begangen hat, oder daß ein Gangster in ‚Little Giants' in feine Gesellschaft kommt, bis aufs Hemd ausgeplündert wird, und daß ihm nur seine alten Methoden alles wieder zurück verschaffen.

Hier kommt die scheinbare Ordnung – Würde des Richterstandes und Feinheit der feinen Gesellschaft – in Unordnung. Und im Augenblick der Unordnung erkennt man die Wirklichkeit. Diese materialistisch erfaßte Wirklichkeit steht im Widerspruch zu jener idealistisch-bürgerlichen, die die Anekdote immer aufs neue herstellen will.

Die Musiker-Anekdote hat Reklame-Qualität. Sie suggeriert eine Bedeutung der Musik-Produzenten, die deren historische Bedeutung gerade vernebelt. Sie spiegelt die ‚Großen' in beliebigen Charaktermasken, die ebenso auf

Sauerbruch und Adenauer wie auf den Anekdoten-Brahms passen. Sie erhebt den Anspruch auf historische Wahrheit und lügt.

Die Musik selbst wird nur als Vorwand benutzt.

Das Mysterium Kunst und das Mysterium Größe der Meister kann aber nur denen nützen, die von Geheimnis und Größe profitieren. Denen, die sich unterwerfen, schadet es, weil es ihre eigenen Möglichkeiten einschränkt und ihre Produktivität fesselt.

> Brecht-Eisler-Ballade vom Wasserrad:
>
> Freilich dreht das Rad sich immer weiter
> Daß, was oben ist, nicht oben bleibt.
> Aber für das Wasser unten heißt das leider
> Nur: daß es das Rad halt ewig treibt.
>
> Ach, wir hatten viele Herren
> Hatten Tiger und Hyänen
> Hatten Adler, hatten Schweine
> Doch wir nährten den und jenen.
> Ob sie besser waren oder schlimmer:
> Ach, der Stiefel glich dem Stiefel immer
> Und uns trat er. Ihr versteht: ich meine
> daß wir keine andern Herren brauchen, sondern keine!
>
> Freilich dreht das Rad sich immer weiter
> Daß, was oben ist, nicht oben bleibt.
> Aber für das Wasser unten heißt das leider
> Nur: daß es das Rad halt ewig treibt.

Renate Brandmüller / Bernward Bücheler / Mechtild Fuchs / Werner Fuhr

Musik am Arbeitsplatz

Die wissenschaftliche Beschäftigung mit Arbeitsmusik ist ebenso alt wie diese; denn industrielle Arbeitsmusik ist selber eine Erscheinung von wissenschaftlicher Produktionsplanung und -steuerung. So gibt es seit den frühen vierziger Jahren eine Fülle vornehmlich angelsächsischer psychologischer, physiologischer, arbeitsmedizinischer Literatur zum Thema Arbeitsmusik, die fast durchweg im Dienst einer rationelleren Anwendung dieser Musik steht, z. T. direkt im Auftrag von Arbeitsmusikherstellern entstanden ist, die jedoch das Phänomen als ganzes nicht reflektiert, geschweige denn beurteilt.[1] Von ähnlicher Art sind die meist kürzeren Artikel, die wissenschaftliche Untersuchungen als Werbung für einen Arbeitsmusikhersteller enthalten bzw. für die Werbung die Form eines wissenschaftlichen Artikels benutzen.[2]

Seit kurzem ist die industrielle Arbeitsmusik in das Bewußtsein der akademischen Musikwissenschaft getreten.[3] Grund dafür ist sicher zum einen die wachsende Verbreitung von Arbeitsmusik in der Bundesrepublik, zum andern aber die Herausforderung an die Musikwissenschaft mit ihrem autonomen Kunstbegriff durch eine Musik von so offenkundiger Funktionalität.[4] So sucht die Musikwissenschaft nach der „Erkenntnis eines umstrittenen Phänomens",[5] deskribiert, definiert, phänomenologisiert, lamentiert, daß „auch die letzten Reste von Musikverständnis" „hinweggespült" werden,[6] hält der empörenden Praxis ihren heilen Kunstbegriff entgegen.

Einige weiterführende Ansätze gibt es bei den Journalisten Hanns-Werner Heister[7] und Kuhnke/Trenczak,[8] bei deren Rundfunk- bzw. Fernseh-Sendungen überhaupt erst einmal die gesellschaftliche Realität Gegenstand der Untersuchung ist, wo eine kritische Stellungnahme versucht wird.[9]

Wir halten die erwähnten Ansätze für unzureichend. Darum wollen wir versuchen, das, was diese Literatur auf verschiedenen Ebenen an Information über die Erscheinungsformen des gesellschaftlichen Phänomens Arbeitsmusik enthält, zusammenzufassen, dazu eigene Untersuchungen einzuarbeiten, so daß dem Leser eine möglichst umfassende Anschauung vermittelt wird. Auf einer zweiten Stufe versuchen wir dann einen Ansatz zu einer materialistischen Beurteilung von Arbeitsmusik.

Zur Geschichte der Arbeitsmusik

Die frühesten Ansätze für den planvollen Einsatz von Musik am Arbeitsplatz waren Experimente einiger Einzelgänger. Thomas Edison soll 1915 Schallplatten in Fabriken abgespielt haben.[10] 1913 schon wollte ein gewisser Jacques Verne eine nationale Bewegung zur Wiederbelebung der Musik in Fabriken gründen (nachdem es kein Gemeinschaftsssingen wie bei der Handwerks- oder Manufakturarbeit mehr gab), der Versuch mißlang.[11]

Die Wissenschaft Betriebspsychologie richtete in ihren Anfängen bei der Frage der Arbeitsplatzgestaltung ihre Aufmerksamkeit auf andere Faktoren als die Musik. Beispielsweise entzündete sich das berühmte Forschungsprojekt, das 1927 bei der Western Electric Company begann, sich in fünf Phasen mit verschiedenen Schwerpunkten zunächst bis 1932 hinzog, dann nach der Wirtschaftskrise wieder aufgenommen und 1939 als „Hawthorne-Studien" veröffentlicht wurde, am Problem der Beleuchtung.[12]

Auf die großangelegte, geplante Verwendung von Musik zur Arbeitsplatzgestaltung führte in den USA in den dreißiger Jahren unter anderem ein Zufall hin: im Westinghouse-Electric-Betrieb in Newark, der Radiobestandteile herstellte, wurde ein schon vorhandenes, für Durchsagen etc. installiertes Lautsprechersystem zum Ausprobieren verschiedener Radioapparate benutzt; dabei wurde Musik in die Fabrikationsräume übertragen. Als die Tests einige Wochen aufgehört hatten, baten die Arbeiter um Fortsetzung der Musiksendungen.[13]

Der britische Rundfunk strahlte während des Krieges vor allem für die Belegschaften der Rüstungsbetriebe am Tag wie in der Nacht eigens zusammengestellte Sendungen aus, „Music while you work".[14] Die britischen Rüstungsbetriebe konnten auf die zur Bombenwarnung schon installierten Lautsprechersysteme zurückgreifen.[15]

Seitdem beschäftigen sich Spezialisten (besonders der Betriebspsychologie und der systematischen Musikwissenschaft) von privater und staatlicher Seite aus mit funktioneller Musik am Arbeitsplatz. 1952 arbeiteten in England 4,5 Millionen, in den USA 5 Millionen Beschäftigte unter dem Einfluß von funktioneller Musik.[16] Einige große Konzerne, z. B. Muzak (seit 1934) mit Zentrale in New York oder Reditune mit Hauptsitz in London, besitzen heute einen internationalen Forschungs-, Produktions- und Vertriebsapparat und beliefern Kunden in aller Welt mit funktioneller Musik; daneben gibt es kleinere Firmen mit regional begrenzten Abnehmerkreis.

Geforscht wird darüberhinaus, vorwiegend in den angelsächsischen Ländern, z. B. in einer militärischen personaltechnischen Versuchsanstalt wie den U.S. Army Human Engineering Laboratories in Maryland, wo (zunächst als Geheimpapiere mit festem Verteilerschlüssel, die ausdrücklich erst zur Veröffentlichung freigegeben wurden) die Wokoun-Studien entstanden.

(Die Verwendung von speziell produzierter Arbeitsmusik ist allerdings in der Bundesrepublik noch nicht in dem Maß verbreitet wie in den USA; die Abnehmer funktioneller Musik sind außerdem noch zu einem relativ geringem Maß Industriebetriebe, verglichen mit Kaufhäusern, Büros etc.).

Arbeitsmusik-Hersteller

Firmen, die in der BRD Arbeitsmusik verkaufen, sind (u. a.) die amerikanischen „3 M" („Menschen mögen Musik") und Muzak, die englische Reditune, die „Deutsche Philips GmbH" und die Baden-Badener „Wete" („Werkphon-Televsivon GmbH & Co. KG"). Als Beispiele für zwei unterschiedliche Systeme seien Muzak und Reditune näher beschrieben:

Reditune-Service[17] gibt es in mehr als siebzig Ländern der Welt. Die Niederlassung in der BRD heißt „Deutsche Reditune Zentrale – Thordsen Verlag Hamburg". Reditune verfügt über einen Bestand von ca. 80 000 Titeln, jährlich kommen etwa 1000 hinzu. Alle Aufnahmen werden in eigenen Studios in London und Orpington hergestellt; Aufnahmen von Schlagern, Schnulzen-Musical-Titeln usw. werden ihrer (ohnedies meist dürftigen) Individualität entkleidet, indem z. B. sehr hohe und sehr tiefe Frequenzen herausgefiltert oder dynamische Kontraste ausgebügelt werden. So entstehen im ganzen 19 verschiedene Typen von Musik (wobei natürlich auch Tempo und Rhythmik eine Rolle spielen). Zur Orientierung des Käufers gibt es schließlich für die verschiedenen Verwendungszwecke Etiketten wie „Rote Kategorie: anregend, aufmunternd" oder „Grüne Kategorie: besänftigend" usw.

Reditune bietet Abspielgeräte und jederzeit umtauschbare Kassetten zur Miete an für einen Preis zwischen DM 895.- und DM 1325.- jährlich je nach Gerätetyp und Vertragsdauer; die Geräte für die Installation (Lautsprecher etc.) müssen vom Kunden gekauft werden. Die Kunden von Reditune in der BRD verteilen sich folgendermaßen: Supermärkte und Lebensmittelgeschäfte 66,6%, Kaufhäuser und Textilgeschäfte 13,3%, Möbelhäuser 5,1%, Hotels und Gaststätten 3,4%, übrige (worunter dann auch die Industriebetriebe fallen) 11,6%.

In noch viel stärkerem Maße durchorganisiert ist der Einsatz von Arbeits- und Hintergrundsmusik durch Muzak.[18] „Muzak" wurde 1934 als Warenzeichen der Muzak, New York, eingetragen. Die Firma war bis vor einigen Jahren eine Abteilung der Wrather Corporation of America, eines Konzerns mit Interessen in Radio- und Fernsehstationen, Film, Elektronik, Hotels, Clubs, Rüstung (Marine) und Öl, ist aber heute selbständig.

Muzak verfügt über mehr als 300 eigene Sendestudios, beliefert Betriebe in aller Welt; es stellt den größten Service dieser Art dar, bestrahlt täglich allein in den USA und Kanada mehr als 55 Millionen Menschen. Muzak sendet nur eigene Aufnahmen, 200 Orchester und Bands spielen monatlich 30 bis 50 Programme von je einer Viertelstunde ein; insgesamt umfaßt die Bibliothek ca. 9000 Programme. Niemals soll ein Programm vom selben Hörer zweimal gehört werden. Ein Computer stellt die einzelnen Titel nach steigendem durchschnittlichen Stimulusfaktor zu Programmen zusammen; zugrunde liegen diesem Verfahren die Theorien von O'Neill und Wokoun (s. u.).

Der Vertrieb erfolgt über gemietete Telefonleitungen oder FM-Sender (UKW). Rund um die Uhr wird abwechselnd eine Viertelstunde Musik für Industriebetriebe und eine Viertelstunde Musik für Büros ausgestrahlt; daneben gibt es noch ein Programm für Warteräume, Fernzüge, Flugzeuge usw. Die Kunden von Büro- und Industriemusik erhalten in der Regel pro Schicht sechsmal eine Viertelstundensequenz, vornehmlich zu jenen „Perioden geringster Aktivität" vor Pausen und jeweils in der Mitte der beiden Schichthälften. Das Ein- und Ausschalten regelt eine Schaltuhr beim Kunden.

Muzak berücksichtigt zwar die Erkenntnisse über die unterschiedlichen stimulierenden Wirkungen verschiedener Obertonspektren in Bezug auf die Instrumentation, filtert aber trotzdem die hohen und tiefen Frequenzen weg. Dies wird im allgemeinen in der Reklame als besonders „wissenschaftliches" Verfahren dargestellt, bedeutet aber wahrscheinlich ein Zugeständnis – soweit Telefonleitungen benutzt werden – an die schlechte Qualität dieser Leitungen.

Lizenznehmer von Muzak für die BRD ist die „Funktionelle Musik GmbH" mit sieben Sendestudios in Westberlin, Hamburg, Düsseldorf, Frankfurt/Main, Heidelberg, Stuttgart und München. Sie hat das Monopol für die Anmietung von Leitungen der Deutschen Bundespost.

Zur Frage, ob das nicht privater Rundfunk sei,[19] ist die Meinung der Bundespost, sie sei für die fernmelderechtlichen Belange verantwortlich, die rundfunkrechtliche Seite dagegen sei Angelegenheit der Länder; obwohl aber in einem Urteil des BVG vom 27. 7. 1971 ausdrücklich festgestellt ist, daß auch Musiksendungen und Art und Auswahl des Gesendeten an der öffentlichen Meinungsbildung mitwirken, also unter das Rundfunkwesen fallen oder es zumindest tangieren, haben die Länder offensichtlich von Muzak noch keine Notiz genommen (der Arbeitsmusik-Service liegt demnach wohl auch im Interesse des Staates).

Der Kunde in der BRD zahlt bei Muzak normalerweise zwischen DM 100.- und DM 300.- Monatsmiete, je nach beschallter Fläche, Anzahl der erfaßten Personen und Länge der zu mietenden Postleitung; Großbetriebe kommen auf DM 1000.- und mehr.

In diesen Preisen sind auch die Abgaben enthalten, die Muzak an die GEMA abführen muß. Hier herrscht nach einem Urteil des Landgerichts Hannover vom Juni 1969 eine eindeutige Rechtslage: Arbeitsmusik ist „öffentlich" und dient den Erwerbszwecken des Unternehmens, ist also GEMA-gebührenpflichtig;[20] die Frage nach der Art des Musikerlebnisses, die von seiten der Arbeitsmusikproduzenten im Hinblick auf günstigere Tarife bei der GEMA aufgeworfen wurde, ist rechtlich unerheblich.

Verhandlungen über Arrangements usw. finden üblicherweise nur zwischen den Arbeitsmusikproduzenten und den Musikverlagen statt, die Komponisten werden nicht konsultiert, obwohl nach bundesdeutschem Urheberrechtsgesetz jegliche Bearbeitung der Zustimmung des Originalurhebers bedarf. Aber offenbar kümmert es die Komponisten wenig, wozu ihre Originale verwendet werden, solange nur die Tantiemen fließen.[21]

Muzak führt in seinen Prospekten einen „internationalen wissenschaftlichen Beirat" auf, unter dessen „Leitung" angeblich „ständig weitere Erkenntnisse für die Anwendung wissenschaftlich fundierter Musik" gewonnen werden. Der Berliner systematische Musikwissenschaftler

Hans-Peter Reinecke, der selbst Mitglied dieses „Beirats" war, hat nach seinen eigenen Angaben[22] lange nichts von diesen Prospekten gewußt; sein ganzer Kontakt mit Muzak seien ein paar Briefe gewesen, von Zusammenarbeit mit anderen Herren des „Beirats" könne keine Rede sein. Der „wissenschaftliche Beirat" ist also ein Reklametrick der Muzak. Wenn sich auch Herr Reinecke nach dem Wirbel um Muzak und seine Person anläßlich der Aufführung des „Lehrstücks für kleines Ensemble und Publikum" von Wolfgang Hamm „Muzak GmbH" in Darmstadt 1972 von den Machenschaften der Firma distanzierte, so zeigt doch dieser Fall, wie einfach und auf wie banale Art arglose Wissenschaft direkt in den Dienst des Kapitals genommen wird.

Muzak bedient sich überhaupt extensiv des Fetischs „Wissenschaft". Der „wissenschaftliche" Anstrich vieler Informationen, die von der Firma z. T. bereitwillig gegeben werden – andere, wie z. B. detaillierte Angaben über Kunden, werden natürlich nicht gegeben –, macht es schwierig, dieses Thema zu bearbeiten und mit dem Problem Information/Werbung zurechtzukommen. Auch wir mögen, wie andere Autoren zu diesem Thema, bisweilen der Reklame aufgesessen sein.

Klangbeschreibung von Arbeitsmusik

Zunächst ein genereller Eindruck: der Hörer von Arbeitsmusik wird kaum in der Lage sein, einzelne Titel zu identifizieren und zu behalten. Was er wahrnimmt, ist ein bestimmter vorherrschender Sound, der sich durch mehrere aufeinanderfolgende gleichartige Stücke zieht. Zu analysieren ist also eine Sequenz von Stücken als ganzes mit ihrer Infrastruktur, die vom Zweck des Musikeinsatzes bestimmt ist. Die Komponenten dieser über den Rahmen der einzelnen Komposition hinaus geplanten Struktur der Sequenz sind Rhythmus, Tempo, Klangfarbe und Tonhöhe bzw. -umfang. Mit diesen vier Komponenten wird „kompositorisch" bzw. im Arrangement gearbeitet, und ihnen gegenüber tritt Besonderes, Auffälliges an einzelnen Stücken in den Hintergrund.

Arbeitsmusik arrangieren heißt nivellieren. Im allgemeinen werden völlig vermieden: instrumentale oder vokale Soli, sehr große Lautstärken, sehr hohe und sehr niedrige Frequenzen, ausgefallene Instrumente, Rhythmen, Melodien, Harmonien. Alle Elemente, auf die ein einzelner Hörer (positiv oder negativ) stark reagieren könnte, fallen also weg. Auf einem mittleren level, der von möglichst vielen möglichst reibungslos zu rezipieren ist, wird Arbeitsmusik ziemlich lückenlos durchplanbar und fast universell, mithin ohne großes Verlustrisiko, einsetzbar.

Wie der mittlere level konkret aussehen kann, soll kurz an einer 15-minütigen Sequenz der Firma Muzak illustriert werden:[23] Der Sound dieser Sequenz versetzt den Hörer in die gehobene Stimmung eines entspannten Barbesuchers am Abend, lässig und elegant zugleich, ab und zu ein Schuß Exotik, alles in allem mit angloamerikanischem Understatement. Zur Sequenz gehören sechs einzelne Titel: *Tonight I'll Say A Prayer, Raindrops Keep Fallin' On My Head, Easy Come – Easy Go, Everybody's Talkin', Jean, Copy Cat*. Die Rückseite der Muzak-Platte, für die die folgende Beschreibung gleichermaßen zutrifft, enthält: *California Girl, Spinning Wheel, Children, Jingle Jangle, Cecilia, New Fangled Preacher Man*. Die Art der Instrumentierung ähnelt der einer mittelgroßen Tanzcombo und verändert sich kaum während der Sequenz. Allerdings wechseln die instrumentalen Schwerpunkte, so daß eine zunehmende Intensität erreicht wird. In der Hauptsache werden folgende Instrumente verwendet: Elektronenorgel, Schlagzeug, Schlag- und Melodiegitarre, Marimba- und Vibraphon, Bläserchor (Posaunen, Trompeten, Saxophon).

Die Sequenz beginnt in langsamem Tempo und einem ruhig-gleichmäßigen Rhythmus, entwickelt sich dann zu immer mehr gesteigertem Tempo, allerdings auch wieder nicht zu sehr; ein sehr lebhafter Rhythmus (z. B. Samba) wird durch ein nur mäßig schnelles Grundtempo gedämpft. Entsprechend dieser verschleierten, beim Hören kaum empfundenen Steigerung von Tempo und Rhythmus wächst auch allmählich der Frequenzbereich der Stücke; der Melodieambitus, im ersten Stück relativ gering, in einer mittleren bis tiefen Lage, wird erweitert, erfaßt auch höhere Lagen. Die Instrumentation (am Anfang weiches Blech, Orgel, Gitarre und Schlagzeug) entwickelt sich entsprechend, gegen Ende treten mehr obertonreiche, scharfe Klänge, z. B. der Trompete, in den Vordergrund, werden Saxophon und Marimbaphon aktiver.

Werner Braun und Hellmut Kühn, die allerdings nicht nur spezielle Arbeitsmusik, sondern generell „Musik im Hintergrund" beschreiben, nennen zehn Sounds, Typen von Hintergrundmusik:[24] „Bar-Sound", Evergreens und alte Schlager, „Folklore", Operettenmelodien, Exotik, Alte Musik, konventionelle Tanzmusik, neuere Schlager, sinfonische Potpurris, Filmmusik. Auf solche Typen hin wird mit wissenschaftlichen Methoden Arbeitsmusik hergestellt.

Die wissenschaftliche Planung von Arbeitsmusik

Als die grundlegenden Komponenten bei der Herstellung von Arbeitsmusik werden von Neil D. Margerison[25] angegeben: Tempo, Rhythmus, Instrumentation und Größe des Orchesters. Für jede dieser Komponenten wird eine Skala aufgestellt im Hinblick auf einen steigenden „Stimulusfaktor". Beispielsweise Tempo: MM. 60–80–100; Rhythmus: langsamer Walzer – Fox – Samba; Orchestergröße: Trio – kleine Combo – Big Band; Instrumentation: Streicher – Holzbläser – hohe Blechbläser. Optimale Wirkung erzielt eine Sequenz von Stücken mit durchweg steigendem Stimulusfaktor, wobei nicht bei jeder einzelnen Komponente der Stimuluswert kontinuierlich steigen muß, sondern kontinuierlich steigen muß die Resultante aus den Stimuluskurven der vier Einzelkomponenten.

Wenn es auch in der Praxis nicht ganz so schematisch

wie auf dem Diagramm zugehen mag, so sind doch hier die
Hauptprinzipien der Herstellung von Arbeitsmusik dargestellt, zumindest wie Muzak sie handhabt.
 Dem Dargestellten liegen u. a. drei Studien von Wil-
liam Wokoun von den U.S. Army Engineering Laboratories
in Maryland aus den Jahren 1963 und 1968 zugrunde.[26]
Wokoun ist Personaltechniker. Über seine Tätigkeit sagt er
selber:

> „Wie ich schon sagte, ist die Wissenschaft der Personaltechnik, den
> Menschen bei der Arbeit zu studieren, eine Sache neueren Datums.
> Sie hat sich erst richtig nach dem Zweiten Weltkrieg entwickelt,
> denn zu dem Zeitpunkt wurden wir mit der Tatsache konfrontiert,
> daß die Menschen mit einigen Maschinen absolut nichts anfangen
> konnten. Seitdem haben Luftwaffe, Marine wie auch die Armee
> Gruppen gebildet, die sich mit den menschlichen Faktoren beschäf-
> tigen, um so eine auf den Menschen zugeschnittene Konstruktion
> von Waffen zu fördern.
> Im Jahre 1951 hat das Waffenkorps der U.S. Armee die per-
> sonaltechnische Forschungsanstalt in Aberdeen Proving Ground
> errichtet, um sich mit sämtlicher Waffenausrüstung unter Berück-
> sichtigung menschlicher Faktoren zu befassen und um sich zu ver-
> gewissern, daß die Waffen so konstruiert wurden, daß der Mensch
> sie auch benutzen kann. Jetzt – nach etwa 15 Jahren – sind wir von
> anfänglich 2 Leuten auf eine Mannschaft von 140 angewachsen, die
> aus Psychologen, Technikern, Physiologen, Anthropologen und
> anderen Wissenschaftlern besteht. Nach der kürzlich stattgefunde-
> nen Reorganisation der Armee ist es nunmehr unsere Aufgabe dar-
> auf zu achten, daß die personaltechnischen Aspekte bei jedem Waf-
> fensystem berücksichtigt werden, welches die Heereszeugmeisterei
> entwickelt.
> Eines der Gebiete, die vom Personaltechniker beobachtet
> werden, ist die Umgebung, in der der Mensch arbeitet – die vielen
> unterschiedlichen Gegebenheiten, die die Güte seiner Arbeit beein-
> flussen können.
> Einer dieser vielen unterschiedlichen Umweltfaktoren, der
> uns heute sehr am Herzen liegt, ist – Musik ...
> Das bedeutet, daß – wenn wir die Frage stellen wollen, ob
> Musik die Arbeitsleistung des Menschen fördert – wir zunächst fra-
> gen müssen ‚Welche Musik?'."[27]

Wokoun legt seinen Studien die Theorie O'Neills zugrunde,[28] wonach es bei funktioneller (also für den speziellen Zweck z. B. der Arbeitsmusik komponierter oder ar-
rangierter) Musik kaum auf Melodie oder Harmonik
ankomme, sondern auf die vier schon genannten Kompo-

nenten (Tempo, Rhythmus, Instrumentation und Orchestergröße); auch spiele (vgl. oben) nicht das einzelne Musikstück die entscheidende Rolle, sondern die Sequenz, in deren Zusammenhang es erscheint. Ein Musikprogramm sei, so O'Neill, dann am effektivsten, wenn es mit seinem Stimuliervermögen das Arbeitsvermögen gezielt beeinflußt, wenn seine Stimuluskurve der Arbeitsabfallkurve entgegenwirkt.

Wokoun unternimmt den empirischen Nachweis der Richtigkeit dieser Theorie. Er untersucht allerdings Konzentrationsarbeit und geht von der Prämisse aus, die Konzentrationsabfallkurve sei der Arbeitsabfallkurve prinzipiell ähnlich und die Musik müsse dort eine ähnliche Wirkung zeitigen.

Die drei im folgenden wiedergegebenen Tests wurden als Studioexperimente, also mit relativ wenigen Personen, mit einem Reaktionstestgerät durchgeführt, bei dem es darauf ankam, auf verschiedene optische Signale hin möglichst schnell bestimmte Schalter zu betätigen. Die Versuchspersonen waren isoliert und über den Zweck der Versuche nicht unterrichtet.

1. Test: Wie wirkt funktionelle Musik bei Konzentrationsarbeit?

Zwei Personengruppen wurden getestet. Eine Gruppe arbeitete an dem Reaktionstestgerät zu dem gleichmäßigen Geräusch eines Ventilators, die andere mit funktioneller Musik, die von Muzak geliefert wurde. Der Test dauerte zweimal eine Stunde, wobei jede Gruppe einmal eine Stunde mit Musik und einmal ohne arbeitete.

Die Ergebnisse zeigten:
a) Die jeweilige Gruppe ohne Musik zeigte keine Veränderung der Reaktionszeit während der Stunde.
b) Die jeweilige Gruppe mit Musik reagierte in den letzten zwei Dritteln der Stunde besser als im ersten Drittel. Am besten reagierte sie im zweiten Drittel.
Insgesamt waren die Reaktionen mit Musik wesentlich besser.

2. Test: Welches Musikprogramm bewirkt eine Steigerung der Konzentrationsfähigkeit (= eine auf Zeit bessere Erhaltung oder gar Steigerung der Reaktionsschnelligkeit)?

Bei diesem Versuch wurden drei verschiedene Gruppen mit derselben Versuchsanordnung mit variablem Musikprogramm getestet.

Dazu wurde wieder ein Muzak-Programm von 23 Titeln verwendet, die von O'Neill nach drei Kriterien geordnet wurden: a) steigende Lebhaftigkeit, b) fallende Lebhaftigkeit, c) abwechselnd mehr oder weniger große Lebhaftigkeit, ausgehend von einem Mittelmaß hin zu immer extremeren Werten.
Programm a) hatte nicht nur einen positiven Effekt in bezug auf die Reaktionsschnelligkeit, es zeigte dazu noch die größte Beständigkeit positiver Ergebnisse. Programm b) brachte negative, Programm c) zwar positive, aber unbeständige und daher unberechenbare Ergebnisse.)

3. Test: Was für eine Rolle spielt die Instrumentation bzw. der Frequenzumfang?

Für die Klangfarben der verschiedenen Instrumente sind die unterschiedlichen Obertonspektren mit von entscheidender Bedeutung. Beim Test wurde durch Herausfiltern von Obertönen bzw. überhaupt hohen Frequenzen beim selben Musikstück der Effekt verschiedener Instrumentation simuliert. Diese Simulation ist gegenüber einer tatsächlich verschiedenen Instrumentierung zwar unvollkommen, hat aber den Vorteil, daß die Variablen, also die Unterschiede der Frequenzspektren, leicht zu fassen sind.
Wie bei der vorigen Versuchsanordnung wurde einer Personengruppe ein Muzak-Programm mit steigender Stimulation vorgespielt, bei dem alle Frequenzen über 3600 Hz herausgefiltert waren. Eine zweite Gruppe arbeitete mit derselben Musik, die ungefiltert ausgestrahlt wurde. In der Praxis hieß das, daß hier besonders die scharfen, obertonreichen Klänge wirksam werden konnten. Das Ergebnis war, daß die Versuchspersonen mit der ungefilterten Musik wesentlich schneller reagierten.[29]

Wirkungen der Arbeitsmusik

Wissenschaftlich geplante Arbeitsmusik bringt bei den Arbeitern Wirkungen verschiedener Art hervor:
a) Die auf Stimulation hin konzipierten Sequenzen regen die Körperfunktionen an, wirken in den „Perioden geringster Aktivität in der Mitte des Vormittags und in der Mitte des Nachmittags"[30] dem Leistungsabfall entgegen.
b) Arbeitsmusik lenkt mit harmonischen Schwingungen und „vollendetem Rhythmus"[31] von Arbeitsgeräuschen und unregelmäßigen akustischen Umwelteinflüssen ab,

Vierteltonklavier und Vierteltonnotation (nach Vischnegradsky)

übertüncht sie gewissermaßen, läßt sie nicht zu Störfaktoren werden.

c) Arbeitsmusik bindet ein gewisses Maß an Aufmerksamkeit, die sonst „unproduktiv" und potentiell „destruktiv" frei wäre, und verhindert gleichzeitig mit diesem In-Gang-Halten einer Mindestaufmerksamkeit das völlige Abschalten und Erschlaffen.[32] Dieser Aspekt wird mit dem wachsenden Anfall von Kontrollarbeiten (Monitorbeobachtungen, Armaturenüberwachung) im Zuge der fortschreitenden Automation immer wichtiger. Kontrollarbeit verlangt unter Umständen stundenlange

Aufmerksamkeit, ohne daß sich diese an konkrete Ereignisse binden kann; es darf aber keine Ermüdung eintreten, denn Störungen oder plötzliche Gefahren müssen schnell erkannt werden. Erste Versuche in dieser Richtung wurden während des Krieges mit englischen Radartechnikern gemacht; auch Wokouns „vigilance"-Studien testen vorwiegend diese Funktion von Arbeitsmusik.
d) Arbeitsmusik in Sequenzen gliedert den Arbeitstag, suggeriert Abwechslung, Pausen.[33]
e) Arbeitsmusik bringt in die Arbeitswelt Freizeitassoziationen ein. Wenn es üblich ist, daß Arbeit nicht „schön" ist, daß es in der Fabrik, am Arbeitsplatz Ärger, Schmerzen, Lärm usw., kurz Unangenehmes gibt, dann muß, will man nicht die Frage nach den Ursachen und nach den Möglichkeiten der Beseitigung riskieren, von diesem Unangenehmen abgelenkt werden.

Als hauptsächliche positive Effekte der Arbeitsmusik werden in der einschlägigen Reklame und zum Teil auch in der Literatur aufgeführt: bei den Arbeitern werde Langeweile, Ermüdung, Frustration reduziert, das „Betriebsklima" bessere sich, die „Arbeitsfreude" werde vergrößert. 1959 berichtete Joseph W. Roberts, der damalige Marketing-Direktor von Muzak, von Erfolgen in einzelnen amerikanischen Firmen: aufgrund von Arbeitsmusik seien Tippfehlerquoten um 38% zurückgegangen,[34] die Fehlerquote bei Lochkarten um 37%; die Produktivität in einem Betrieb mit Postwurfsendungen habe um 8%, die in einer Kleiderfabrik um 12,5% zugenommen; die Unpünktlichkeit sei in einem Fall um 36%, die Fluktuationsrate in einem anderen Fall um 53,3% zurückgegangen. Roberts stellt ein Rechenexempel an: wenn bei einer Belegschaft von 1000 Leuten pro Stunde drei Minuten durch Zuspätkommen, „Schwätzen", „Blödeleien", Fehler usw. verloren gehen, so sind das jährlich 13000 Arbeitstage oder 130000 Dollar; dazu kommen bei einer durchschnittlichen Fluktuationsrate pro Monat von 3,1% jährlich 148000 Dollar für Neuanwerbungen, Anlernen usw. Diese im ganzen 278000 Dollar betrachtet Roberts als „Lohngelderverlust", d. h. als zuviel bezahlten Lohn.[35] Er meint, mit Hilfe geeigneter Maßnahmen zur Arbeitsplatzgestaltung könne man diesen Verlust mehr oder weniger verringern, und zwar mit einem Fünftel des Aufwands; d. h. Verringerung des „Lohngelderverlusts" um beispielsweise 5% bei einem Aufwand von 1%. Die absoluten Kosten für Arbeitsmusik als einem wesentlichen Mittel der Arbeitsplatzgestaltung liegen (Muzak-System) nach Roberts (1959) bei 1 Dollar pro Arbeiter und Monat.

Roberts' Zahlenspiele sind als Reklame zu verstehen. Mit solcher Eindeutigkeit wie bei ihm läßt sich eine produktivitätssteigernde Wirkung der Arbeitsmusik nicht feststellen. Sowohl Arbeitsmediziner wie Günter Last[36] als auch Vertreter der Unternehmerseite selber wie der Pressesprecher von Blaupunkt/Bosch, Jochen Doering,[37] sind sehr skeptisch bezüglich irgendwelcher direkter Auswirkungen von Arbeitsmusik auf die Produktivität.

Eine unbestreitbare Funktion der Arbeitsmusik, die von den Herstellern und Unternehmern jedoch verständlicherweise nicht genannt wird, ist die Verhinderung von Kommunikation der Arbeiter untereinander; dort, wo der Arbeitsprozeß, die Arbeitshetze noch Zeit gelassen hätte für ein Gespräch, für Diskussionen über die Arbeitssituation, für Möglichkeiten, sich bei Mißständen gegenseitig zu informieren und zu solidarisieren, dort trägt die Musik dazu bei, die Arbeiter in eine gleichmäßig passive Konsumhaltung zu zwingen.

Nicht immer und unbedingt im Interesse der Arbeiter liegt auch die Verhinderung von Streitigkeiten; denn insofern Streitigkeiten aus der Arbeitssituation entstehen (Wut über schnellaufende Bänder, Vorgesetzte usw.), ist es zwar schlecht und in niemandes Interesse, diese Konflikte des kapitalistischen Arbeitsprozesses als persönliche Reibereien der Arbeiter untereinander auszutragen, jedoch liegt es einzig im Interesse des Kapitals, die Einsicht in die Ursachen solcher Konflikte zu verhindern, indem es sie mit Musik zukleistert. Das, was unter dem Begriff „Arbeitsfreude" als etwas für den Arbeiter subjektiv Positives erscheint, ist also (im Kapitalismus) objektiv letztlich gegen ihn gerichtet und sichert nur seine Ausbeutung. Wenn nun Arbeitswissenschaft, Psychologie, Musikwissenschaft mit diesem terminologisch so unexakten, ambivalenten, so viel Klassenherrschaft implizierenden Begriff „Arbeitsfreude" „neutral", gewissermaßen „exakt" arbeiten, stellen sie sich damit ebenfalls in den Dienst dieser Ausbeutung.[38]

Verbreitung von Arbeitsmusik

Aus einer Umfrage unter den Industriebetrieben im Bereich der Industrie- und Handelskammer Freiburg erhielten wir ca. 130 ausgefüllte Fragebögen.[39] Obwohl es wegen der relativ geringen Anzahl von Antworten problematisch ist (800 Fragebögen waren verschickt worden), geben wir der größeren Klarheit wegen im folgenden Prozentzahlen an.

In 40% der Betriebe wird Musik zur Arbeit eingesetzt, in keinem einzigen allerdings spezielle funktionelle Arbeitsmusik. Ausschließlich wird Rundfunkmusik verwendet. In den zumeist kleineren Betrieben des relativ wenig industrialisierten Gebiets ist also dieser Bereich der Arbeitsplatzgestaltung noch kaum organisiert; eine Frage, die allerdings in diesem Zusammenhang untersucht werden müßte, ist die, wieweit die Rundfunk-Musikprogramme (hier bevorzugt

SWF 1) selber schon auf eine Arbeitsmusik-Funktion hin konzipiert werden.

Bei unseren befragten Betrieben zeigt sich sogar die Tendenz, daß in Kleinbetrieben häufiger Musik gehört wird als in mittleren und größeren Betrieben; die Musik hat gewissermaßen im vorkapitalistischen „Familienverhältnis" der handwerklichen Produktion noch eher ihren Platz als auf der Stufe kapitalistisch-industrieller Produktion, die noch nicht den Grad der Durchorganisation des Monopolkapitals erreicht hat.

Wird Musik gespielt?	Anzahl der Beschäftigten			
	1–10	10–50	50–200	200–500
ja	64	41	37	18
nein	36	59	63	82	in %

Die Betriebsleitungen der Firmen, die keine Musik verwenden, begründen dies zu 50% mit zu hohem Arbeitsgeräusch oder mit der Arbeitsplatzstruktur, zu 36% mit mangelndem Interesse (eigenem und/oder von seiten der Arbeiter), zu 4% mit zu hohen Kosten für die Installation einer Musikübertragungsanlage, zu 7% damit, daß sie noch nie darüber nachgedacht hätten, und zu 3% damit, daß sie Musik bei der Arbeit als störend empfänden.

Der „handwerkliche" Charakter der Arbeitsmusikverwendung zeigt sich auch darin, daß die Initiativen, Musik zu benutzen, zu 83% von den Arbeitern ausgehen, nur zu 6% von der Betriebsleitung alleine und zu 11% von beiden Seiten. Bei den kleineren Betrieben bis zu 50 Beschäftigten kommt die Initiative fast ausschließlich von den Arbeitern.

Bei der Frage, welche Arten von Musik vorwiegend verwendet werden, erhielten wir folgende Angaben:

45% übliche Schlagermusik mit Text oder Soloinstrumenten
32% Unterhaltungsmusik mit Text
9% Beat, Pop
2% Klassische Musik
12% alles, was im Radio kommt, einschließlich Werbung und Nachrichten.

In 66% der Betriebe mit Musik läuft die Musik „ständig", bei 13% nur in den Arbeitspausen, bei 21% zeitweise, meist nach Lust und Laune.

Die Frage nach dem Zweck des Musikeinsatzes ließ vier Antworten zu, zwei eher direkt ökonomisch ausgerichtete („Erhöhung der Arbeitslust", „Verhinderung von Ermüdungserscheinungen") und zwei eher philanthropisch verklausulierte („Verschönerung des Arbeitsplatzes", „Verbesserung des Betriebsklimas"). Beide Typen von Antworten wurden ziemlich gleich oft gegeben, bei den größeren Betrieben überwog aber deutlich der erste, bei den kleineren Betrieben der zweite Typ.

Um etwas Aufschluß über die Verwendung von Arbeitsmusik in der westdeutschen Großindustrie zu bekommen, baten wir die Hauptverwaltungen von 25 der größten Konzerne, in ihren Zweigwerken unsere Fragebögen ausfüllen zu lassen. 19 Konzernleitungen antworteten, zumeist lediglich mit Briefen, nur von der Siemens AG liegen eine Reihe von Fragebögen vor. Aber auch die Briefe liefern einige interessante Informationen. 3 Konzerne teilten mit, sie bearbeiteten solche Umfragen (wegen zu hoher Belastung der Verwaltung bzw. der Public-Relation-Abteilungen o. ä.) grundsätzlich nicht. In 8 Konzernen wird keine Arbeitsmusik verwendet. Begründungen dafür sind vorwiegend: zu großer Arbeitslärm, arbeitstechnische Gründe, mangelndes Interesse. Der Vertreter der Stahlwerke Peine-Salzgitter AG schrieb u. a.:

> „Allgemein könnte vorherrschen, daß in den Produktionsbetrieben Musik nicht vertretbar wäre, da die Betriebsgeräusche zu laut sind. Trotzdem sind private Musikgeräte auf den einzelnen Steuerständen nicht verboten. Das gleiche trifft auch auf den Verwaltungsbereich zu. Würde man in den Verwaltungsbereichen Musik abspielen, denn hier bestände die Möglichkeit, würde ein soziales Gefälle zwischen den Mitarbeitern des Produktionsbetriebes und den Beschäftigten im Verwaltungsbereich geschaffen. In diesem Zusammenhang wäre darauf hinzuweisen, daß aus der Sicht der Lohnempfänger bereits ein soziales Gefälle besteht."[40]

Bei Reemtsma, Bosch und den Farbwerken Hoechst wurden Tests mit Arbeitsmusik gemacht, die aber nicht zur er-

Fast eine Siemensröhre! Eine Orgelpfeife für die St. Pauls-Kirche in London wird umgeknickt in die Kirche getragen, da sie sonst nicht transportabel ist.

warteten Entspannung der Arbeiter führten bzw. auf Widerstand der Arbeiter stießen bzw. kein Interesse fanden und deshalb wieder eingestellt wurden.[41]

Positiv schließlich antworteten 5 Konzerne; allerdings wird auch bei diesen Arbeitsmusik noch nicht durchweg in der organisierten Form eingesetzt, wie wir sie erwartet hatten. Bei IBM z. B. ist es „zur Zeit in einigen Bereichen den Mitarbeitern frei gestellt, sich musikalisch während der Arbeitszeit durch eigene Geräte per Kopfhörer zu ‚beschallen'. Die Erlaubnis zur Verwendung eines Radiogerätes ist abhängig von Arbeitssicherheits- und Produktionsvorschriften an den betreffenden Arbeitsplätzen."[42] Bei der BASF gibt es Arbeitsmusik nur in einem kleinen Teilbereich, desgleichen bei der Daimler Benz AG, nämlich dort, wo „Mitarbeiter unseres Hauses in Kontakt mit (wartenden) Kunden treten müssen."[43] In größerem Umfang setzt lediglich die Siemens AG Arbeitsmusik ein. Als technische Quellen dienen Tonbandgerät und Plattenspieler. Die Musik wird nur in festgelegten Sequenzen abgespielt, meist zweimal täglich je 30 oder 60 Minuten. Die Siemens AG, Werke Röhren, in München bezieht ihre Arbeitsmusik z. B. von Polydor und hat einen Fachmann speziell für den Arbeitsmusikeinsatz angestellt.[44] Meist wird regelmäßig Musik eingesetzt, die Initiative zur Verwendung von Arbeitsmusik kommt vorwiegend von der Betriebsleitung.

Hier zeigen sich deutliche Unterschiede im Grad der Organisation zu der Kleinindustrie im südbadischen Raum. Im ganzen spielt aber anscheinend in der BRD funktionelle Arbeitsmusik als Faktor der Arbeitsplatzgestaltung noch eine relativ geringe Rolle.

Reaktionen von Arbeitern

Bezeichnenderweise gibt es bisher kaum Untersuchungen über die Reaktionen von Arbeitern auf Arbeitsmusik, die nicht die Aussage von Arbeitern lediglich als „Garantie" für die Wirksamkeit von Arbeitsmusik anführen oder direkt damit Werbung für einen Arbeitsmusikproduzenten treiben. Dies ist nicht weiter verwunderlich, wenn die Forschung im Dienst kapitalistischer Rationalisierung steht. Wir können uns im folgenden deshalb nur auf Heister beziehen, weil wir keine eigenen Untersuchungsergebnisse hier einbringen können.

Im allgemeinen reagieren die Arbeiter anscheinend so, wie die Produzenten von Arbeitsmusik es planen. Häufig wird die stimmungsanhebende Wirkung der Musik genannt („sie muntert auf, wenn man einen Tiefpunkt hat", „Musik bringt den Menschen dazu, lockerer zu sein", „man denkt nicht immer nur an die Arbeit"). Gerade die letzte Aussage läßt aber auch ein kritisches Verhältnis zur Arbeitsmusik durchscheinen; überhaupt dürfte die Funktion der Arbeitsmusik den meisten Arbeitern in einer praktisch-handgreiflichen Weise klar sein. Von einer Akkordarbeiterin in einem Nähbetrieb wird bemängelt, daß man sich bei der ziemlich lauten Arbeitsmusik nicht unterhalten könne, worauf eine andere gleich bemerkt, daß Unterhaltungen während der Arbeit ja auch gar nicht erwünscht und im Akkord ohnedies kaum möglich seien. Kritik an der Arbeitsmusik, gerade wo sie bei Akkordarbeit eingesetzt wird, ist aber häufig gleichzeitig durch Resignation abgeschwächt („wir müssen die Musik ja doch hinnehmen, wir können nichts dagegen machen"). Viele Aussagen bleiben aber mehr oder weniger diffus („mal gefällt" sie mir, mal „regt sie mich auf"). Kaum ein Arbeiter reagiert im Sinne von Helga de la Motte-Haber „musikverständig" und differenziert nach Musikarten oder gar Qualitätsebenen. Doch dies, was sich dem bürgerlichen Musikwissenschaftler als von der vorbeiplätschernden Musik völlig blank und stumpf gespültes Sensorium darstellt, ist – mehr oder weniger bewußt – in Ansätzen ein richtigeres, ein praktisches Verhältnis zum Phänomen Arbeitsmusik. Das – immer seien hier nur Ansätze zu denken – musikalisch blinde, für die Ausbeutung aber sehr hellsichtige Verhältnis des Arbeiters zur Arbeitsmusik liegt auf der einzig richtigen Ebene, auf der die Problematik der Arbeitsmusik wirksam behandelt werden kann.

II

Im folgenden versuchen wir, theoretische Ansätze zur Beurteilung der kapitalistischen Arbeitsmusik zu geben. Dies soll von zwei Seiten her geschehen: zum einen stellen wir die Arbeitsmusik im Zusammenhang des kapitalistischen Produktionsprozesses dar, zum andern in ihrer spezifischen ideologisch-politischen Funktion im Kapitalismus.

Die ökonomische Funktion der Arbeitsmusik

Der Kapitalist[45] steht unter dem Zwang, expansiv und mit Profit zu wirtschaften. Darum läßt er den Arbeiter nicht nur so lange arbeiten, bis dieser das Äquivalent für den ihm ausbezahlten Lohn produziert hat, sondern noch darüberhinaus.[45] Unter dem Zwang der Expansion ist der Kapitalist beständig bestrebt, das Maß dieser Mehrarbeit und damit den produzierten Mehrwert zu erhöhen. Das kann er auf zweierlei Weise erreichen: zum einen durch die Verlängerung des Arbeitstages (Erhöhung des absoluten Mehrwerts). Diesem Verfahren sind aber natürliche Grenzen gesetzt. Der Kapitalist ist ja darauf angewiesen, daß ihm die Arbeiter erhalten bleiben und nicht frühzeitig vor Entkräftung sterben. Aber ihm steht noch ein zweiter Weg offen: durch die Erhöhung der Produktivkraft der Arbeit (Rationalisierung, Automatisierung, Erhöhung der Bandgeschwindigkeit etc.) wird die zur Produktion einer Ware (also auch des Äquivalents für den Wert seiner Arbeitskraft) notwendige Arbeitszeit gegenüber der gesellschaftlich durchschnittlich notwendigen Arbeitszeit verkürzt; ein kleineres Quantum Arbeit erwirbt die Fähigkeit, ein größeres Quantum an Gebrauchswert zu erzeugen. Bei gleichbleibender Arbeitszeit wächst damit das Quantum an Mehrarbeit für den Kapitalisten. (Erhöhung des relativen Mehrwerts)

Als eine der möglichen Methoden, wodurch das Äquivalent des Arbeitslohns in weniger Zeit produziert wird, also die Arbeitskraft wirksamer ausgebeutet wird, „Lohngelderverluste" eingespart werden können, ist auch die Arbeitsmusik anzusehen. Die „reelle Subsumtion der Arbeit unter das Kapital",[47] das ist die „Personaltechnik", wie wir sie oben gesehen haben, die totale Planung des Arbeitsprozesses durch das Kapital.

Historisch ist mit dem Einsatz jener Methoden (Rationalisierungsmaßnahmen usw.) zu dem Zeitpunkt zu rechnen, da das Kapital in Verwertungsschwierigkeiten,

z. B. in eine Überproduktions- bzw. Absatzkrise, gerät, da es gezwungen ist, billiger zu produzieren, und wo es gleichzeitig nicht die Möglichkeiten hat (z. b. wegen starker gewerkschaftlicher und politischer Organisation der Arbeiterklasse oder wegen Arbeitskräftemangels, also auch mangelnder Konkurrenz der Arbeiter untereinander), die Ausbeutungsrate durch einfache Verlängerung des Arbeitstages zu erhöhen.

Eine entsprechende krisenhafte Entwicklung hat in der BRD Ende der fünfziger Jahre begonnen und ihren vorläufigen Höhepunkt in der „Konjunkturkrise" 1966/67 gehabt.[48] War in den fünfziger Jahren der bestimmende „Wachstumsfaktor" der Wirtschaft das „Arbeitsvolumen" gewesen (Gründe: Reservearmee qualifizierter Arbeiter nach Kriegsende, Flüchtlingsstrom, Verstärkung der Frauenarbeit etc.), so wurde es im Lauf der sechziger Jahre immer mehr der „Produktivitätsfortschritt". Im Zuge der Rationalisierungsinvestitionen für den „Produktivitätsfortschritt" ist in der BRD in den nächsten Jahren wohl mit einer stärkeren Verbreitung der Personaltechnik und damit der wissenschaftlichen Methoden zur Arbeitsplatzgestaltung wie funktioneller Arbeitsmusik zu rechnen. In den USA hat eine entsprechende Entwicklung schon früher stattgefunden, woraus sich die stärkere Verbreitung der Arbeitsmusik dort erklären läßt.

Die ideologische Funktion der Arbeitsmusik

Unter den oben aufgezählten Wirkungen der Arbeitsmusik ist die der „Freizeitassoziation" genannt. Im Gegensatz zu den direkten Auswirkungen der Arbeitsmusik z. B. auf die vegetativen Funktionen des Arbeiters ist diese eine indirekte, dafür aber nicht minder wirksame.

Je stärker das Maß an Fremdbestimmung[69] im Arbeitsprozeß ist, desto größer wird der Stellenwert der Freizeit im Leben des Arbeiters. Die Fremdheit der Arbeit „tritt darin rein hervor, daß, sobald kein physischer oder sonstiger Zwang existiert, die Arbeit als Pest geflohen wird. Die äußerliche Arbeit, die Arbeit, in welcher der Mensch sich entäußert, ist eine Arbeit der Selbstaufopferung, der Kasteiung".[50] „Der Arbeiter fühlt sich daher erst außer der Arbeit bei sich und in der Arbeit außer sich. Zu Hause ist er, wenn er nicht arbeitet, und wenn er arbeitet, ist er nicht zu Hause ... Es kommt daher zum Resultat, daß der Mensch sich nur mehr in seinen tierischen Funktionen Essen, Trinken und Zeugen, höchstens noch Wohnung, Schmuck etc., als freitätig fühlt."[51]

Doch selbst hier, wo die Menschen subjektiv überzeugt sind, nach eigenem Willen zu handeln, ist dieser Wille fremdbestimmt. Die Freizeit ist nicht nur in der Hinsicht dem Kapitel unterworfen, daß sie zur Regeneration der für den nächsten Tag notwendigen Arbeitskraft dient. In zunehmendem Maß erhält sie entscheidende Funktion für die Kapitalverwertung und die Mehrwertrealisation. Die immer stärker angespannte Marktlage erfordert von den Kapitalisten, mehr und mehr auch die zu Käufern ihrer Waren zu

Etwas polemisch ist dieses Photo von der Hausmusik der englischen Familie Dolmetsch von 1929 eingesetzt! Sie waren die Pioniere in der Wiedererweckung des Gebrauchs alter Musikinstrumente für das Spiel alter Musik. Es wird empfohlen, die Leistungen der Dolmetschs einmal zu überprüfen, indem man Bachsche Klaviermusik in einer der üblichen Klavieraufnahmen hört und zum Vergleich in einer der Aufnahmen von Gustav Leonhardt auf historischen Cembali.

machen, die sie bei der Produktion dieser Waren zuvor ausgebeutet haben. Mit der Krisenanfälligkeit und den wachsenden Widersprüchen des Kapitalismus wächst zudem die Notwendigkeit, die Arbeiter auch ideologisch an das bestehende System zu binden und für eine möglichst vollkommene Einpassung zuzurichten. Hierzu wird vor allem die Freizeitindustrie eingesetzt.

Freizeit heute ist gleichbedeutend mit „Konsumzeit". Der Konsum von Waren hat neben der Funktion, Mehrwert zu realisieren und als Gebrauchswerte vorhandene Bedürfnisse zu befriedigen, noch eine weitergehende, psychologische Funktion. In dem selben Maß, wie die Waren an tatsächlichem Gebrauchswert, an „Qualität" verlieren, damit ihre Herstellung umso profitabler für den Kapitalisten wird, tritt ihre äußere Erscheinung, ihre Verpackung und Aufmachung in den Vordergrund, ihr „Liebeswerben" (Marx), der Schein von Sinnlichkeit, von Selbstverwirklichung, wie er sich optisch z. B. im Illustriertensex und akustisch in der Unterhaltungsmusik ausdrückt.[52] Die Waren werden zum fast unverzichtbaren Attribut der Personen, die sie konsumieren. Sie versprechen, den Hohlraum zu füllen, den der kapitalistische Arbeitsprozeß im Arbeiter erzeugt.[53] Indem das Arbeitsvermögen von seinen Verwirklichungsbedingungen getrennt wird, werden auch die Produzenten von ihren im Arbeitsprodukt vergegenständlichten Fähigkeiten getrennt. Je unmöglicher es dem einzelnen wird, überhaupt noch Eigenes zu produzieren, sich zu verwirklichen, desto stärker wird die Notwendigkeit, die schwindende Individualität zu ersetzen durch Waren, durch Surrogate, die ihm Persönlichkeit zu geben versprechen. Indem dies aber nur zum Schein geschieht, wird die Sucht nach Warenkonsum verewigt und das Funktionieren des kapitalistischen Systems garantiert.

Auch die Musik, vor allem die Unterhaltungsmusik, unterliegt mehr und mehr den kapitalistischen Produktionsbedingungen. Die einzelnen Musikstücke sind weitgehend untereinander austauschbar und verwechselbar. Damit sie aber konsumiert werden und die individuellen Bedürfnisse, z. B. die Aufhebung der Isolation der Individuen, die

Lust am sinnlichen Klangempfinden, Erlebnisverlangen, zumindest zum Schein befriedigen können, werden sie quasi von außen mit einem bestimmten Sound versehen. Dieser Sound als „Charaktermaske" der Musikstücke repräsentiert wiederum eine der verschiedenen, vorgegebenen Freizeitmöglichkeiten. Wie dies im Falle der Arbeitsmusik vor sich gehen kann, ist oben beschrieben worden.

Besonders in Krisenzeiten liegt es nahe, die solchermaßen produzierte Freizeit- und Freiheitsillusion zurück auf den Arbeitsprozeß zu projizieren, also die entfremdete Arbeit selber mit einer Aura von Selbstverwirklichung zu umhüllen. Schon im „Schwätzen", „Blödeln", „Fehler machen" äußert sich ja ein wenn auch noch blinder, unbewußter Widerstand gegen die fremdbestimmte, erzwungene Arbeit. Hier läge eine Möglichkeit für die Entwicklung von Eigeninitiativen, von Widerstand gegen das kapitalistische System überhaupt. Solches Verhalten von vornherein möglichst auszuschließen, dazu trägt nicht unwesentlich der Einsatz von Arbeitsmusik bei. Wo zuerst der einzelne Arbeiter oder Kleinkapitalist den Arbeitsplatz durch an die Wand genagelte Sex-Bilder oder ein mitgebrachtes Kofferradio zu „verschönern" suchte, da bemächtigt sich bald eine ganze Industrie dieses Terrains und wird zu einem profitablen Zweig des Kulturbetriebs. Das ist, wenn man so will, der Skandal der Arbeitsmusik; ihre infame Funktion im Kapitalismus: das falsche Versprechen von Selbstverwirklichung am Ort der Entfremdung.

Wolfgang Martin Stroh

Moses und Aron*

Dramatische Konstellation

(I, 1) Am Beginn der Oper steht eine Tatsache: Gott hat in Moses den ‚Gedanken' Abrahams, Jakobs und Isaaks wiedererweckt. Dies zwingt Moses, obgleich er persönlich nicht will, diesen ‚Gedanken' auch im Volk wieder zu erwecken. Da Moses die ‚Wahrheit' erkannt habe, so sagt die Stimme im Dornbusch – und dies ist zugleich die Stimme im Innern Moses –, *muß* er sie auch verkünden.

Unter ‚Gedanke' wird in der 1. Szene zweierlei verstanden: einerseits ist es der ‚Gedanke der Väter', also die Vorstellung vom auserwählten Volk; und in der konkreten historischen Situation zunächst der Glaube an die Befreiung aus der ägyptischen Sklaverei und später dann der Glaube ans gelobte Land. Andererseits steht ‚Gedanke' synonym für Gott, und zwar für die abstrakte Vorstellung, die sich Moses von Gott macht.

Ein Bezug zwischen diesen beiden Aspekten des ‚Gedankens' wird in der Verheißung am Schluß der Szene hergestellt: der abstrakte ‚Gedanke', also die Gottesvorstellung Moses, werde in der Geschichte des Volkes Israel ‚Prüfungen' unterworfen; der ‚Gedanke' zeige sich und seine Identität in Gott darin, daß er diese ‚Prüfungen' übersteht; da diese ‚Prüfungen' aber einfach die diversen Schicksale des Volkes Israel sind, ist das Überstehen des ‚Gedankens' gerade Ausdruck der Auserwähltheit des Volkes.

(II, 2) In Gott bzw. den Worten des Dornbuschs bil-

---

* Vortrag am 9. Juli 1971 an der Musikhochschule Freiburg
 (Zahlen in Klammern beziehen sich auf die Akteinteilung der Oper und auf die Seiten des Textbuches.)

den die beiden Aspekte des ‚Gedankens' eine Einheit. Die 2. Szene zeigt, daß diese Einheit in Gott, wenn sie in der objektiven Wirklichkeit, in der Natur, unter den Menschen usf. erscheint, eine Entzweiung, eine Selbstentäußerung erleidet. Moses und Aron sind, wie die 2. Szene zeigt, beide nicht fähig, das Ganze zu fassen: während Moses im ‚Gedanken' einen zum ‚unerbittlichen Denkgesetz' gesteigerten Ausdruck der Abstraktheit erblickt, erkennt sein Bruder Aron den Aspekt des auserwählten Volkes. So entsteht der die Oper tragende Gegensatz von Moses und Aron: Moses kämpft um die Reinheit des Gedankens, um den Gott, der unvorstellbar und unsichtbar bleiben soll; Aron kämpft mit den Schwierigkeiten, die sich ergeben, wenn man den ‚Gedanken' im Volk erwecken und das Volk mithilfe dieses ‚Gedankens' politisch mobilisieren will. Die beiden gleichzeitig vorgetragenen Sätze, die die Szene beschließen, enthalten sentenzhaft diesen Grundgegensatz:

„Unerbittliches Denkgesetz zwingt zur Erfüllung"

„Allmächtiger! Sei der Gott dieses Volkes! Befrei es aus Pharaos Knechtschaft!"

Daß Gott gerade als ‚Gedanke' bezeichnet wird, steht in auffallender Parallele zu Hegels Schema der Entfaltung des Weltgeistes: dieser ist zunächst im Stadium des ‚Ansich-Sein' und wird von der Logik betrachtet. Dann entzweit sich der Geist, entäußert sich in Natur etc. – – – Dies sind, auf Gott übertragen, die beiden Stadien der Szenen 1 und 2 von ‚Moses und Aron'. (Zu einer Synthese kommt es in der Oper nicht.)

(I, 3) Neben Gott, Moses und Aron ist die vierte Koordinate der Oper das Volk Israel. Sein sinnlich verankerter Götterglaube wird in der 3. Szene vorgestellt. Dabei projiziert das Volk seine eigenen Vorstellungen und Wünsche auf die Götter – und in dieser Eigenschaft ist es gar nicht so sehr von Moses verschieden, dessen Vorstellung von Gott (wie er selbst am Ende des 2. Akts erkennt) ebenfalls ein persönliches Bild, eine intellektuelle Projektion, ja eine elitäre Art von Eigenliebe war.

> Moses ist in sich und seinen Gedanken verliebt („Ich liebe meinen Gedanken", S. 27). Moses wirft aber Aron Eigenliebe vor („so ge-

wannst Du das Volk nicht für den Ewigen, sondern für dich", S. 31). Moses liebt das Volk nicht, aber Aron liebt das Volk („Ich liebe dies Volk", S. 27 u. a.). Das Volk liebt zunächst auch sich selbst, wenn es Götter verehrt („Selbstliebe zwingt uns", S. 11); es liebt auch Aron, hat aber Angst vor Moses und Gott („Laßt uns den Gewaltigen fliehn", S. 26). – – Gott selbst wird schließlich vorgestellt als einer, der das Volk liebt, was aber fürs weitere keine Rolle spielt.

(I, 4) Die drei ersten Szenen sind die *Exposition der Oper*: in ihnen sind die Polaritäten und Konfliktsituationen vollständig angelegt. Es treten keine prinzipiell neuen dramatischen Faktoren mehr dazu. In den zweierlei Vorstellungen des ‚Gedankens' liegt das dramatische Geschehen (im Sinne von ‚Ideendrama') beschlossen. Moses zieht sich immer konsequenter und starrer auf den reinen, unvorstellbaren und bildlich nicht darstellbaren ‚Gedanken' zurück; besonders extrem in der Antwort auf die Frage der Priester „wovon soll euch die Wüste ernähren", die lautet: „in der Wüste wird euch die Reinheit des Denkens nähren" (S. 16).

Aron hat eine doppelte Funktion innerhalb des Stücks. Einerseits ist er Sprachrohr Moses', wie es in der ersten Szene von Gott bestimmt wird; andererseits entwickelt er die bereits erläuterte eigne Vorstellung vom ‚Gedanken'. Er steht einerseits im Dienste seines Bruders, andererseits im Dienste des Volkes, das er – im Gegensatz zu Moses – liebt. Als Sprachrohr Moses ist Aron aber deshalb erfolglos, weil schon Moses Botschaft nicht zur Kommunikation fähig ist: der Gedanke, wie ihn Moses sich vorstellt, ist auch in Arons Wort machtlos – dies muß Moses in der Mitte der 4. Szene erkennen, als das Volk den unsichtbaren Gott ablehnt. Aron gelangt gerade an dieser Machtlosigkeit des Worts zu seiner eignen Vorstellung des ‚Gedankens'. Zunächst erkennt er, daß nur durch die *Tat* – nicht das Denken allein – der ‚Gedanke' von der Auserwähltheit im Volk wiedererweckt und die politische Aktivität zur Befreiung aus der ägyptischen Sklaverei hergestellt werden kann. Unter ‚Tat' versteht Aron zunächst *Wunder* als sichtbare Zeichen Gottes.

Die Wunder, die Aron vor dem Volk verbringt, werden später von Moses als Bilder und damit als Verfälschung des ‚Gedankens' bezeichnet. Darin äußert sich deutlich die Einseitigkeit von Moses Gottes-Vorstellung, denn Gott hat selber bei der Berufung von den Wundern gesprochen, sie gleichsam als ein legitimes Mittel der Verkündigung anerkannt (S. 5).

(II, 1–4) Die ersten vier Szenen des 2. Akts zeigen in Extremsituationen die Gefahren beider Interpretationen des Gedankens: Moses befindet sich seit 40 Tagen auf dem Berg Sinaih, um von Gott das Gesetz zu empfangen. Moses hat sich gleichsam zu seinem Gedanken, den er selbst auch als ‚Denkgesetz‘ oder ‚Gesetz‘ schlechthin sieht, vor dem Volk zurückgezogen. Die leibliche Abwesenheit Moses steht als Zeichen dafür, daß keinerlei Kommunikation zwischen Moses und dem Volk besteht. Der abwesende Moses ist das fehlende Gesetz: unter dem Volk ist Chaos und Unordnung ausgebrochen (Rauben, Plündern, Vergewaltigung), aber auch der Wunsch, einen sichtbaren Gott zu bekommen, der Ruhe und Ordnung wieder herstellte.

Um sein eigenes Leben und das Volk vor Selbstzerstörung zu bewahren, gibt Aron dem Wunsch des Volkes nach. Er errichtet ein goldenes Kalb, das vom Volk verehrt und in wilden Orgien umtanzt wird. Aron versucht seine Handlung am Beginn der Szene damit zu rechtfertigen, daß er sagt, in allem, also auch im Gold, lebe ja unwandelbar Gott. – – Er beruft sich dabei auf eine Aussage des Dornbusches: „So vernimmst du meine Stimme aus jedem Ding." Die Errichtung des goldenen Kalbs ist nicht eine Tat, die Aron allein zu verantworten und zu rechtfertigen hätte. Sie ist die konsequente Reaktion auf das Wegbleiben Moses und dessen Weigerung, sich dem Volk verständlich mitzuteilen. Beide Momente – das goldene Kalb und Moses Fernbleiben – bedingen sich gegenseitig und sind, wie die abstrakte und konkrete Interpretation des Gedankens, zwei Seiten der selben Sache.

Als am Ende der Tanzszene Moses vom Berg zurückkommt, zergeht das goldene Kalb unter seinem Blick und das Volk zieht sich eingeschüchtert [und frustriert] vor dem Gewaltigen zurück.

(II, 5) Es folgen nach dieser sichtbaren Verschärfung der die Oper tragenden dialektischen Gegensätze noch

2 Szenen, in denen Moses und Aron die Auseinandersetzung theoretisch fortsetzen. In der ersten dieser Dialoge verteidigt Aron seine Tat erfolgreich gegenüber Moses mit Argumenten, die zugleich eine Zusammenfassung seiner Interpretation des Gedankens sind:

Er liebe das Volk, wie auch Gott das Volk liebt; Moses aber liebe nur seinen Gedanken, also letztlich sich selbst (S. 27).

Der Gedanke des Ewigen soll durch Israels Bestehen bezeugt werden (d. h. Gedanke = Auserwähltsein); daher resultiere die Pflicht, den Gedanken dem Volk unter allen Umständen verständlich zu machen (S. 27/28).

Der Wissende (Auserwählte) werde den reinen Gedanken auch im Bild finden (S. 29).

Moses' Gesetzestafeln und das Wunder, wie das goldene Kalb unter seinem Blick zerging, seien ja auch Bilder gewesen (S. 28/29).

Während Moses zum Bewußtsein kommt, daß auch seine Vorstellung von Gott nur ein Bild war, zieht im Hintergrund das Volk weiter ins gelobte Land. Dadurch werden Moses drei Tatsachen real vor Augen geführt:

(1) Das für den Menschen Wichtigste am Gottesgedanken ist die Auserwähltheit des Volks und nicht der abstrakte Gedanke an sich.

(2) Gott zeigt den Weg zu sich dem Volk in Bildern: nämlich in denen der Feuer- und Wolkensäule.

(3) Gott zeigt auch die Auserwähltheit des Volkes im Bild: nämlich in dem des gelobten Landes.

Am Schluß des 2. Akts, und damit der komponierten Oper, bricht Moses zusammen: weniger als ein durch seinen Bruder Aron oder dessen sinnliches Prinzip, denn vielmehr durch das Volk und die Tatsachen, die politischen und gesellschaftlichen Gegebenheiten, Besiegter.

(III, 1) Die folgende Szene, die weite Auseinandersetzung zwischen Moses und Aron, ist als eigener Akt von Schönberg abgetrennt worden. Dies zeigt, daß hier die Lösung des Dramas gegeben werden soll (1. Akt: Exposition, 2. Akt: Konflikt, 3. Akt: Lösung). Diese Lösung des Dramas besteht darin, daß Moses seine Argumente gegen Aron

– nicht aber Argumente *für* seine Vorstellung von Gedanken! – aufführt und Aron anschließend tot umfällt. Moses Argumente sind dabei folgende:

Aron fliehe mit Bildern vor dem Wort, er lebe selbst in Bildern.

Aron sei Demagoge: er gewinne das Volk für sich, nicht für Gott.

Arons Gott sei die Projektion des Menschen – und daher nicht ‚frei'.

Aron verrate das Außergewöhnliche an das Gewöhnliche, und das bedeutet: das auserwählte Volk Israel an andere Völker.

Schönberg läßt es zu keiner Auseinandersetzung zwischen beiden Brüdern mehr kommen. Aron stirbt zuvor. Seinem Tod haftet das Unüberzeugende eines deus ex machina an. Dieser Tod ist selbst – wie Arons Wunder – ein ‚Bild', das dem Sieg des reinen Gedanken Moses über das sinnliche Prinzip Arons widerspricht, den es doch ausdrükken sollte. Gott ist in der Auffassung Moses ein derart ‚reines' Prinzip, daß er nicht auf die Menschen reagieren kann, also weder straft noch lohnt; beim Tode Arons aber hat Gott tätlich eingegriffen – auch hierin Moses Vorstellungen widerlegend. – – – Allerdings hat Schönberg den letzten Akt und damit diese Lösung des Gegensatzes nicht musikalisch verwirklicht!

Fragestellungen

Schönberg hat in einem Brief wenige Wochen vor seinem Tod (13. 6. 1951) geschrieben, daß der Stoff von **Moses und Aron** und seine Bedeutung rein religionsphilosophisch sind. Es liegt daher nahe zu fragen, welcher Zusammenhang zwischen Schönbergs allgemeiner Religiosität, seinem jüdischen Glauben, seinem Schicksal als Jude und seinen Vorstellungen vom auserwählten Volk Israel besteht. Dabei ist erwähnenswert, daß Schönberg die beiden Akte seiner Oper

1930 bis 1933 komponiert und wegen seiner Emigration nach USA im Jahre 1933 die Arbeit abgebrochen hat. Auch hat Schönberg selbst in einem Brief an Alban Berg (16. 10. 1933), als er von seinem Übertritt zur jüdischen Religion berichtete, darauf hingewiesen, daß dieser Übertritt eigentlich mit seinem **Moses und Aron** schon längst erfolgt sei.

So gesehen, stellte die Oper die Ambivalenz deutscher Juden der 20er-Jahre dar, die Tucholsky in Mosesjuden und Aronjuden einteilte. Die Aronjuden waren dabei diejenigen Industriellen und Kleinhändler, die sich mit dem Faschismus zu arrangieren trachteten. Der Tanz um das goldene Kalb wäre unter diesem Aspekt die Anbiederung der Aronjuden an die Macht und Politik des Großkapitals. In der Tat deutet Schönberg im Kommentar, mit dem die 70 Ältesten in der Oper die Orgien vor dem goldenen Kalb begleiten (S. 24), den faschistoiden Charakter der ganzen Zeremonie an: selig sei das Volk, nicht weil es sich für etwas Bestimmtes begeisterte, sondern weil es begeistert schlechthin ist. (Parallele: die Musizierideologie!)

Obgleich diese Problematik der Oper heute eine sog. politische Aktualität verleiht, führt diese doch weitgehend von der musikalischen Komposition weg. Sie führt auch weg von der ideologischen Funktion der Oper im heutigen Kulturbetrieb, wie noch zu zeigen sein wird. Die spezifisch jüdischen Aspekte des religionsphilosophischen Inhalts gehören zu jenem Teil der Oper, der nicht voll in der Musik aufgeht.

Dagegen führt der in den bisherigen Darstellungen betonte Ansatz unmittelbar in die Komposition hinein: die Einheit des Gedankens in Gott, und seine Entzweiung in den beiden dialektischen Interpretationen von Moses und Aron sind in der Komposition und Kompositionstechnik vollständig widergespiegelt. Auch der Schluß der Oper enthält kompositionstechnisch den Widerspruch, den der Text nur scheinbar löst.

Die folgende Analyse greift einzelne kompositionstechnische Details heraus, um an ihnen die Dialektik Moses und Aron zu zeigen und daran eine genauere Interpretation derselben zu entwickeln.

Kompositionstechnisches

Moses Unfähigkeit, den Gedanken sinnfällig-sinnlich zu artikulieren, erscheint rein äußerlich darin, daß Moses nicht singen kann (eine Sprechrolle ist), während Aron ein lyrischer Tenor ist. Wenn in der 1. Szene Gott sich in den Stimmen aus dem Dornbusch mitteilt, so sind dabei durchweg Sing- und Sprechstimmen gemischt: die beiden gegensätzlichen Seiten des ‚Gedankens‘, die in Moses und Aron zutage treten, sind in Gott noch eine Einheit.

Am Ende des 2. Akts (T. 208–243) kommt ein interessanter Rollentausch bzw. Rollenangleich zwischen Moses und Aron zustande: zuerst *singt* Moses (dies ist die einzige Singstelle!), weil er mit letzter Eindringlichkeit sich Aron mitteilen möchte (T. 208–214) – auch Moses muß den reinen ‚Gedanken‘ versinnlichen, wenn er sich mitteilen möchte! Kurz darauf wird diese Passage wiederholt, wobei nun aber nicht nur Moses spricht, sondern auch Aron seinen Gesang auf psalmodierende Rezitation reduziert und dem Duktus Moses' angeglichen hat. – – Es ist die bereits erwähnte Stelle, an der Moses vom unerbittlichen Denkgesetz spricht, während Aron für die Befreiung des Volkes betet.

Sprechen und Singen sind relativ äußerliche Erscheinungen, wenn auch die eindrucksvollsten innerhalb der Oper. Auf kompositionstechnischer Ebene wird hingegen in verschlüsselter Weise die Einheit und dialektische Entzweiung des ‚Gedankens‘ mit Mitteln der Zwölftontechnik widergespiegelt.

Der ganzen Oper liegt eine einzige Zwölftonreihe zugrunde. Das heißt: das gesamte musikalische Material der Oper (Motive, Akkorde, Themen etc.) und alle Regeln der Melodik, Harmonik, Polyphonik, motivischen Arbeit etc. sind Erscheinungsformen dieser Reihe und der Reihentechnik. Dabei ist die Reihe selbst einerseits eine abstrakte Tonfolge (sie ist nicht mit den ‚Themen‘ zu verwechseln!), andererseits aber nur musikalisch sinnvoll, wenn sie real erklingt, sinnlich wird. – – – Wie der ‚Gedanke‘, so hat also auch die Zwölftonreihe eine abstrakte und eine konkrete Seite. Und so steht die Reihe mit allen ihren kompositionstechnischen Implikationen innerhalb der Oper für die bereits erörterte Problematik des ‚Gedankens', der Einheit in Gott und der Spaltung in geistige und sinnliche Erscheinung durch Moses und Aron.

Die *Einheit der Reihentechnik* sieht Schönberg darin, daß dann, wenn Musik erklingt, im Hörer ein musikalischer Vorstellungsraum entsteht, in welchem die physikalischen Dimensionen oben/unten, vorn/hinten, früh/spät aufgehoben sind. (Ob kantisch dieser Vorstellungsraum Voraussetzung des musikalischen Hörens oder ein Produkt der Musik ist, läßt Schönberg offen.) So kann es kommen, daß Grundstellungs-, Umkehrungs- Krebs- und Krebsumkehr-Reihen (G, U, K, KU) nur verschiedene Erscheinungsweisen desselben Gedankens sind. Am Ende der 3. Szene deutet Schönberg seine Raumphilosophie an:
Aufhebung der Bewegung:
   Moses steht und geht   S. 10
Aufhebung der Entfernung:
   Aron ist nah und fern   S. 11
Aufhebung der räumlichen Dimensionen:
   vorn/hinten   (Aron)
   hoch/tief   (Moses und Aron)
Vertauschbarkeit der beiden:
   Moses und Aron
   Aron und Moses   – erklingt zugleich!
   Obgleich die Reihentechnik als ganze für Schönberg in dieser Raumphilosophie verankert ist, und daher eine Zwölftonkomposition für ihn immer zugleich das Erscheinen des musikalischen Vorstellungsraums ist, so versucht er doch, an manchen Stellen der Oper den musikalischen Raum ganz explizit zu verwirklichen, z. B. zu Beginn der Oper, wo die Einheit des musikalischen Raums am deutlichsten mit der Einheit des ‚Gedankens' in Gott erscheint.

   (1) Die Akkorde bestehen, wie T. 3–5 zeigen, aus den drei ersten und letzten Tönen der G- und U-Reihe. In jedem dieser Akkorde sind, wie Schönberg es nennt, die horizontale mit der vertikalen Dimension des musikalischen Raums vertauscht: in der Reihe ‚horizontal' aufeinanderfolgende

Töne erklingen als Akkord in ‚vertikaler' Anordnung. (‚Horizontal' ist dabei bereits eine räumliche Metapher für den Zeitverlauf der Musik!)

(2) Die Tonhöhenordnung der beiden Akkordkomplexe ist symmetrisch (genauer: der zweite ist KU des ersten). Diese vertikale Symmetrie deutet auf die Vertauschbarkeit von hoch und tief im musikalischen Raum hin.

(2a) Das Prinzip der Oktavversetzung innerhalb der Zwölftontechnik wird an späteren Stellen, an denen diese Dornbuschakkorde wieder erklingen, dazu verwendet, realen Raum zu erzeugen. Am deutlichsten zeigt sich dies in T. 178 des 1. Akts (als wieder von dem ‚Einzigen', dem unvorstellbaren Gott, die Rede ist): der Ambitus beträgt hier ca. 6 Oktaven (Kontra-D bis c 5).

(3) Die beiden Akkordkomplexe repräsentieren das Prinzip von Einheit und Vielfalt nicht allein abstrakt, sondern auch konkret: wiederholt wird die Bewegung der Ecktöne (A – H und B – C), variiert die Harmonik jedes Komplexes, die auf zwei verschiedenen Reihen gründet.

(4) Die Reihe erscheint zwar in den Akkorden, tritt aber noch nicht eindeutig hervor: d. h. sie ist zwar wirksam, wird jedoch noch nicht explizit sinnlich. Denn der Anfangsklang b-e'-a' läßt noch offen, ob die entsprechende Reihe mit B-E-A, A-B-E, E-A-B usw. beginnt. (Dasselbe gilt für die andern Klänge.)

In der Tat beginnt die Reihe mit A-B-E; jedoch kommt in der 2. Szene auch die Version E-A-B vor: dort stets im Zusammenhang mit Moses, während Aron durchweg die richtige Reihe singt (vgl. etwa Pos. T. 123/124 usw.).

(5) Ansatzweise (und eigentlich nur von späteren Stellen her interpretierbar) ist auch eine Spiegelsymmetrie in der horizontalen Dimension vorhanden: Diese Symmetrie deutet auf die Vertauschbarkeit von früh und spät, die Aufhebung (sog. Verräumlichung) des physikalischen Zeitverlaufs innerhalb des musikalischen Raums hin.

Im ganzen kommt in der 1. Szene die Zwölftonreihe nie in abgeschlossen thematischer Gestalt vor. Zwar ist sie für alle Themen, Motive, Akkorde, etc. verantwortlich, nie jedoch kann man sie als ganzes fassen: die Reihe bzw. der „Gedanke" erscheint zwar in allen, ist in jeder Gestalt ‚aufgehoben', wird aber doch nicht unmittelbar greifbar und sinnlich. – – Arons erste Worte am Beginn der 2. Szene (T. 126–129) sind zugleich die erste melodisch-thematische Entfaltung der Reihe. Aron stellt somit unmittelbar greifbar und ‚sinnlich' den „Gedanken" dar. Diese Tatsache ist bedeutsamer als die Kontraste, die in der 2. Szene dargestellt sind: z. B. Posaunenmotiv (T. 124) und grazioso-Gestus (T. 125), Sprechen und Singen, Akkordik und Melodik etc. Denn Moses und Aron sind nicht einfach Gegensätze, sondern zugleich die einander bedingenden Seiten derselben Sache. Die Zwölftontechnik stellt die Vermittlung zwischen Moses und Aron kompositionstechnisch dar: Aron singt dieselbe Reihe, die auch den Moses-Passagen zugrunde liegt. Der äußere Kontrast in Instrumentation, Charakter, Gesangsduktus etc. beruht auf der gegensätzlichen Auskomposition bzw. Interpretation derselben Reihe bzw. desselben Gedankens durch Moses und Aron.

Die an einigen wenigen Punkten gezeigten kompositionstechnischen Erscheinungen der Moses-Aron-Dialektik treten überall in der Oper zutage.

Es sei nur noch ein Prinzip genannt, das im Dienste der hier angesprochenen Interpretation steht: die Schönbergsche Leitmotiv- und Zitiertechnik. Wir betrachten dazu den Schluß der 4. Szene des 1. Akts, an dem Aron vom auserwählten Volk – also seinem Verständnis des Gedankens – spricht. Bei einem Vergleich mit der Stelle der 1. Szene, wo Gott die Verheißung ausgesprochen hat (Aron hat sie nicht gehört!), sieht man, wie die unfaßlich-abstrakte Begründung in Arons Mund umgedeutet, sinnlich erfüllt und politisch konkretisiert wird:

Dies Volk ist auserwählt,
vor allen Völkern,
das Volk des einzigen Gottes zu sein,
daß es ihn erkenne
und sich ihm ganz allein widme

daß es alle Prüfungen bestehe
denen – in Jahrtausenden –
der Gedanke ausgesetzt ist.
Und das verheiße ich dir:
Ich will euch dorthin führen
wo ihr mit dem Ewigen einig
und allen Völkern ein Vorbild werdet.

Er hat euch auserwählt,   Das gelobt er euch:
vor allen Völkern   Er wird euch führen in das Land
das Volk des einzigen Gottes zu   wo Milch und Honig fließt;
sein,   und ihr sollt genießen leiblich
ihm allein zu dienen   was euren Vätern verheißen geistig.

keines andern Knecht!
Ihr werdet frei sein
von Fron und Plage!

Die Komposition der Stelle ist derart, daß gleiche Worte (z. B. „auserwählt vor allen Völkern") musikalische Zitate sind; wichtig ist, daß Aron seine Rede von Gott direkt ‚eingeblasen' bekommt: in T. 894–97 erklingen nicht nur die Dornbuschakkorde, sondern auch die 6 Stimmen aus dem Dornbusch des Opernbeginns mit dem ‚Stichwort' „auserwählt!". Das bedeutet aber, daß Aron hier nicht Sprachrohr Moses ist, sondern unmittelbar seine eignen Vorstellungen vom „Gedanken" entwickelt. Arons Interpretation des „Gedankens" ist keine Verfälschung von Moses Interpretation, sondern eine eigenständige Alternative. Aron hat in der Mitte der 4. Szene, als Moses verzweifelt sagt „mein Gedanke ist machtlos in Arons Wort", seine Funktion als Sprachrohr Moses abgelegt und ist zum gleichwertigen Gegenspieler Moses' geworden.

Schönbergs Kunstbegriff

Es ist kein Zufall, daß Schönberg die Regeln der Zwölftontechnik oft mit dem Wort ‚Gesetz' bezeichnet, daß er in seinen theoretischen Schriften von ‚musikalischer Idee' und ‚musikalischem Gedanken' spricht – dies sind alles Begriffe, welche auch Moses in den Mund gelegt sind. Ein Kernsatz der Oper ist: „unerbittliches Denkgesetz zwingt zur Erfüllung" (Textbuch S. 8). Vorstellungen dieser Art hat Schönberg sehr häufig in bezug auf sich selbst geäußert; etwa: ich „werde sagen *müssen*, was ich nie zu denken, tun, was ich nie zu verantworten gewagt hätte" (Jakobsleiter, S. 21), „es lag an dem, was ich zu sagen habe, und das *mußte gesagt* werden" (Briefe, S. 51), „einer hat es sein *müssen*, keiner hat es sein wollen, so habe ich mich dazu hergegeben" (Konfessionen, S. 122).

Der zuletzt zitierte Ausspruch Schönbergs erinnert auch an Moses Berufung zu Beginn der Oper: Schönberg fühlt sich als Berufener und Auserwählter (vgl. Jakobsleiter!), der „einem inneren Zwang" (Konfessionen, S. 28) und der Tatsache, daß niemand ihm seine Aufgabe abnehmen kann, gehorchen muß. Der Berufene zeichnet sich nach Schönbergs Meinung dadurch aus, daß er nicht für sich allein, sondern für die ganze Menschheit spricht, auch wenn er unmittelbar nicht verstanden werden kann (bei Adorno: gerade *weil* er unmittelbar nicht verstanden werden kann!): „Allerdings war es immer mein Glaube, daß ein Komponist, wenn er von seinen eigenen Problemen spricht, zugeich die Probleme der Menschheit behandelt" (Briefe, S. 230).

Hieraus ergibt sich zweierlei – für Moses und für Schönberg:

(1) Indem der Berufene, wie Moses, seinen eigenen Gedanken liebt und für ihn lebt, erhebt er zugleich den Anspruch, daß auch das Volk den Gedanken erfassen muß (S. 27). Eigenliebe gepaart mit Sendungsbewußtsein wird zu einem Machtanspruch.

> „Ich liebe meinen Gedanken und lebe für ihn!
> Du erschütterst mich nicht!
> Es *muß* den Gedanken erfassen!"

(2) Da das Volk aber nicht ausführen kann, was es *muß*, so zieht sich der Berufene zurück, um seinen Gedanken rein zu erhalten und zu hüten. Bei Schönberg sieht das dann folgendermaßen aus:

„Ich will zugeben, daß mir dieser Erfolg gegenwärtig noch fehlt, weil er fehlen muß, wenn meine Sache so gut ist wie ich glaube" (Br, S. 24); „wenn es Kunst ist, dann ist es nicht für die Menge. Und wenn es für die Menge ist, dann ist es nicht Kunst" (Style and Idea, S. 51); „ich glaube an das Recht der Minorität; weil Demokratie oft in einer Weise vorgeht, die sehr bedenklich einer ‚Diktatur der . . . Majorität' gleicht" (Br, 246); „aber es kann nicht bestritten werden, daß eine kleine Schar höchst gebildeter und vornehmer Menschen, die bereits heute für mich eintritt, ein Anfang ist, der Beachtung verdient" (Br, S. 24). Und anläßlich der Donaueschinger Musiktage 1924 schreibt Schönberg: „dieses Unternehmen, das an die schönsten, leider vergangenen Zeiten der Kunst gemahnt, wo der Fürst sich schützend vor den Künstler gestellt und dem Pöbel gezeigt hat, daß Kunst, eine Sache des Fürsten, sich gemeinem Urteil entzieht" (Br, S. 113); „aus diesem Grunde finde ich die Aristokratie als sehr angenehmen Umgang für einen, der etwas von sich hält" (Textbuch S. 114); „so ein Fest . . . bestärkt mich neuerlich in meiner Abneigung gegen Demokratie und dergleichen" (S. 116).

Sicherlich würde heute fast jeder eine öffentliche Person, die sich derart äußert, für einen gemeingefährlichen Reaktionär halten. Offenbar gilt Schönberg aber nicht als öffentliche Person, wenn seine Oper zur Aufführung gelangt – oder aber man ist der Überzeugung, seine Oper ‚Moses und Aron' hätte nichts mit diesen extremen Aussagen zu tun. Nun ist – als Ergebnis der bisherigen Analyse – zwar Schönberg nicht einfach gleich Moses zu setzen; vielmehr ist das Hauptthema der Oper Schönbergs künstlerisches Problem der Dialektik von Gedanke und Bild, Geistigem und Sinnlichem, Idee und komponierter Gestalt, Konstruktion und Kommunikation . . . Moses und Aron. Doch ist gerade diese Dialektik nicht von den erwähnten persönlichen Äußerungen Schönbergs zu trennen.

Das läßt sich u. a. auch empirisch zeigen: am einfachsten und eindrucksvollsten durch das *Echo* der Musikkritik-Fachwelt auf die bisherigen Aufführungen der Oper, welches in groben Umrissen wiedergibt, wie die Oper heute aufgenommen wird und welche Funktion Sujet und Musik in der heutigen Gesellschaft haben. Als Problem der Oper wird das „Problem der künstlerischen Auserwähltheit", der „dornenvolle Weg des Berufenen und Auserwählten" angesehen. Vergleiche von Jesus Christus und Schönbergs Lebensweg kommen vor; auf seiten Moses finden sich durchweg positive, auf seiten Arons negative oder diskriminierende Attribute: „Geist gegen Gewalt", „Freiheit gegen Willkür", „Auserwähltheit gegen flüchtigen Erfolg", „geistiger Höhenflug gegen banalen Rückschlag", „tragisches Ringen gegen Demagogie" usw. Moses Einsicht am Ende des 2. Akts wird als Verrat an der Idee, wodurch sich auch Moses schuldig macht, gesehen. Seit Bekanntwerden von Adornos *Philosophie der neuen Musik* spielt auch in den Rezensionen die Vorstellung vom wahren Künstler, der wie Moses und Schönberg das Publikum fliehen muß, um die Wahrheit rein zu bewahren, und dem Erfolgskünstler, der wie Aron und Strawinsky die ‚Sache' verrät, eine große Rolle; es wird aber zuweilen auch Moses gleich Komponist und Aron gleich Interpret gesetzt, und über die unterbrochene Verbindung zwischen beiden reflektiert.

(Diesem Abschnitt liegen die Besprechungen der Oper in NZfM, Melos und PNM seit 1957 (szenische Uraufführung in Zürich) zugrunde.)

Diese Besprechungen verraten die Art und Weise, wie die Oper heute verstanden wird; und es ist ersichtlich, daß Schönbergs persönliche Äußerungen auch noch heute durch das Erklingen der Oper wirksam werden, daß also – mit andern Worten – Schönberg durch seine Oper zu einer ‚öffentlichen Person' wird. Bezeichnend ist dabei, daß die Wirkung und diese Deutungen keineswegs in solcher Form im Text der Oper angelegt sind. Es gehört vielmehr bereits ein vorgefaßter, idealistischer Kunstbegriff, der dem der Schönbergschen Äußerungen analog ist, dazu, um den Text in der zitierten Weise zu verstehen.

Denn Moses ist von Gott dazu berufen, dem Volk zu verkünden, daß es auserwählt ist, als *Volk* zu überleben: Die Israeliten sollen nicht als Teil der Sklavenklasse innerhalb der ägyptischen Gesellschaft untergehen, sondern als selbständig fortbestehen. Der Begriff ‚Auserwähltheit' soll abstrakt zunächst das Klassenbewußtsein der ausgebeuteten Sklaven zusammenfassen; soll den Israeliten ihre Klassenlage und die Möglichkeit einer Veränderung derselben bewußt machen; soll ihnen schließlich die ideologischen Voraussetzungen zur tatsächlichen politischen Verwirklichung der Befreiung geben.

Moses kommt aber diesem eigentlichen Auftrag nicht vollständig oder nur gezwungenermaßen nach, da sich zwischen ihn und die realen Bedürfnisse des Volks seine persönliche, elitär-intellektuelle Vorstellung des ‚Gedankens' stellt.

Übersieht man, wie es alle Rezensenten der Oper getan haben, diesen realen politischen Hintergrund des göttlichen Auftrags an Moses, so bleibt Moses als ein Berufener und Auserwählter zurück, von dem aber nicht angegeben werden kann, wozu er berufen und auserwählt ist. Das Berufensein ist eine abstrakte Eigenschaft geworden: anstatt ein bestimmtes Verhältnis zwischen Menschen zu repräsentieren („berufen um zu . . ."), wird es eine isolierte Eigenschaft eines Individuums.

An Schönberg zurückgefragt: Wozu und vor allem *warum* ist Schönberg denn ‚berufen' und ‚auserwählt'? Doch nicht einfach deshalb, weil er ein vorzüglicher Komponist war, oder weil sein Lebensweg dornenvoll war, oder weil seine Kompositionstechnik mit den heutigen Vorstellungen von Fortschritt, sein Kunstbegriff mit den heutigen Vorstellungen von Tradition vereinbar war? Daß Schönberg die Probleme der ganzen Menschheit ausdrückt, wie er meint, ist in Wirklichkeit keine Begründung des Berufenseins, sondern eine Behauptung, die konkret zu beweisen wäre – und dann als Bewiesene begründete. (Adorno hat wohl mit dem bisher größten Aufwand versucht, diesen Beweis zu erbringen.)

Die spezifische Dialektik von Moses und Aron, von Idee und Bild, von Konstruktivität und Verständlichkeit ist *Schönbergs persönliches Problem*. Er hat es zwar kompositionstechnisch sehr präzise und konsequent reflektiert, wie wir gezeigt haben; er hat auch mit sicherem Griff Entsprechungen zu seinem Problem in Mythos, Religion, Aberglaube und Historie gefunden; er hat es auf so verblüffend einfache Weise in der Zwölftontechnik gefaßt, daß es scheinen mochte, ein allgemein menschliches Problem sei gelöst worden – dies umso mehr, als zahlreiche andere Komponisten, die mit ähnlichen persönlichen Problemen zu tun hatten, diese Technik aufgreifen konnten. Dennoch ist das Problem Moses und Aron *das* eines bestimmten Personenkreises in einer bestimmten historischen Situation.

Wenn Schönberg davon überzeugt ist, berufen und auserwählt zu sein, und sich ihm das Problem stellt, wie er den ‚Gedanken' mitteilen und doch zugleich rein erhalten kann, so ist das eine sehr gut erkennbare, wenn auch verzerrte Widerspiegelung seiner gesellschaftlichen Situation. Die Kunst (wie übrigens auch der Staat, die Rechtssprechung, die Politik, die Religion, die Moral, die Philosophie) erhebt den Anspruch, dem Bedürfnis aller Menschen gleichermaßen zu entsprechen, obgleich sie nur im Dienste derer stehen kann, die Zeit, Geld und die Mittel (Einfluß, Beziehungen etc.) haben, sie zu bestellen, herzustellen, zu finanzieren, verteilen, propagieren, verkaufen, kaufen, hören, konsumieren.

Schönbergs Problem, das Problem Moses-und-Aron, ist daher die Widerspiegelung der Funktion von „großer" Kunst in unserer spätbürgerlichen und kapitalistischen Gesellschaft im Kopfe eines Angehörigen des Bürgertums, der stolz darauf ist, „in Musik zu leben" und a-politisch zu sein (Br, S. 266). ‚Bürgerlich' ist vor allem der von der bürgerlichen Revolution im 18. Jahrhundert herstammende Topos, das Bürgertum repräsentiere mit seinen Ideen die ganze Menschheit.

Es entsteht dadurch, daß Schönberg einer gesellschaftlichen Klasse angehört, die als ‚gebildetes Bürgertum' für sich den Anspruch erhebt, die ‚ganze Menschheit' zu repräsentieren. Andererseits muß dasselbe Bürgertum aber aus ökonomischen Gründen den größeren Teil der Bevölkerung von sich fernhalten; denn diese Bourgeoisie wird von den Besitzern der Produktionsmittel (Maschinen, Grund und Boden, Häuser, Rohstoffe, Energie, Lagerstellen, Verteilungseinrichtungen, Verkaufszentralen usw.) getragen, die notwendig Lohnarbeiter braucht, welche vom Besitz der Produktionsmittel ausgeschlossen sind. Schönberg hat als Bürger die Abgrenzung der Klassen dadurch zu betreiben, daß er gerade die Meinung verbreiten hilft, die Probleme der ganzen Menschheit seien diejenigen, die die ökonomisch herrschende Klasse hat, sodaß letztlich der

Eindruck entsteht, es gebe gar keine ökonomisch Herrschenden und Beherrschten, sondern nur freie Menschen, die rein zufällig mehr oder weniger hohes Einkommen haben. Hinzu kommt bei der Entstehung von Schönbergs persönlichem Problem noch, daß er selbst sich weder dieser seiner gesellschaftlichen Aufgabe, also des Klassencharakters seines Tuns, noch der gesellschaftlichen Zusammenhänge, in denen Kunst steht, bewußt ist.

‚Kapitalistisch' ist vor allem die Art und Weise, wie die Klassen wirtschaftlich aufeinander bezogen sind, wie die Angehörigen der einen die der andern ausbeuten, wozu neben den rein ökonomischen Zwängen auch die subtileren Formen der Ideologie im allgemeinen und der Kunst im besonderen nützlich sind. Und a-politisch sein bedeutet für Schönberg, die gesellschaftlichen Zusammenhänge und vor allem die Tatsache, daß man selbst ein Teil dieser Gesellschaft ist, nicht sehen zu wollen. Auch wenn man vermeint, ein Kunstwerk ganz um seiner selbst willen geschrieben zu haben, auch wenn man – wie Schönberg – meint, ein rein religions-philosophisches Problem abgehandelt zu haben, so wird doch, wie an dem Beispiel der Oper *Moses und Aron* gezeigt wurde, jede Komposition, sobald sie die Werkstatt des Komponisten verläßt, zu einem „öffentlichen", gesellschaftlichen und politischen Faktum. ‚Politisch' sind nicht nur Arbeiterlieder, sondern auch Werke der sog. absoluten Kunst.

Aus all dem ist nicht Schönberg irgendein moralischer Vorwurf zu machen, oder ein Rückschluß auf kompositorische Qualität der Oper zu ziehen. Schönbergs ganzes Handeln ist in der Tat in sich konsequent und sein Ausspruch, Kunst komme nicht von Können, sondern von Müssen, subjektiv zutreffend. Gezwungen hat ihn seine Klassenlage und sein gesellschaftliches Bewußtsein, also vor allen sein Kunstbegriff, sein Berufsethos und die verzerrten Widerspiegelungen der gesellschaftlichen Zwänge, Ängste und Nöte in seinem Kopf, die die Gestalt von Gott, ‚Gedanke' und Denkgesetz, Ausdrucksbedürfnis, Sendungsbewußtsein und Reinheitsglaube annahmen.

Schönberg hat unter diesen Zwängen sein persönliches Problem des spätbürgerlichen Künstlers durch mythologische, religiöse, philosophische und geschichtliche Rückgriffe mit großem kompositorischem Können als Kunstwerk gestaltet und ihm dadurch den Schein des Allgemein-Menschlichen verliehen. Auf diese Weise hat dann Schönberg für seine eigene Person das Problem dadurch verdrängt, daß er es künstlerisch transzendiert hat. Er hat es nicht in *dem* Sinne ‚bewältigt', daß er seine Ursachen erkannt und an deren Beseitigung mitgearbeitet hätte.

Wenn wir aber heute uns als Opernbesucher mit dem Problem von Moses und Aron identfizierten – in der Art, wie es die zitierten Kritiker wohl für größere Menschengruppen sprechend getan haben –, so bedeutet das, daß wir die Erkenntnis der gesellschaftlichen Problematik von Kunst ebenfalls verdrängen. Wir nennen uns – wie Schönberg – dann mit Stolz a-politisch, weil wir meinen, „wahrhaft besseres zu sagen zu haben" (Briefe, S. 264), und breiten den Schleier des Allgemein-Menschlichen über den realen gesellschaftlichen Widersprüchen aus.

Wer sich besonders rasch und eindrucksvoll diese Widersprüche und die politische Natur von *Moses und Aron* vor Augen führen möchte, soll einmal neben irgendeinem Bericht über die polit-ökonomische Realität in Südamerika den Bericht der Premiere von ‚Moses und Aron' in Buenos Aires lesen (NZfM 1970, S. 352–354), z. B. folgenden Auszug:

> „Diesem Goldenen Kalb nun wurde vorsichtshalber ein ideeller Maulkorb angelegt, weil man mit dem undurchsichtigen Moralkriterium der städtischen Behörden wiederholt trübe Erfahrungen sammeln mußte; noch ist der „Bomarzo"-Skandal von 1967 nicht vergessen, als die in Washington erfolgreich uraufgeführte Oper von Alberto Ginastera (Libretto von Manuel Mujica Lainez) – beide Argentinier – kurzfristig noch vor Probenbeginn im heimatlichen Colón abgesetzt worden war. Vor kurzem erst wurden der Pasolini-Film „Teorema" und ein Crowley-Drama verboten, und wenig nach der Schönbergpremiere zog man den von Araiz choreographierten „Sacre" (Strawinsky) im städtischen Teatro San Martin noch vor der ersten Aufführung zurück. Jede Obszönität sorgsam umgehend, stilisierte Araiz also mit einiger Freiheit die vom Dichterkomponisten verlangten Blut- und Sinnesorgien vor der Götzenstatue, „insoweit es die Gesetze und Notwendigkeiten der Bühne erlauben und erfordern" (Schönberg).

Da es der Oper gerade hier an dynamischer Steigerung mangelt, geriet diese wichtige Szene zum ruhenden Pol der sonst geglückten Gesamtkonzeption, welche die in Schönbergs Worten und Tönen enthaltene Wucht des Archaischen eindringlich erstehen ließ. Moses brachte vom Sinai keine nach traditionellen Illustrationen modellierte Gesetzestafeln herab; es waren fünfzackige, die Finger Gottes deutende Blöcke, die er zerschmetterte. Die Frage der Interpretation des nicht mehr vertonten dritten Aktes wurde sehr bühnenwirksam gelöst. Der Vorhang schlägt am Schluß des zweiten Aktes nicht zusammen. Dirigent und Orchester verbleiben auf ihren Plätzen; die aus linguistischen Motiven stark gekürzte Endauseinandersetzung zwischen den biblischen Brüdern wird ohne jegliche untermalende Schönbergmusik gesprochen. Die diametral entgegengesetzte Dialektik der beiden Protagonisten hört man so noch schärfer profiliert. Erst dann senkt sich der Vorhang endgültig.

Ein wundervoller „Moses": Der Argentinier Angel Mattiello, patriarchalisch mit Emphase und metrischer Akribie akzentlos in Sprache und Sprechgesang. Sein Gegenspieler „Aron": Helmut Melchert, der aus Osaka, wo er gerade mit dem Berliner Ensemble in derselben Rolle gastierte, sozusagen direkt in die Cólon-Hauptprobe geflogen wurde. Der vorgesehene Fritz Uhl war plötzlich erkrankt; er übernahm spätere Aufführungen und erwies sich in der Rolle des Volksführers und -verführers seinem großartigen Berliner Kollegen darstellerisch ebenbürtig, stimmlich um Nuancen schwächer. Die über 40 aus dem Colónensemble rekrutierten Vokalsolisten sangen in klarer Diktion des ihnen nicht geläufigen Idioms und griffen, adäquat von Poettgen geführt, in die Handlung ein.

Mit der musikalischen Einstudierung des Schönbergschen Operntorsos gab Janos Kulka ein Glanzdebüt in Südamerikas Prunktheater. Er übernahm das ausgezeichnet spielende und ihm aufmerksam folgende Colónorchester mit nur 22 Vorproben und brachte es mit etwa der gleichen Anzahl weiterer Proben zu transparentem Klang; er war erfolgreich um das Herausarbeiten aller nur möglichen Kontraste bemüht, und der Kontakt mit der Bühne blieb stets vollständig und vorbildlich gewahrt."

Moses und Aron

Jean-Marie Straub hat seinen Film „Moses und Aron" nach Arnold Schönbergs gleichnamiger Oper am 28. März 1975 in den dritten Programmen der Arbeitsgemeinschaft der Rundfunkanstalten Deutschlands urgesendet, Holger Meins gewidmet. Die Widmung, in eigener Handschrift von Daniéle Huillet, der Frau Straubs, und dem Regisseur aufs Filmmaterial geschrieben, wurde damals vom Rundfunk, der den Film produziert hatte, eliminiert. Straub protestierte. Seine Widmung, so sagte er, habe dem Kameramann Holger Meins gegolten, nicht dem Terroristen. Für Ostersamstag, den 9. April 1977, war Straubs „Moses und Aron"-Film, mit Schönbergs Musik, von Gielen dirigiert, wieder aufs Programm gesetzt. Die Zuschauer erfuhren eine Stunde vor der Sendung am späten Abend, daß der Film wegen der Ermordung des Generalbundesanwalts Buback (am 7. April) aus dem Programm genommen worden und für einen späteren Termin vorgesehen sei. Jetzt hatte man „Moses und Aron" für den 20. Oktober vorgesehen, eine Sendung spätabends 22.50 Uhr, aber immerhin im ersten Programm. Gestern gab der Hessische Rundfunk (als Sendeanstalt) bekannt, daß er „es nicht für angebracht hält, den Film in diesen Tagen zu senden". Ein Film, dessen umstrittene Widmung längst entfernt ist? Ein Film voll herrlicher Musik, die in ihrer monumentalen Schroffheit, mit der die Gegensätze zwischen den Brüdern Moses und Aron dialektisch hörbar gemacht werden, zu der verlassenen, halb verfallenen Abruzzen-Arena paßt, in die Straub seine Sänger wie mitten in die Wüste stellt? Ein unbequemer Film gewiß, an dem sich die Geister scheiden. Ihn wieder aus dem Programm verbannen, heißt das nicht, auf Schatten einschlagen und ins Leere treffen? B. J.

Wolfgang Martin Stroh

Tausch- und Gebrauchswert elektronischer Musikinstrumente

Frank Zappas elektronische Pop-Collagen haben nicht nur den Schallplattenumsatz an „seriöser" elektronischer Musik erheblich gesteigert, sondern auch jene Entwicklung der Popmusik eingeleitet, deren Stand heute am einfachsten an der weiten Verbreitung des Koffer-Synthesizers Synthi A unter Popgruppen abzulesen ist. Synthi A ist ein teilautomatisiertes elektronisches Studio in Taschenformat. Seine wesentliche und von der Popmusik begehrte Eigenschaft ist weniger die, elementare und komplexe Klänge zu erzeugen und zu mischen, sondern mit Hilfe derartiger Klangmuster von außen eingeführte Signale „steuern" zu können. Daß unberührt von diesem Interesse – und der musikalischen Funktion nach mit Synthi A vollkommen inkommensurabel – die elektronische Orgel als Musikinstrument ihren festen Platz innerhalb der Popmusik hat und behaupten kann, weist auf jene Zweigleisigkeit hin, die auch heute noch – 20 Jahre, nachdem sich die elektronische E-Musik emphatisch von den elektronischen Musikinstrumenten abgesetzt hat – für die musikalische Arbeit auf dem Gebiet der elektronisch produzierten und als Musik verkauften Klänge kennzeichnend ist.

Technik und Kunst, Elektronik und Musik stehen auf jedem der beiden Geleise in einer Wechselwirkung, die leichter auszumachen ist als die Beziehung, die zwischen beiden Geleisen und dem, was sich darauf bewegt, besteht. Die Entwicklung auf dem Bereich des elektronischen Musikinstrumentenbaus wird oft als der latente und negierte Hintergrund der Entwicklung avantgardistischer elektroni-

Die Orgel, die für eine ganze Landschaft spielt. Der Organist von Kufstein in Tirol sitzt an seinem Spieltisch in der kleinen Hütte an dem Abgrund, und seine Musik dringt aus der schmalen rechteckigen Öffnung nahe am Turmdach. Diese Entfernung bringt eine Schwierigkeit für den Spieler mit sich, denn seine Finger müssen ständig seinem Ohr voraus sein. Jeden Mittag gibt es eine Vorführung – manchmal auch abends.

scher Musik betrachtet. Dem liegt die Beobachtung zugrunde, daß die elektronischen Musikinstrumente durch die Funktion, die sie innerhalb der U-Musik oder im Heim zu erfüllen haben, auch technologisch weitgehend bestimmt sind, während die Komponisten der avancierten elektronischen E-Musik vergleichbare Funktionen und Bestimmungsfaktoren restlos ausgeschaltet zu haben glauben. Gerade das Moment kompositionstechnischen Fortschritts gilt als entscheidendes Zeichen für ein Fehlen solcher Faktoren angesichts der Tatsache, daß die elektronischen Musikinstrumente das Immergleiche nur auf immer perfektere Weise zu reproduzieren gestatteten.

Daß es den Zwang zum Fortschritt auch auf dem Gebiet der elektronischen Musikinstrumente gibt, daß er in letzter Instanz Ausdruck derselben gesellschaftlichen Tendenzen ist, die auch den musikalischen Avantgardismus erzeugen, daß es durchaus eine Ebene gibt, auf der elektronische E-Musik und die Musik elektronischer Instrumente vergleichbar sind, und daß der Unterschied zwischen beiden nur aus der mehr oder weniger vermittelten und verhüllten Abhängigkeit von jener letzten Instanz und Vergleichsebene resultiert, sollen die folgenden Untersuchungen zeigen. Der Fall der elektronischen Musikinstrumente ist einfach: die Fesselung der Produktivkräfte und der technologischen Möglichkeiten durch die Funktionen, denen die musikalischen Produkte dank eines historischen Zustands der Produktionsverhältnisse unterliegen, ist hier ganz offenbar. Die Funktionen selbst lassen sich unmittelbar finden und ihre Ursachen teilweise direkt angeben. Die Entwicklung elektronischer Musikinstrumente ist ein unmittelbarer Teil der Produktionssphäre und der ganze mit der Musik elektronischer Instrumente zusammenhängende gesellschaftliche Komplex ist somit einer, der seine reale Basis – unvermittelt – in der Basis der Gesellschaft hat. Die Bedürfnisse, die elektronische Instrumente befriedigen, sind keine „natürlichen" wie Essen, Kleiden, Schlafen, sondern ausschließlich von der jeweiligen historischen und ideologischen Situation der Gesellschaft bedingt. Daher ist es naheliegend, jene Vermittlungs- und Verbindungsglieder zu suchen und zu untersuchen, die die unmittelbare Produktion, den Verkauf und Kauf der elektronischen Instrumente, mit den Ursachen für das Bedürfnis nach diesen Instrumenten, verbinden. Am besten zugänglich und am einfachsten zu analysieren ist das Werbematerial der Firmen, die elektronische Instrumente herstellen.

Die Werbung, und als Teil von ihr Werbeprospekte, stellen eine Verbindung insofern dar, als sie Ausdruck des Tauschwerts der Waren sind, obgleich sie diesen durch alle möglichen Mittel verschleiern und die Ware als einen reinen Gebrauchswert darstellen. Dabei stellt sich – grob gesagt – in diesem Falle das elektronische Musikinstrument von der Ökonomie aus betrachtet als Tauschwert, und ideologisch betrachtet als Gebrauchswert dar. Dieses ist dialektisch, d. h. in der Art eines Regelkreises aufzufassen: der Überbau wirkt auf die Basis zurück, zeitlich verschoben, inhaltlich verzerrt, formal abgeändert, ist überdies relativ eigenständig, enthält in sich die verschiedensten Vermittlungsinstanzen usw. Hieraus folgt für die Werbung der bekannte Sachverhalt, daß auch sie nur Teil eines gesellschaftlichen Regelkreises sein kann. Die Frankfurter Schule hat ihn als den Zirkel von Manipulation und Bedürfnis beschrieben. Gemeint ist damit, daß die Werbung nicht schlichtweg manipuliert und Bedürfnisse a novo erzeugt, die dann durch die entsprechenden Produkte – wie auch immer – befriedigt würden, sondern daß sie bestehende Bedürfnisse aufgreift, „entdecken" muß (wie man heute sagt), sie dabei reproduziert und in geeignete Richtungen lenkt. Bedürfnis- und Marktstruktur werden, mit Worten und Vorstellungen bürgerlicher Ökonomie, aufeinander abgestimmt.

Gerade im Falle der elektronischen Musikinstrumente wird sehr deutlich, daß der Komplex der Werbung im strengen Sinne (Reklame usw.) nur ein Teil einer generelleren Art Werbung ist, die nicht von der Konsumtionssphäre getrennt werden kann. Die Werbeprospekte setzen eine gewisse Art von „Konsum" voraus; die Bekanntschaft mit gewissen Arten musikalischer Produkte und die Kenntnis ihrer Erzeugungsweise. Der Werbeprospekt leitet eine durch Abbildungen auf Plattendeckeln, Bildern in Zeitschriften,

Erlebnissen bei Konzerten und in Tanz-Bars usf. relativ diffuse Art der Werbung lediglich gezielt in eine bestimmte Richtung hin auf ein elektronisches Musikinstrument gewisser Machart.

Aufgrund des dialektischen Verhältnisses von Werbung und Konsumtion kann der Werbeprospekt im vorliegenden Falle tatsächlich dazu verwendet werden, Auskunft über jenes gesellschaftliche Verhältnis zu gewinnen, das durch musikalische Produkte vermittelt ist, die in einem direkten Zusammenhang mit elektronischen Musikinstrumenten stehen. Geeignet analysiert enthalten die Werbeprospekte Auskunft

(1) über die gesellschaftliche Funktion der elektronischen Musikinstrumente,

(2) über allgemeine Ursachen und gesellschaftliche Hintergründe dieser Funktionen und

(3) über einige Hilfsmittel, diese Funktionen zu verwirklichen.

Vom Gebrauchswert allgemein

Die Verdinglichung der gesellschaftlichen Verhältnisse hat an der Oberfläche zur sog. Atomisierung der Gesellschaft geführt, die auch vor der Familie nicht halt macht. Da die Familie als juristische Einheit weiterhin besteht, obgleich ihre ökonomische Basis weitgehend aufgelöst ist (sog. Entfunktionalisierung der Familie, ihre Verwandlung in einen Interessenverband), kommt allen Faktoren erhöhte Bedeutung zu, die den ideologischen Überbau dieser Einheit, also das „Familienleben", bilden. Die kommunikativen Eigenschaften der Musik werden daher primär diesen Bedürfnissen eingepaßt, das elektronische Instrument wird zum Familieninstrument; an die Stelle früherer Gemeinschaften musischen Couleurs tritt die Keimzelle der kapitalistischen Konsumgesellschaft:

Schallplattenaufnahme in England um 1900. Der Trichter ist mit einem Band umwickelt, um den Klang zu vermindern.

> „Die Philicorda ist ein ideales Musikinstrument für die ganze Familie" (41),
> „Schönheit des Musizierens im Familienkreis, Ausdrucksmöglichkeiten selbst für den Untalentierten: das bietet die neue Yamaha B-6E" (49),
> „Fun for the entire family is yours with the Baldwin Home-Organ" (6),
> Organet 41 „mit dem gefragten Sound . . . für die Musik in der ganzen Familie" (27).

Familie und Freizeit gehören zusammen wie die Verdinglichung der gesellschaftlichen Verhältnisse und die entfremdete Arbeit. Freizeit ist jene Zeit, in der die Arbeitskraft für einen entfremdeten Arbeitsprozeß regeneriert werden soll, Freizeitbeschäftigung steht polar zur Arbeit:

> „Philicorda 761 weckt im Menschen jenes spielerische Element, das ihn vom Ernst und der Spannung des Alltags befreit" (40).

Der homo ludens, bisher Symbol der herrschenden Klassen und ihrer Kunstideologie, wird heute weitgehend als Freizeit-Ideologie unter das Kapital subsumiert; an Selbstverwirklichung in der produktiven Arbeitszeit ist schon gar nicht mehr gedacht. Hier werden die Berührpunkte zwischen bürgerlicher Ästhetik – l'art pour l'art, Autonomie des Kunstwerks, Identität von Form und Inhalt, unverbindliches Spiel, göttliche Heiterkeit usw. – mit der Freizeit-Ideologie deutlich, die auf analoge gesellschaftliche Funktionen rückverweisen. Die Fragwürdigkeit der Polarität von Freizeit und Arbeit zeigt sich bereits innerhalb des ideologischen Gutes, das von den Werbeprospekten zur musikalischen Freizeitgestaltung hervorgebracht wird, denen die Erkenntnis zugrunde liegt, daß „Nichtstun" auch nicht entspannt, d. h. die Arbeitskraft effektiv regeneriert. Hier kann nun das „aktive Musizieren" einhaken, eine Tätigkeit, die doch nicht „Arbeit" ist in einer Gesellschaft, die den Begriff der Arbeit vom Produkt, das hergestellt wird, her bestimmt:

Handbetriebenes Grammaphon seines Erfinders Berliner von 1888.

>„Safira – ein neuzeitliches Musikinstrument bietet die ideale aktive Entspannung für die Freizeit" (43),
>Philicorda 752 „macht den Ausklang des Werktages zum wirklichen Feierabend, gibt dem Wochenende eine neue Belebung" (41).

„Aktivieren Sie Ihre Freizeit!" (41) ist die Kurzformel des Philips-Weltkonzerns für den immanenten Widerspruch der Freizeitideologie innerhalb einer kapitalistischen Gesellschaft. Dieser Widerspruch wird in zweiter Instanz selbst wieder zu Werbezwecken ausgenutzt, wenn das elektronische Musizieren gegen das genuine Produkt jenes Widerspruchs, die Massenmedien, ausgespielt wird. Hier erscheint das musische Konzept, das auch in der Aktivierungs-Vorstellung Pate gestanden hat, unverhüllt in seiner kleinbürgerlich-reaktionären Gestalt:

> durch die „Reichhaltigkeit der Chorstimmen, mit dem exclusiven Raum-Klang-Tremolo" trägt Electone „zum harmonischen Familienleben mehr als z. B. das Fernsehen" bei (49), und Philicorda hilft, „wenn bei einer Party der Plattenvorrat zu Ende geht, das Radio nichts Schwungvolles zu bieten hat und den Gästen mit ‚heißen Rhythmen‘ so richtig ‚eingeheizt‘ werden soll" (41).

Wenn aus dem Konzertpublikum der Familienkreis oder die Tanz-Party wird – von 15 Abbildungen mit Personen zeigen 7 eine Party und 6 eine dreiköpfige Familie –, so wird aus Kirche und Konzertsaal das Wohnzimmer. Das elektronische Musikinstrument ist zunächst einmal ein Möbelstück, es ist primär Teil der allgemeinen kleinbürgerlichen Wohnkultur, erst sekundär ein Musikinstrument. (Insgesamt 45 der Abbildungen zeigen das Instrument in einer konkreten Wohnumgebung. Nur auf 7 Bildern wird auf dem Instrument gespielt; auf allen übrigen steht es als Möbel-Fetisch frei im Raum.)

Futuristische Geräuschmaschinen (1913) von Russolo. Er bedient den Heuler links, sein Assistent den Summer rechts.

„Verschönern Sie Ihr Heim mit dieser attraktiven Orgel", Viscount X 125 (16),
„Das Äußere des Electone C-5 spricht auch den sehr kritischen Betrachter an und paßt zu jedem Wohnstil" (48),
Hohners Symphonic 36 „freistehend oder geschickt in die Anbaumöbel eingefügt – ganz nach Ihren Wünschen" (23).

Das Instrument strahlt nicht nur Musik und nicht nur (Wohn-)„Kultur" im allgemeinen, sondern eine besondere Harmonie von beidem aus:

„Each Baldwin Organ teams up musical quality with a finefurniture look that will accent any room ... Baldwin designers have created the sight and sound of fine music in a wideselection of cabinet designs" (6),
Organet 41 gibt es „in vielen interessanten Klangfarben. Mit dem gefragten Sound. Und einem schmucken Gehäuse. Nußbaum furniert" (27).

Die deutschen Firmen gehen genauer auf kleinbürgerliche Wohn-Probleme der Nachkriegszeit in Wort und Bild ein als die amerikanischen, die eher den Duft der großen Welt verbreiten wollen. Jüngere Paare – insgesamt sind von den 67 abgebildeten Personen 59 um 25 Jahre alt oder jünger –, durchweg mit Sektgläsern, meist vor Anbauwänden um das Instrument gruppiert, zeigt Hohner und rät:

„Auch wenn nicht viel Raum verfügbar ist, braucht auf das Musizieren keineswegs verzichtet werden. Im Gegenteil: die beispielsweise hier in die Anbauwand einbezogene Hohner Symphonic 360 paßt sich jeder Einrichtung ganz ausgezeichnet an" (23).

Selbst Statisten beschäftigen sich mit Fragen der Wohnkultur: dem Spiel von Solina D 110 lauscht auf einer Abbildung ein junger Ehemann, während er in einer Wohnkultur-Zeitschrift blättert (32).

Wie musikalische Darbietungen nach hergebrachtem Verständnis aber den engen Rahmen dessen, was sie konkret akustisch zu erfüllen vermögen, geistig sprengen, wie sie Menschen, Völker und Kontinente verbinden, so bedeutet auch das elektronische Instrument als käufliches Produkt weltweiter Elektrokonzerne und als materielles Zeichen des Raumfahrtzeitalters eine ideelle Sprengung des häuslichen Kreises. Die Bauteile von Sonett 600 sind „von der Datenverarbeitung und Raumfahrt erfolgreich entwickelt und erprobt" (1), der Tongenerator der Ahlborn-Sonatina „arbeitet mit den modernsten Bauteilen des Raumfahrtzeitalters" (4). Gemeint sind hierbei die in sehr vielen Prospekten erwähnten „integrierten Schaltkreise", oft IC (integrated circuits) genannt. Bei diesen Schaltkreisen handelt es sich nicht um neue Schalt-Typen, sondern um die Zusammenfassung mehrerer früher getrennt zu montierender Elemente in einen fingergroßen Block; sie vereinfachen und verbilligen die Herstellung, vereinfachen und verteuern die Reparatur – bedeuten also insgesamt eine Steigerung des Umsatzes bei kleinerem Arbeitsaufwand. Schalttechnisch bedeuten sie nichts Neues, und es ist eine Irreführung, wenn Yamaha die ICs für ihre „ausgewogene Klangentwicklung zu ausdrucksvollen und erstaunlich vielseitigen Klangbildern" (48) verantwortlich macht. Hier wird deutlich versucht, die Technik zu fetischisieren: ihr einen Platz und eine Funktion einzuräumen, die ihr nicht zukommt, ihr Eigenschaften zuzuschreiben, die sie nicht in der angegebenen Weise erfüllt. Aber nicht nur auf technischem, sondern auch auf einem „rein"-musikalischen Gebiet schwingt die große Welt im Anbaumöbel-Heim: die Rhythmus-Box arbeitet selbstverständlich „tempogetreu nach der internationalen Tanzturniernorm" (1) und Yamaha bietet „the world's renowned Natural Sound speaker" (die Fetischisierung schlägt sich bereits in der Großschreibung wider, die im Englischen nur Göttern und dem eignen Ich zukommt) und sogar „the world's only sound-in-motion tremolo" (52).

Vom Gebrauchswert: speziell

Familie, Freizeit, Wohnkultur umreißen den Gebrauchswert des elektronischen Musikinstruments auf einer noch sehr allgemeinen ideologischen Ebene. Der spezielle Gebrauchswert des Instruments führt zu einer Reihe immanenter Widersprüche dieser Ideologien.

Das erste Problem besteht darin, daß einerseits die technischen Errungenschaften es dem Menschen erlauben, ohne jede Anstrengung und Ausbildung musikalisch „tätig" zu sein, daß andererseits aber die Freizeit nur dann „aktiv erfüllt", d. h. vom Schein der Selbstverwirklichung umgeben und dabei effektiv konsumorientiert ist, wenn der Mensch sich noch in irgendeiner Weise anstrengt. Die Elektronenorgel soll den Widerspruch zwischen Automation und Handwerk, Schallplatte und Musizierinstrument auf neuzeitliche Weise lösen; zugleich ist die Elektronenorgel der Versuch, das handwerkliche Musikproduzententum, das angesichts des heutigen Stands der Produktivkräfte nur noch dazu dienen könnte, elitäre gesellschaftliche Reservate abzusondern, mit der kapitalistischen Warenproduktion, die eine Massenbasis ungebildeter Konsumenten benötigt, zu versöhnen. Einerseits das Handwerkliche:

„Wenn Sie Musik lieben, bleiben Sie nicht beim Zuhören, musizieren Sie selbst" (42),
„Sie wissen, wie schön Musik ist. Und vielleicht wissen Sie auch, daß selbst musizieren schöner ist" (39).

(Das reaktionäre Moment des so verstanden Handwerklichen wird daran deutlich, daß das Produzieren „schöner" ist als das Produkt.)
Andererseits der neueste Stand der Technik:

„Alles, was beim normalen rhythmischen Orgelspielen gewisse Schwierigkeiten bereitet und spieltechnisches Können voraussetzt, wird von dieser genialen Konstruktion automatisch übernommen" (1),
„With Baldwin rhythm percussion, you can have a whole rhythm section at your fingertips" (6).

Die Frage „Ist das noch Musik?" durchzieht die Werbeprospekte, auch wenn sie kategorische Formen der Behauptung annimmt: „Der erste Musikcomputer, der trotz seiner Automatik ein Musikinstrument bleibt" (5).
Dem Makel technischer Perfektion, der den elektronischen Musikinstrumenten anhaftet und der Freizeit-Ideologie abträglich ist, kann auch mit neuester Technik begegnet werden. Neben den bereits klassischen Möglichkeiten, die einer Nachahmung der Ein- oder Ausschwingvorgänge

natürlicher Instrumente gleichkommen (Vibrato-Delay, percussion mit und ohne Sustain, Halleffekt), gibt es immer wieder „Revolutionen" auf dem Gebiet des elektronischen Klang-Nachahmens. Das Ideal ist „Natürlichkeit", was so viel wie die Verleugnung des Elektronischen, die perfekte Illusion bedeutet.

> „Eine musikalische Revolution; das ‚Touch-Vibarto'", „Yamaha ist der einzige Hersteller von Elektronen-Orgeln, der Ihnen das erregende, neue Musikerlebnis des ‚Natural Sound' bietet" (47), Baldwin baut in seine Rhythmus-Box sogar einen Zufalls-Generator ein: „With Baldwin's exclusive Rhythm Patterns you may add rhythm sounds to your playing in the random way which is more natural than the repetitive effect of the same percussion voice on the same beat every time" (7).

Eine weitere Methode, die traditionellen musikalischen Kategorien, deren Basis eben das Handwerkliche ist, artikulieren zu können, ohne die Technik zugunsten des Handwerklichen verdammen zu müssen, besteht darin, mit mehr oder minder expliziten Analogien technologischen mit musikalisch-ästhetischem Fortschritt oder empfindungsmäßiger „Vertiefung" zu koppeln. Es handelt sich dabei um eine vergröberte und reklametechnisch verzerrte Parallelerscheinung zu einer zentralen Ideologie des formalistischen Avantgardismus der E-Musik (worüber noch zu sprechen sein wird):

> „Selbst wenn Sie rhythmisch gut spielen, fehlen doch der Effekt und die musikalische Wirkung des Schlagzeugs. Der Solo Drummer bietet diese Effekte. Ihr Repertoire wird dadurch musikalisch wertvoller" (5).
> „Außergewöhnliche Variationsmöglichkeiten beflügeln die Fantasie des Spielers" (25),
> „Hergestellt nach neuesten Erkenntnissen auf dem Gebiet der Kunststoffverarbeitung sichert diese Konstruktion ... eine Wiedergabe, die dem menschlichen Hörempfinden entgegenkommt" (49).

Und mit der Frage nach dem widersprüchlichen Verhältnis von Handwerklichem und Automatik, von gesellschaftlich elitärer Musizierpraxis und der Schaffung einer breiten Basis musikalischen Konsums verknüpft ist das Problem, daß die elektronischen Musikinstrumente leicht spielbar sein, aber dennoch den Berufsmusiker nicht abstoßen oder gar beleidigen sollen. Das ist ein heikles Problem, da ja der Käufer, indem er sich auf einem relativ leicht spielbaren Instrument in Kürze „vervollkommnet", mit seinem Instrument bald unzufrieden sein wird, der „Konsum" der Ware also die Bedürfnisstruktur negativ – statt wie üblich positiv – beeinflussen kann. Im Vordergrund steht allerdings immer das Bestreben, neue Konsumentenschichten anzusprechen (der Kenner reagiert ohnedies weniger auf Werbeprospekte):

>„Und die skeptischen Fragen: Kann ich auch sofort ein perfekter Organist sein? Wie lange wird es dauern, bis ich diese Orgel spielen kann? gehören der Vergangenheit an" (1). „Ihr Spiel bekommt schon von Anfang an den präzisen Rhythmus des geübten Organisten. Man staunt, wie Sie das alles so schnell und so gut erlernen konnten" (9). „Wollen Sie erst spielen lernen? Auf der Philicorda lernen Sie es ‚spielend'" (41).
>„Auch der Anfänger findet ohne langes Suchen die geeigneten Registrierkombinationen Ausdrucksmöglichkeiten selbst für den Untalentierten" (49).
>„Sogar ein Anfänger kann die Tonkombinationen seines Lehrers oder eines Fortgeschrittenen imitieren ... vom ersten Augenblick an ist jedes Familienmitglied in der Lage, die Fundamentalgriffe der Musik zu praktizieren" (51).

6. Oft gelingt es, dasselbe, was dem Anfänger das Spiel erleichtert, auch als einen besonderen Anreiz für den Profi auszugeben, wenn man nicht mit einer pseudo-dialektischen Antithetik vorlieb nimmt:

>„So einfach, daß der Anfänger sofort spielen kann – so perfekt, daß sogar der Profi begeistert ist" (1), „It adds an exciting quality to the beginner's first tune, provides continuing playing interest, challenges a professional musician's talents" (6),
>„Das Lernen ist leicht. Das Können macht Freude" (42),
>„Beide Manuale haben den vollen 61-Tasten-Satz – eine Notwendigkeit für den Berufsmusiker und ein besonderer Vorteil für den Anfänger" (47),
>„Der Anfänger kann sich dadurch zu großer Vielseitigkeit vervollkommnen, aber auch der Berufsmusiker kann die Grenzen seiner bisherigen Möglichkeiten sprengen" (47),
>„Stufenlos einblendbare Klang-Register mit leicht erfühlbaren Rasten zum schnelleren Auffinden der Registrierpositionen sind nicht nur für den Anfänger eine wertvolle Hilfe" (48).

Vom Tauschwert

Die bisher untersuchten Aussagen der Werbeprospekte haben sich durchweg auf den Gebrauchswert der Ware „elektronisches Musikinstrument" bezogen, das Bedürfnis, welches durch die Prospekte angesprochen und gelenkt wird, und die Widersprüche, die dieser Bedürfnisstruktur deshalb anhaften, weil sie einer Ideologie erwächst, die Teil des in sich widersprüchlichen Überbaus einer bürgerlichen Gesellschaft ist. Die Rolle der Technik innerhalb des Gesamtkomplexes der elektronischen Musikinstrumente wird aber erst dann verständlich, wenn auch die andere Seite der Ware, der Tauschwert, mit in die Betrachtung einbezogen wird. Das elektronische Musikinstrument ist Ware auf einem freien Markt, wird für diesen Markt produziert und auf ihm verkauft. Die Werbeprospekte enthalten zahlreiche Aussagen über die Schwierigkeiten, Waren heute zu verkaufen d. h. den im kapitalistischen Produktionsprozeß geschaffenen Mehrwert auch tatsächlich zu realisieren. Dem technischen Fortschritt kommt primär die Funktion zu, für eine krisenfreie Realisation des Mehrwerts zu sorgen – und erst vermittelt hat er den Zweck, ein wirkliches Bedürfnis des Konsumenten in zunehmend größerem Maß zu befriedigen. Und die Werbung hat dabei zu einem nicht geringen Teil die Aufgabe, die Bedürfnisse des Konsumenten in einer solchen Weise zu steuern, daß sie optimal den Realisationsbedingungen des Mehrwerts entsprechen.

Im Unterschied zu einigen anderen Produktionszweigen wird auf dem Sektor der elektronischen Instrumente für einzelne Fabrikate und nicht für „das" elektronische Instrument schlechthin geworben. Die Werbung hat also neben der bisher beschriebenen Funktion, auf die Bedürfnisstruktur der Konsumenten einzuwirken und diese den Realisationsbedingungen des Mehrwerts anzupassen, noch eine Funktion innerhalb des marktwirtschaftlichen Konkurrenzkampfes. Eine deutliche Monopolisierung gibt es zwar auch auf dem vorliegenden Gebiet: die großen Firmen sind an Elektrokonzerne angeschlossen, außer der

Firma Hohner, die als eine deutsche Spezialität von zahllosen kleinbürgerlichen Vorurteilen zehrt; einzelne kleinere Firmen haben sich auf Spezialprodukte (Kirchenorgeln usw.) verlegt oder sogar patentierte Eigenkonstruktionen entwickelt. Dennoch scheint es einen gewissen Konkurrenzkampf zu geben. (Wie weit er abgesprochen ist, wie weit die Märkte aufgeteilt sind, läßt sich schwer beurteilen. Eine Aufteilung der Gebrauchswert-Kategorien wie bei der Automobil-Produktion, gibt es aber nicht: fast jede Firma stellt Elektronenorgeln jeder Größenordnung und Preislage her.)

Ausdruck des Konkurrenzkampfes ist die Individualisierung der kaum unterscheidbaren Waren. Einige elektronische Instrumente oder Instrumenten-Familien haben irgendeinen unbedeutenden Zusatz, der im Prospekt als singuläre Eigenschaft angepriesen wird. So kann der Käufer einer Safira-Orgel stolz darauf sein, daß nur er im Besitz jenes „Registrier-Systems" ist, das „zur besseren Übersicht . . . die 17 Register in 3 Farben ausgeführt" hat (43). Die Yamaha-Orgeln enthalten als weltweite Einmaligkeit einen Lautsprecher, der die verkleinerte Gestalt des Konzertflügels hat (46: „Natural Sound"). Besonders einfach macht es sich Philips, dessen eingebauter Casetten-Recorder als das auffallendste Merkmal und den neuesten Schrei hervorhebt, in Wirklichkeit ist der eingebaute Cassetten-Recorder weder einmalig (Farfisa hat ihn auch), noch bedeutet er einen qualitativen Unterschied zu Instrumenten anderer Firmen, da prinzipiell jede elektronische Orgel einen Tonbandanschluß hat. Noch einfacher ist es, ein Gerät, das in jedem handelsüblichen Instrument ohnedies eingebaut ist, mit einem geheimnisvollen Namen zu benennen und auf eine solche Weise anzuzeigen, daß der Käufer meinen muß, es handle sich um eine Spezialität der vorliegenden Marke. Diesen Trick haben zwei Firmen sogar mit dem gleichen Gerät, der Rhythmus-Box angestellt: Ahlborn nennt sie „Cordomat-Drummer" und erhebt diesen Namen zum Leitmotiv des Prospekts (1), Farfisa nennt sie „ghost drummer", ohne diesem Namen noch weitere Spots hinzusetzen zu müssen (10).

Distins Riesentrommel, erstmals 1857 dem Publikum während des Händelfestes im Crystal Palace vorgeführt. Sie hatte 7 Fuß Querschnitt (ca. 2,50 m), und ihr Fell soll die größte Büffelhaut gewesen sein, die je von den USA importiert wurde.

Obgleich es den Anschein hat, daß sämtliche Instrumente einander bis auf technisch unbedeutende Äußerlichkeiten gleichen, so ist es dennoch der marktwirtschaftliche Konkurrenzkampf, der den Einsatz der Technik bestimmt, leitet und fesselt. Technische Neuerungen bringen nicht eine qualitative Differenzierung der verschiedenen Instrumente untereinander hervor, sondern bedingen lediglich kurzzeitige Bewegungen auf dem Markt, bis alle Firmen wieder auf demselben Niveau sind. (Augenblicklich besteht ein Ungleichgewicht gegenüber der japanischen Firma Yamaha.) Diese Marktorientierung bewirkt den bekannten Sachverhalt, daß keine technische Neuerung eine qualitative Änderung des Instruments – wie es etwa der Synthi A gegenüber einer Elektronenorgel wäre – hervorrufen darf. Die Fesseln, die der technischen Entwicklung durch die gegebenen Funktionen der jeweiligen musikalischen Produkte auferlegt sind, werden besonders deutlich, wenn man untersucht, welche Unterschiede zwischen heutigen elektronischen Instrumenten und denjenigen der 30er-Jahre bestehen. Tatsächlich geht kein heute gebräuchlicher Effekt qualitativ über das hinaus, was bereits damals die Elektronik entwickelt hatte. Dies ist auch kaum zu erwarten, solange noch immer die naturgetreue Imitation traditioneller Musikinstrumente absolut im Vordergrund des Interesses steht: heute werden Einschwing- und Abklingvorgänge reproduziert (Percusssion, Vibrato-Delay, Pedal-Sustain), das Vibrato wird differenziert (Geschwindigkeitsregelung), die Verhallung und die Klangwiedergaben verbessert (Orbition 3D, Kathedraleneffekt, Leslie, Orchestereffekt), und das manuelle Spiel wird durch Vorprogramme erleichtert (Rhythmus-Box, APR-Automatik, Pre-Sets, chromatisches Glissando, Arpeggio-Automatik, Cassetten-Recorder). Im Innern der Instrumente werden ständig die neuesten elektronischen Schaltelemente (für gleichbleibende Schaltfunktionen) eingebaut, weil dies meistens eine Verbilligung der Herstellungskosten mit sich bringt, die sich nicht im Preis niederzuschlagen braucht.

Die Fesselung der technologischen Entwicklung durch die vorgegebenen gesellschaftlichen Funktionen, die die musikalischen Produkte zu erfüllen haben, wenn sie marktkonform sein sollen, hat zu einer spezifischen Symbiose von Technik und Musik geführt, deren reaktionärer Charakter durch ausschließlich fortschrittsträchtiges Vokabular verschleiert wird. Der Zusammenhang von neuer Technik und neuem Klang (worunter stets nur die bessere

Approximation des alten, natürlichen Klangs zu verstehen ist) wird zu einer Identifikation von technologischem und klanglich-musikalischem Fortschritt. Technische Kategorien und Termini gehen unreflektiert in musikalische über, wenn sie nicht überhaupt einfach wörtlich von einem Bereich auf den andern übernommen werden.

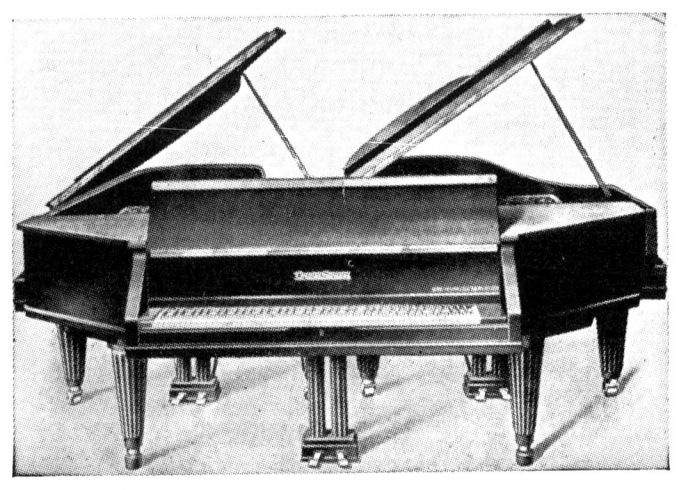

Grotrian-Steinway – Viertelton-Flügel mit Extratasten auf der gesamten Tastatur.

„Dies ist die moderne Hohner-Kofferorgel mit den raffiniertesten musikalischen und technischen Finessen. Sie löst spontane Begeisterung aus" (25),
„Das Musikinstrument des zwanzigsten Jahrhunderts, im Stil von heute und morgen und mit dem Klang unserer Zeit" (42), „Safira ist nach jahrelanger Entwicklung zu einem musikalischen Meisterwerk geworden" (43),
„Die Technik elektronischer Musik ermöglicht Ihnen mit der E-3 die lebendige, vibrierende Spielweise großer Meistermusiker zu reproduzieren" (47),
„Wie hier die technischen Errungenschaften unserer Zeit zusammenklingen – ganz wörtlich! – das müssen Sie an der Philicorda 761 erleben" (40).

Die neuen Möglichkeiten können sich auch aus ihrer Funktion, neue Klänge zu produzieren, befreien und Selbstzweck werden:

> „Solina hat nicht nur Orgeln mit einem wunderschönen Klang,
> sondern auch mit neuen Möglichkeiten. Dies trifft wieder einmal
> auf die Solina D 110 und F 110 zu" (32).

Und bei all dem sollen die neuen Klangmöglichkeiten auch neuen Arten der Freizeitgestaltung oder -erfüllung korrespondieren:

> „Die Philicorda ist ein ungewöhnlich vielseitiges Musikinstrument.
> Vielseitig ist ihre Ausdruckskraft, in immer wieder überwältigenden Klangerlebnis – und in ihren unerschöpflichen Möglichkeiten,
> das Leben reicher, aktiver, fröhlicher und geselliger zu gestalten"
> (41).

Die äußerliche Individualisierung der im Prinzip gleichartigen Waren verschafft dem Käufer und Konsumenten das Gefühl der Freiheit, da sich ihm ja große Auswahlmöglichkeit zu bieten scheint. Diese Freiheit ist die des bürgerlichen Staates und der ‚freien' Welt überhaupt: Wahlmöglichkeit aus einem vielfältig aufgemachten Angebot von Gleichartigem (seien es politische Parteien, Arbeitsplätze oder elektronische Musikinstrumente). Ebenso ist es mit jener künstlerischen Freiheit bestellt, die dem Käufer einer Elektronenorgel die musizierende Selbsttätigkeit zu verschaffen verspricht. Gerade ihr arbeitet die marktorientierte Technik systematisch entgegen. Das Bedienen von vorprogrammierten Pre-Sets (Klang-Register-Kombinationen, Akkorden), das Auslösen der APR-Automatik (Akkord-Pedal-Rhythmus, einstellbar nach 12 oder 16 der gängigsten Tanzrhythmen), das Verstellen einiger Regler (stufenlose Übergänge statt der früheren Schalter und Wipptasten), der Griff nach den fettgedruckten Noten („Ihr schmissiger Rhythmus geht allen in die Beine. Sie greifen nur die fettgedruckten Noten, die blaßgedruckten besorgt die B.A.F.-Automatik", 9) wird zum Signum des selbsttätigen Individuums stilisiert:

> „Angefangen mit den 12 Zungenregistern, die für jede Funktion
> wie Percussion, Vibrato, Balance, Hall und die einzelnen Fußbereiche eine stufenlose Regelmöglichkeit beinhalten. Dadurch kann
> das unterschiedliche Klangempfinden der einzelnen Spieler weitgehendst berücksichtigt werden, da der Spieler nicht nur auf die Festregler angewiesen ist" (19),

Die größte Orgel der Welt in Atlantic City (U.S.A.)

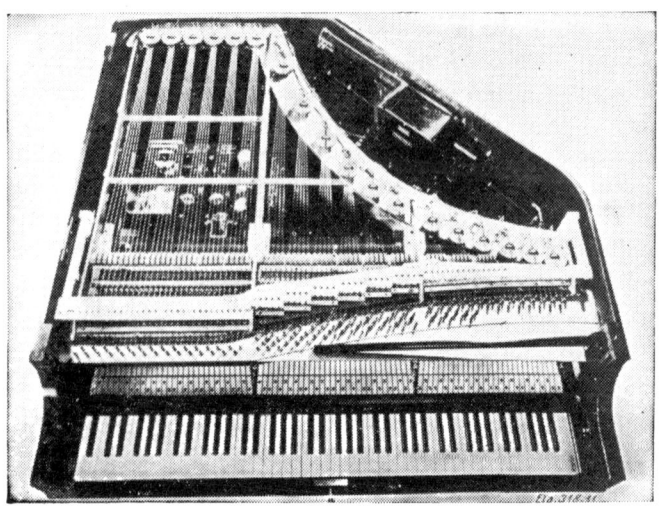

Der elektrisch verstärkte Neo-Bechstein-Flügel.

„Der Schieberegler ‚Timbre' bewirkt, daß Sie die Klangfarbe Ihrer Orgel nach eigenem Wunsch bestimmen können" (31),
„Die Länge und die Intensität bestimmen Sie mit dem Regler selbst" (31),
„Wählen Sie am Schieberegler den ‚Rotating Sound', der am wirkungsvollsten ist" (40),
„Durch den Sustain-Regler ... wird das Spiel auf der Yamaha-Electrone C-5 gehaltvoller und paßt sich jeder gewünschten Stimmung an" (48).

Bereits die Tatsache, daß dem Käufer nach getätigtem Kauf das Produkt zur eignen Verfügung steht, daß er es hinstellen kann, wohin er will, ist angesicht all der unbewußten Zwänge, die von einer Elektronenorgel auf den Besitzer ausgeübt werden, offenbar einer ausführlichen Erwähnung wert und kann geradezu zum Qualitätsmerkmal des Instruments umfunktioniert werden:

„Samtweiche Töne einschmeichelnd verträumt oder dann ausdrucksvoll füllend – je nach Temperament und Laune. Und immer da, wo Sie Ihre Hohner-Symphonic 36 haben wollen. Im Partykeller, genau so aber auch im wohnlichen Zuhause, freistehend oder geschickt in die Anbaumöbel eingefügt, ganz nach Ihren Wünschen" (23).

Wenn der Spieler vor seinem Instrument sitzt und in freier Wahl die vorgefertigten Klangmuster aus dem „Musikcomputer, der trotz seiner Automatik ein Musikinstrument bleibt" (5), abruft, sie mit einem „fingertip" (6) kombiniert und möglicherweise noch einige „fettgedruckten Noten" (9) – „Jetzt braucht man nur noch einen Finger für die Melodie und ein ganzes Orchester erklingt" (1) dazuspielt, so ist diese Tätigkeit nicht nur gleichsam Kompositionsanalyse jener musikalischen Produkte, die er hervorbringt, sondern auch ein soziologisches Modell der gesamten gesellschaftlichen Verhältnisse, in denen er sich befindet und die nur zu einem kleinen Teil realiter durch musikalische Produkte und Aktionen vermittelt sind. Er löst Prozesse und Vorgänge aus, mit denen er sich zwar subjektiv identifiziert, die aber nicht eigentlich von ihm selbst erzeugt und essentiell bestimmbar sind. Die Technik ermöglicht es, daß der Spieler im Bewußtsein von Freiheit und (erkaufter) Verfügungsgewalt im Freizeit-Raum doch nichts anderes tut als das, was er – als Konsument – tun darf. So übt er sich auch am elektronischen Musikinstrument in bürgerlichen Tugenden.

Die charakteristische innere Widersprüchlichkeit des elektronischen Musikinstruments hat jedoch gezeigt, daß dieser entfremdeten Tätigkeit am Feierabend im Familienkreis vor der Anbauwand nicht durch die Regression ins Handwerkliche, zum schlichten Musizieren begegnet werden kann, da das Instrument selbst bereits ein zeitgemäßes Produkt solcher Regression ist. Einer Selbstverwirklichung des Menschen durch musikalische Tätigkeit steht nicht „die" Technik entgegen, sondern der spezifische Gebrauch, der von ihr zwangsläufig in einer kapitalistischen Gesellschaft gemacht wird, die in ihrem Überbau bürgerliche Kunstideologie und an ihrer Basis auch Musikinstrumente als Waren hervorbringt, und in der die Ideologie derart auf die ökonomischen Verhältnisse abgestimmt ist, daß die Bedürfnisstruktur möglichst effektiv der Marktstruktur entspricht. Diese Zusammenhänge zeigen jene Ebene, auf der die Ursachen zu suchen sind, deren musikimmanente Oberflächenerscheinungen oft beklagt und auch von der elektronischen E-Musik im Jahrzehnt nach 1950 heftigst bekämpft worden sind.

Zur Methode

52 Prospekte von 13 Firmen, in denen für insgesamt 77 Modelle geworben wird, scheinen ein repräsentativer Querschnitt zu sein (oder gar den gesamten deutschen Markt zu umfassen). Dennoch sind die empirisch-statistischen Ergebnisse zweifelhaft, und es wäre unzulässig, aus ihnen allein die jeweils im vorangegangenen Text gezogenen Folgerungen abzuleiten. Denn: erstens enthalten nur 41 Prospekte einen ausgesprochenen Werbetext (die restlichen Prospekte beschränken sich auf ein Foto und technische Angaben), zweitens wenden sich 5 Prospekte an ein spezielles Publikum, so daß sie ausgeschieden werden mußten (Kirchenorgel-Prospekte), drittens spielen bei der Aus-

wertung, wie sich nachträglich ergab, etwa 35% der Werbeprospekte eine signifikant größere Rolle als der Rest (es sind dies: 1, 5, 6, 16, 23–27, 39–43, 47–52), viertens sind keineswegs alle informativen Daten, die die Prospekte enthalten, zur Untersuchung herangezogen worden, was insofern unzulässig ist, als ein Prospekt jeweils eine Einheit der diversen in ihm zur Wirkung kommenden „Medien" (Werbetext, technische Information, Bild, Anordnung) ist. Eine Auswertung der empirischen Ergebnisse war nur deshalb möglich, weil die gesamte Untersuchung nicht voraussetzungslos gewesen ist. Im wesentlichen haben die konkreten Beobachtungen an den Werbeprospekten die Möglichkeit gezeigt, daß die historisch-materialistische Gesellschaftstheorie – die auf unzähligen anderen Gebieten tagtäglich einer offenen Überprüfung unterzogen wird – auch auf einem schwer zugänglichen gesellschaftlichen Sektor zutreffend sein kann. Dies ist kein Nachteil, sondern der entscheidende Vorteil dieser Art Analyse: dadurch werden die Oberflächenerscheinungen (die empirischen Befunde) in eine der gesellschaftlichen Wirklichkeit entsprechende und nicht eine formal numerische und statistische Ordnung gebracht, werden Ursachen und Wirkungen, Essentielles und Akzidentelles unterschieden, soziale Prozesse nicht bloß beschrieben, sondern gedeutet, gesellschaftliche Verhältnisse nicht verschleiert, sondern aufgedeckt.

Zum Auffinden der zitierten Prospekte wurde das ausgewertete Material nach folgendem Schlüssel durchnumeriert:

Ahlborn (1) Sonett 600, (2) Sonata 411, (3) Sonata 311, (4) Sonatina, (5) Solo Drummer
Baldwin (6) Sammelprospekt SOS-70, (7) Home Organ 210
Farfisa (8) „Elektronisches Professional", (9) „Die neuen Modelle 1972", (10) Lolita, (11) Jaqueline, (12) First Lady
Fender (13) 1969 – Catalogue
General electric music (14) Revue 71/72 Messeausgabe, (15) Viscount „?", (17) Viscount C 120, (16) Viscount X 125, (18) Viscount C 100,

	(19) Viscount C 130, (20) Viscount C 160, (21) Viscount C 140 pl, (22) Viscount C 110
Hohner	(23) Prospekt E 153 1070, (24) Organa 354, (25) Symphonic 600, (26) Symphonic 900, (27) Organet 41, (28) Symphonic 761, (29) Pianet N
Lipp	(30) Gesamtprospekt mit 3 Beilagen
Luxor	(31) „Wissenswertes über Orgeln", eine nicht weiter gekennzeichnete Informationsschrift, die genau über alle technischen Finessen informiert, die Luxor-Instrumente besitzen, (32) Solina F 110, (33) Solina TL 110, (34) Eminent 510, (35) Eminent 310, (36) Solina G 110, (37) Solina F 110, (38) Solina NL 110
Philips	(39) Philicorda 760, (40) Philicorda 761, (41) und (42) Philicorda 752
Safira	(43) Safira-Orgel
Steinway	(44) De Reux, (45) De Reux Heimorgel
Welson	(46) Gesamtkatalog
Yamaha	(47) Electone E-3, (48) Electone C-5, (49) Electone B-6E, (50) Electone E-10, (51) Electone B-4B, (52) Electone B-10A

Anmerkungen zu Peter Schleuning, Deponite potentes de sede – Stoßt die Mächtigen vom Thron

1 Der Aufsatz ist bereits zweimal in unterschiedlichen Fassungen in italienischer Sprache erschienen: im Kongreßbuch Eisler, Como 1973 (*Rivoluzione della musica e musica della rivoluzione, I quaderni dell' autunno musicale*, Heft 1) und in der Zeitschrift *Rivista italiana di musicologia* (Jahrgang 1974).
2 Über die Einzelheiten der Aufführungen informiert der von W. Hecht hrsg. Suhrkamp-Band *Materialien zu B. Brechts „Die Mutter"*, Frankfurt/Main 1969, vor allem S. 112, 198.
3 Bertolt Brecht, *Die Mutter,* in: Gesammelte Werke in 20 Bänden, Frankfurt/Main 1967, Bd. 2. Weitere Brecht-Zitate aus der gleichen Ausgabe.
4 Hans Bunge, *Fragen Sie mehr über Brecht! Hanns Eisler im Gespräch*, München 1970, S. 216f.
5 Bertolt Brecht, Gesammelte Werke, a.a.O., Bd. 15, S. 482ff.
6 Hans Bunge, *Fragen Sie mehr . . .*, a.a.O., S. 26f., 17f., 213.
7 Vgl. Ernst Hermann Meyer, *Aus der Tätigkeit der „Kampfgemeinschaft der Arbeitersänger"*, in: Sinn und Form, Sonderheft Hanns Eisler, Berlin (DDR) 1964, S. 156.
8 Die *Ideen zu einer Ästhetik der Tonkunst* des 1739 geborenen und 1791 gestorbenen Schubart erschienen erst 1809. Vgl. Neuausgabe Darmstadt 1969, S. 379.
9 Bertolt Brecht, Gesammelte Werke, a.a.O., Bd. 15, S. 480, 479 *(Über die Verwendung von Musik für ein episches Theater)*.
10 Natan Notovicz, *Wir reden hier nicht von Napoleon, wir reden von Ihnen! Gespräche mit Hanns Eisler*, Berlin (DDR) 1971, S. 59.
11 Vgl. *Materialien zu Bert Brechts „Die Mutter"*, a.a.O., S. 198, wonach auf dem Programmzettel der Uraufführung 1932 stand: „Nr. 1 und 6 sind Fugen, gegen die in einer bestimmten, musikalisch fixierten Weise gesprochen wird", also vielleicht chorisch! Diese Angabe spricht sehr gegen die frühe Entstehung, denn es handelt sich nicht um eine Fuge mit Sprechgesang oder chorischem Sprechen.
12 Bertolt Brecht, *Volkstümlichkeit u. Realismus* (1938), in: Ges. Werke, a.a.O., Bd. 19, S. 325.
13 Bertolt Brecht, *Zu: Volkstümlichkeit und Realismus*, ebda., S. 332.
14 Vgl. den Abdruck der Eisler-Rede *Die Erbauer einer neuen Musikkultur* in Soz. Zs. f. Kunst u. Gesellschaft (Heft 20/21: *Hanns Eisler, Musik im Klassenkampf*), Berlin (West) 1973, S. 137; bzw. in Hanns Eisler, *Musik und Politik*, Schriften I (1924–48) München 1973 (= Ges. Werke III/1, Leipzig 1973), S. 159.
15 Dabei muß man auf die sicher in der DDR zugesetzten *Internationale-*

Zitate in den Instrumentalbegleitungen zu Eislers „Rotem Wedding" und „Vorwärts, Bolschewik" erinnern, wie man sie von den Ernst-Busch-Platten des pläne-Verlages kennt. Inwiefern können sie mehr sein als geistreiches Ornament? Vgl. auch die platte Nachahmung des Verfahrens (in Moll!) in Luca Lombardis Lied „Der erste Mai hat 365 Tage" *(Arbeiter-Songbuch,* Frankfurt/Main 1973, S. 28). In diesem Zusammenhang steht auch das *‚Internationale'*-Zitat in der Flötenstimme von Eislers „14 Arten den Regen zu beschreiben" aus der Exil-Zeit.

16 Vgl. H. Ihering und H. Fetting, *Ernst Busch,* Berlin (DDR) 1965, S. 89.
17 Vgl. die beiden Quellenangaben in Fußnote 14, dort jeweils S. 139 und S. 161.
18 Bertolt Brecht, *Kuhle Wampe, Protokoll des Films und Materialien,* hg. W. Gersch und W. Hecht, Frankfurt/Main 1969, S. 155 f.
19 Vgl. die beiden Quellenangaben in Fußnote 14, dort jeweils S. 139 und S. 162.
20 Hans Bunge, *Fragen Sie mehr . . .,* a.a.O., S. 314 f.
21 Ebenda, S. 82.
22 Ebenda, S. 49.
23 Interessant ist ein Blick in Lehrpläne der Bundesrepublik, die z. T. wörtlich gleiche Formulierungen enthalten, z. B.: die Erziehung „lehrt das Kind, seine Stimme richtig zu gebrauchen, sein Gehör zu schulen und für die Werke der Meister zu öffnen. Durch die Musik werden die gemüthaften Kräfte des Kindes entwickelt und veredelt . . . Musik steigert das Lebensgefühl und hat gemeinschaftsbildende Kraft." *(Bildungsplan für die Grundschulen in Baden-Württemberg,* 1.-4. Schuljahr, Villingen o. J., S. 106 f.)
24 Vgl. dazu den Beitrag: *„Johann Faustus" und die revisionistische Politik der SED gegenüber Intellektuellen,* in: Soz. Zs. f. Kunst und Gesellschaft, a.a.O., S. 157 ff. Die SED lehnte diesen Plan Eislers ab, da Eisler in dem von ihm stammenden Text (Musik fragmentarisch) Faust als schwankenden kleinbürgerlichen Intellektuellen dargestellt hatte, der vom Teufel geholt wird, nachdem er sich nicht für die Sache des Volkes entscheiden kann. Vgl. dazu auch Kapitel IV *(Faustus-Diskussion)* im Sonderband *Hanns Eisler* (AS 5) der Zeitschrift Argument, Berlin 1975, und den Abschnitt *Oper ohne Musik: Johann Faustus* in Albrecht Betz, *Hanns Eisler. Musik einer Zeit, die sich eben bildet,* edition text + kritik, München 1976, S. 191 ff.
25 Hans Bunge, *Fragen Sie mehr . . .,* a.a.O., S. 314.
Hierbei ist es wichtig zu wissen, daß Eislers Hoffnung auf eine Inbesitznahme der klassischen Kulturgüter durch die Arbeiterklasse nicht erst aus der DDR-Zeit stammt, sondern schon immer Teil seiner Überzeugung war, wie das Zitat von 1931 zeigte. Im folgenden Zitat aus dem Aufsatz *Zum hundertsten Geburtstage Beethovens* von 1927 (Hanns Eisler, zu einer Dialektik der Musik, Leipzig 1973, S. 38 f.) zeigt sich diese Haltung noch deutlicher. In ihr fließen die Bestrebungen einer revisionistischen Arbeiterbildungsidee zusammen mit der Hochachtung

vor den klassischen Meistern, wie Schönberg sie allen seinen Schülern mitgab: „Und wenn dieser gewaltige ‚Hymnus an die Freude' aufbraust, sich steigert und jubelnd ausklingt, dann kann und muß jeder klassenbewußte Arbeiter, mit Kraft und Zuversicht erfüllt, sich sagen können, diese Töne, die schon jetzt uns, den kämpfenden Arbeitern, Energien zuführen, werden erst recht uns gehören, wenn wir über die jetzt herrschende Klasse gesiegt haben werden und den Millionen Massen der bis dahin Unterdrückten mit dem Triumphgesang Beethovens zujauchzen werden: ‚Seid umschlungen, Millionen!'"

26 Diese Informationen stammen vom Hanns Eisler – Archiv in Ost-Berlin. Außerdem setzt der Gesang des Bach-Zitates eine ausgebildete Sopranistin voraus, die in den anderen Teilen der „Mutter" nichts zu suchen hat. Insofern scheint die Existenz des Zitates von einer konzertanten Rundfunkfassung abhängig zu sein, wie es die Fassung von 1949 war. In der Theateraufführung 1951 hat das Zitat dann bezeichnenderweise wieder gefehlt.

Anmerkungen zu Peter Schleuning/ Hans Peter Graf, Flöte und Akkordeon

1 Entsprechend weisen auch Reininghaus/Traber (Über Theoriebildung und Theorie – Bildung, in: Bericht über den ersten Internationalen Kongreß für Musiktheorie, Stuttgart 1972, S. 119) bei der Erwähnung des engen Zusammenhanges zwischen Historismus und aufsteigendem Kapitalismus als praktisch-musikalisches Beispiel auf die gleichzeitige Expansion der Häuser Steinway (Klaviere) und Schott (Musikdruck) hin.
2 Zum Problem d. Fortschrittlichkeit d. mus. Materials, Zs. f. Kunst u. Ges. V, S. 14.
3 „In den Musikschulen studiert man alles außer dem Bau der Instrumente, d. h. des Allergrundlegendsten in der Musikproduktion" (B. Arvatov, Die Kunst im System der proletarischen Kultur, in: Kunst und Produktion 1921–30, München 1972).
4 Vgl. zwei Aufsätze von Klaus Hortschansky in Acta musicologica Jg. 40 (1968) und in: Der Sozialstatus des Berufsmusikers vom 17. bis 19. Jahrhundert, hg. v. W. Salmen, Kassel und Basel 1971.
5 Dazu P. Schleuning, Die Freie Fantasie. Ein Beitrag zur Erforschung der klassischen Klaviermusik (1970), Göppingen 1973.
6 Am wichtigsten dazu ist Eberhard Preußner, Die bürgerliche Musikkultur, Hamburg 1935.
7 Dies kann als ergänzende Bemerkung zu dem Beitrag über Musikeranekdoten in diesem Band verstanden werden.
8 Proletarische Revolution und Kultur (1923), Frankfurt/M. 1971.
8a Vgl. Das Räuberbuch, Frankfurt 1974, S. 69.
9 Mehr über den Zusammenhang von Kapitalismus und der Trennung zwischen Wissenschaft und Verwertung bei Marx (Das Kapital, Bd. 1, Kap. 12/13) und Engels (Die Lage der arbeitenden Klasse in England; Dialektik der Natur).
9a Vgl. Das Räuberbuch, Frankfurt 1974, S. 72f.
10 Die Strenge des Vaters gilt auch im realen Familienbereich, so z. B. bei Buschmann, in dessen Biographie es auf S. 22 heißt: „Mit rührender Liebe hing er an seinen Kindern, seine Kinder aber auch mit großer Verehrung und Treue an ihm. Neun Kinder hatte Friedrich Buschmann, die eine 46köpfige Enkelschar hinterließen. Die Musik spielte in seinem Hause eine wichtige Rolle. Morgens um 5 Uhr schon mußte das ganze Orchester antreten, und Frau Sophie maß die Zeit für das Üben durch die Länge eines Talglichtes, das abbrennen mußte, ehe das Kind das Instrument verließ." Nun im Schlußsatz ein Schimmer von Erkenntnis beim Autor: „Sie haben es aber auch zu etwas in der Musik gebracht."
11 Die Kunst im System der proletarischen Kultur, in: Kunst und Produktion 1921–30, München 1972.

12 Bürgerliche Illusion und Wirklichkeit. Beiträge zur materialistischen Ästhetik, hg. Peter Hamm, München 1971, S. 59.
13 Dieser Faust-Satz erzwang im 3. Reich in manchen Städten Aufführungsunterbrechungen, da der nazistische Teil des Publikums aufsprang, applaudierte und „Heil Hitler" rief (mündl. f. Karlsruhe verbürgt).
14 Musikberufe und ihr Nachwuchs II, Statistische Erhebungen des Deutschen Musikrates, Mainz 1969.
15 Vgl. Fußnote 12, a.a.O., S. 60.
16 Vgl. hierzu Konrad Boehmer, Musikhochschule und Gesellschaft, Sozialistische Zeitschrift f. Kunst und Gesellschaft, Heft III.
17 Vgl. Fußnote 3, a.a.O.: Thesen zur bürgerlichen Kunst und proletarischen Produktionstechnik.
18 Fritz Klein, Deutschland 1897/98–1918, Lehrbuch der deutschen Geschichte Bd. 9, Berlin 1972, S. 19.
19 Gerassimos Avgerinos, Musiker-Jargon, Berlin o. J., zit. nach: Harmonika-Revue XLI Heft 3, Trossingen 1974, S. 175.
20 Vgl. den Gebrauch des Wortes Spielerei in ähnlichem Zusammenhang in der Thie-Anekdote.
21 So berichtet Lettow-Vorbeck in seiner Selbstbiographie (Mein Leben, Biberach/Riss 1957) von einer Akkordeon spielenden Generals-Witwe auf einem pommerschen Gutshof.
22 Hanns Eisler, Theodor W. Adorno, Komposition für den Film, München 1969, S. 13.
23 Konrad Boehmer, Musikhochschule und Gesellschaft, Sozialistische Zeitschrift f. Kunst und Gesellschaft, Heft III, S. 76.
24 Anatoli Lunatscharski, Die Kulturaufgaben der Arbeiterklasse, Frankfurt/Main 1971, S. 23.
25 Bucharin, vgl. Fußnote 8, a.a.O., S. 28.
26 Berg gibt extra an: „Die Ziehharmonika muß ein chromatisches Instrument (Akkordeon) sein."
27 Ernst von Salomon, zit. bei Ernst Jünger, Der Kampf um das Reich, Essen 1929, S. 99.
28 Wie auch Kriegslieder, so übernahmen die Kommunisten unmittelbar nach dem ersten Weltkrieg auch das Harmonikaspiel für ihre Kampfzwecke, vgl. E. Lukas, Märzrevolution 1920, Frankfurt/Main 1973, S. 65: Ein Akkordeon spielt an einem Sammelplatz „flotte Weisen".
29 Diese Sentimentalisierung der Harmonikainstrumente wird in dem Revolutionsdrama „Optimistische Tragödie" des russischen Dichters Wischnewski in entgegengesetztem Sinne aufgegriffen: Der Parteikommissarin ist ein Matrose gegenübergestellt, dessen Zögern gegenüber ihren Überzeugungsbemühungen nicht nur im Ausweichen ins Erotische gezeigt wird, sondern auch im gelegentlichen Spiel auf dem Akkordeon; vgl. Frankfurter Rundschau 20. 4. 72 und 27. 5. 72). Der Matrose Alexej sagt: „Akkordeon heißt dieses Ding oder Ziehharmonika. Ein Volksinstrument. Aus Hamburg. Gut für Abendstimmung."
30 Hanns Eisler, Die Erbauer einer neuen Musikkultur (1931), Sozialistische Zeitschrift f. Kunst und Gesellschaft, Heft V, S. 50.

31 Mündl. überlieferte Äußerung eines Arbeiters aus den 20er Jahren.
32 Wolfgang Eschenbacher, Das Akkordeon auf getrennten Wegen in die Zukunft, Harmonika-Revue XLI Heft IV (1974), S. 191 ff.
33 Vorwort zur Partita piccola, Hohner-Verlag, Trossingen.
34 Vgl. Fußnote 32.
35 Ebenda.
36 Frankfurter Rundschau, 7. 7. 1973, auch neuerdings in Hanns Eisler, Musik und Politik, Schriften 1924–48, München 1973, S. 204 ff. An anderer Stelle in diesem Aufsatz heißt es über diese Absichten der Nazi-Freizeitorganisationen: „Also statt Streikgeldern – Liederabend Schumann ‚Ich grolle nicht'; statt Aussperrungsfond – Beethoven: 9. Sinfonie ‚Alle Menschen werden Brüder'."

Anmerkungen zu Freia Hoffmann, Gewaltig viele Noten, lieber Mozart

1 Ein Weg zur Musik, Singende klingende Welt, Unser Liederbuch (alle Klett-Verlag), Unser Liederbuch II (Metzler)
2 Vgl. Friedrich Ackermann, Das Komische in der Anekdote, in: Der Deutsch-Unterricht XVIII 1966, S. 10ff.
3 Diese Zusammenfassung beruht zum Teil auf: H. Grothe, Anekdote (= Sammlung Metzler Bd. 101), Stuttgart 1971
4 Briefe von Bettina v. Arnim an Goethe (Goethes Briefwechsel mit einem Kinde, B. v. Arnim, Werke und Briefe Bd. II, Frechen b. Köln 1959, S. 245), den Fürsten Pückler-Muskau (A. Leitzmann, Ludwig v. Beethoven. Berichte, Briefe und Aufzeichnungen Bd. I, Leipzig 1921, S. 138) und Anton Bihler (Die Gartenlaube 1870, Nr. 20, S. 315, unter dem Titel „Beethoven und das Kind")
5 Abgedruckt in: Ein Weg zur Musik, Singende klingende Welt, Unser Liederbuch (alle Klett-Verlag), Unser Liederbuch II (Metzler)
6 Sie steht in der ersten Mozart-Biografie von G. N. Nissen, Leipzig 1826
7 Die Formulierung dieser Anekdote stammt von F. Herzfeld, Adagio und Scherzo. Kleine Geschichten um große Meister, Wien 1944. Sie ist auch zu finden in: Musik in der Schule Bd. V (Möseler Verlag)
8 Aus: Ein Weg zur Musik, Singende klingende Welt, Unser Liederbuch (alle Klett-Verlag), Unser Liederbuch II (Metzler)
9 Aus einem Brief, den nach Angaben Bettinas von Arnim Beethoven an sie geschrieben hat. Wahrscheinlich hat dieser Brief nie existiert. Vgl.: A. Schindler, Biographie von Ludwig van Beethoven, Münster 1860, NA hg. v. F. Volbach, Münster 1927, S. 177 sowie L. Kusche, Stimmt denn das auch? Musikanekdoten unter die Lupe genommen, München 1966, S. 38
10 Über das Anekdotische, in: Die Literatur (Das Literarische Echo) XXVIII 1935, S. 8ff.
11 Studien zur Geschichte der deutschen Anekdote, Diss. phil. Freiburg i. Br. 1922, maschr., S. 4
12 Zur Charakterisierung der „großen Meister" in Musiklehrbüchern steht Ausführlicheres in: F. Hoffmann, Musiklehrbücher in den Schulen der BRD, Neuwied 1974, besonders im Kapitel „Biographien".
13 Abgedruckt in: Ein Weg zur Musik, Singende klingende Welt, Unser Liederbuch (alle Klett-Verlag), Unser Liederbuch II (Metzler)
14 Vgl. L. Kusche, Stimmt denn das auch?, München 1966, S. 68
15 In den Schulbüchern, die Fn. 13 aufgeführt sind
16 A. Leitzmann, Ludwig v. Beethoven. Berichte, Briefe und Aufzeichnungen Bd. I, Leipzig 1921, S. 98
17 Ludwig v. Beethovens Studien im Generalbaß, Kontrapunkt und in der Kompositionslehre, Wien 1832, Anhang S. 23

18 31. 8. 1873
19 Vgl. Fn. 13
20 Vgl. F. Hoffmann, Musiklehrbücher in den Schulen der BRD, Neuwied 1974, S. 97
21 C. F. Pohl, Joseph Haydn, Leipzig 1882, Bd. II
22 A. v. Hoboken, Joseph Haydn. Thematisch-bibliographisches Werk-Verzeichnis, Mainz 1957, Bd. I, S. 55

Anmerkungen zu Renate Brandmüller / Bernward Bücheler / Mechtild Fuchs / Werner Fuhr, Musik am Arbeitsplatz

1 Hierzu gehören z. B. die Arbeiten von:
   D. M. O'Neill, Music to enhance the work environment, in: Management of Personnel Quarterly, 5, S. 17–23.
   W. Wokoun, Vigilance with Background Music (= Technical Memorandum 16–63).
   ders., Effects of Music on Work Performance (= Technical Memorandum 1–68).
   ders., Work Performance with Music: Instrumentation and Frequency Response (= Technical Memorandum 9–68).
   alle drei Studien: U.S. Army Human Engineering Laboratories, Aberdeen Proving Ground, Maryland.
   G. Last, Musik in der Fertigung, med. Diss., veröffentlicht vom RKW (Rationalisierungskuratorium der deutschen Wirtschaft), Frankfurt/Main 1966 (= RKW-Fachbuchreihe, D 8).
2 J. W. Roberts, Mit Musik zu höheren Leistungen, in: Personnel Journal, Bd. 38, Nr. 1, Mai 1959, genehmigter Abdruck, Muzak-Werbung.
   N. D. Margerison, Musik mit Muzak – eine Übersicht über das Wesen dieser funktionellen Musik, Muzak-Werbeschrift, London 1963.
3 Eine Diskussion über dieses Thema fand allerdings schon einmal zu einer Zeit statt, als eine Krise der Gesellschaft offenkundig war und über das Vorhandensein einer Krise auch in der Musikwissenschaft weitgehend Einverständnis herrschte: 1930 in der von Hans Boettcher und Fritz Jöde herausgegebenen Zeitschrift *Musik und Gesellschaft*, 1. Jg./ 1930, S. 41–51, S. 57–61, S. 86–91, S. 120–122, S. 144–147.
4 Eine ganz konkrete Herausforderung war das Spektakel und der Skandal, als eine Gruppe um Wolfgang Hamm auf der Arbeitstagung des Darmstädter Instituts für Neue Musik und Musikerziehung im März 1972 in einem Spiel die Problematik der Arbeitsmusik an die Öffentlichkeit trüte.
5 W. Braun/H. Kühn, Musik im Hintergrund. Zur Erkenntnis eines umstrittenen Phänomens, Ms., Saarbrücken 1971, abgedr. in: NZfM 11/1972, S. 619–627.
6 H. de la Motte-Haber, Musik in der Industrie, in: NZfM 6/1972, S. 302.
7 H. W. Heister, Zwischen Ästhetisierung und Profit, Sendung des WDR vom 7. 2. 1973, III. Programm, Ms.
8 K. Kuhnke/H. Trenczak, Musik bis zum frühen Abend, (1) Betrug im Betrieb?, (2) Das macht der Computer, Zwei Sendungen des WDR/Westdeutsches Fernsehen vom 28. 1. 1973 und 4. 2. 1973, III. Fernsehprogramm.

9 Wie weit das letztendliche Steckenbleiben in einem kritischen Ansatz möglicherweise Tribut an die Programmgewaltigen des WDR ist, können wir nicht beurteilen.
10 Heister, a.a.O., S. 3.
11 Ebd.
12 Vgl. M. Erdelyi, Einführung in die Wirtschafts- und Betriebspsychologie, Göttingen: Hogrefe 1955, S. 204-208.
13 Ebd., S. 169f.
14 „Wieder einmal; Musik zur Arbeit", REFA-Veröffentlichung, keine genauen Angaben vorhanden.
15 Heister, a.a.O., S. 5.
16 Ebenda, S. 6.
17 Nach Heister, a.a.O., S. 8, und briefliche Mitteilungen der Deutschen Reditune Zentrale, Hamburg.
18 Nach Heister, a.a.O., S. 7, Margerison, a.a.O., und briefliche Mitteilungen der Funktionellen Musik GmbH, Stuttgart und München.
19 Vgl. Kuhnke/Trenczak (2), a.a.O., S. 9ff.
20 Ebd., S. 16.
21 Ebd., S. 16f.
22 Ebd., S. 14.
23 Muzak, „Stimulus Progression" number one (Werbeplatte).
24 Braun/Kühn, a.a.O., S. 3ff., bzw. NZfM 11/1972, S. 620.
25 Margerison, a.a.O.
26 Wokoun, a.a.O.
27 W. Wokoun, Vortrag, Übersetzung aus: Sound Merchandising, Juli 1966, S. 2f.
28 So z. B. O'Neill, a.a.O., S. 17ff.
29 Warum Muzak doch gefilterte Musik liefert, dazu s. oben.
30 Margerison, a.a.O.
31 H. Schmidt-Lamberg, Musik während der Arbeit, REFA-Veröffentlichungen, keine genaueren Angaben vorhanden.
32 Roberts, a.a.O.
33 Vgl. Heister, a.a.O., S. 15.
34 Vgl. Roberts, a.a.O. auch im folgenden.
35 Der Begriff „Lohngelderverlust" verschleiert den kapitalistischen Ausbeutungsprozeß. Er erweckt nämlich den Eindruck, der Kapitalist brauche dem Arbeiter nur insofern und solange Lohn zu zahlen, als dieser unmittelbar produziere, und der Arbeiter enthalte durch Fehler, „Blödeleien" usw. dem Kapitalisten etwas vor, was ihm rechtmäßig zustünde; für solche Zeit bezahlter Lohn, in der der Arbeiter nicht produziert, sei deshalb „Verlust". Hier liegt ein ähnlicher Fall vor wie beim Stück- und Akkordlohnsystem: der Kapitalist verschleiert, daß er auf kaltem Wege die Ausbeutung der von ihm als ganzes gekauften Arbeitskraft verschärft und seine Profite erhöht, hier: indem er das Quantum von Zeit für Gespräche, Toilette, Atempausen usw. unter das gesellschaftlich durchschnittliche Maß drückt und die Arbeitskraft möglichst stark, jedenfalls möglichst mehr als andere Kapitalisten, auspreßt.

36 Vgl. Last, a.a.O.
37 Vgl. Kuhnke/Trenczak (1), a.a.O., S. 5.
38 Vgl. Heister, a.a.O., S. 32.
39 Die Umfrage wurde finanziert vom AStA der Staatlichen Hochschule für Musik und von der Fachschaft Musikwissenschaft der Universität Freiburg.
40 Briefliche Mitteilung der Stahlwerke Peine-Salzgitter AG vom 18. 12. 1972.
41 Briefliche Mitteilungen der HF & PhF Reemtsma, Hamburg, vom 5. 12. 1972, der Robert Bosch GmbH, Stuttgart, vom 9. 11. 1972 und der Farbwerke Hoechst AG, Frankfurt/Main vom 24. 11. 1972.
42 Briefliche Mitteilung der IBM Deutschland GmbH, Sindelfingen, vom 29. 11. 1972.
43 Briefliche Mitteilung der Badischen Anilin- & Soda-Fabrik AG, Ludwigshafen, vom 17. 11. 1972 bzw. der Daimler Benz AG, Stuttgart-Untertürkheim, vom 14. 11. 1972.
44 Briefliche Mitteilung der Siemens AG, München, vom 4. 12. 1972 und 18. 12. 1972.
45 Der Begriff „Kapitalist" steht hier nicht für eine Person, sondern für die Funktion der Personen oder Personengruppen, die Eigentum an und (oder) Verfügungsgewalt über die Produktionsmittel haben.
46 Der Kapitalist bezahlt nicht etwa die bestimmte, geleistete Arbeit des Arbeiters, sondern kauft dessen Arbeitsvermögen als ganzes, über das er im Produktionsprozeß frei verfügt. Die Höhe des Arbeitslohns richtet sich unabhängig von der tatsächlichen Arbeitsleistung nach dem jeweiligen Wert der gekauften Arbeitskraft.
47 K. Marx, Das Kapital, Bd. I, Berlin (DDR) 1971, S. 533. „Reelle Subsumtion" steht im Gegensatz zur „formellen Subsumtion", bei welcher nur der produzierte Mehrwert abgeschöpft wird, die Struktur der Arbeit aber noch nicht durch das Kapital verändert wird.
48 Vgl. E. Altvater/F. Huisken, Materialien zur politischen Ökonomie des Ausbildungssektors, Erlangen 1971, vor allem Kap. III, und E. Mandel, Die deutsche Wirtschaftskrise, Frankfurt/Main, 1972.
49 Der Arbeiter verkauft seine Arbeitskraft als Ganzes. Das bedeutet, daß er weder bestimmen kann, was er produziert, noch wie er produziert. Sein Arbeitsprodukt wird in den Händen des Kapitalisten zu Kapital, zu einer ihm fremd gegenüberstehenden Macht.
50 K. Marx, MEW, Ergänzungsband, 1. Teil, S. 514.
51 Ebenda.
52 Vgl. W. F. Haug, Kritik der Warenästhetik, Frankfurt/Main 1971.
53 Vgl. M. Schneider, Neurose und Klassenkampf, Hamburg 1973, S. 220 f.

Zu den Autoren

Renate Brandmüller, geboren 1952, studiert seit 1971 in Freiburg Musikwissenschaft und promoviert über Kinderimprovisation in einem Jugendzentrum. 1971/72 lernte sie an der Freiburger Musikhochschule Klavier und Flöte und war 1972-77 Mitglied der Freiburger Improvisationsgruppe.

Bernward Bücheler, geboren ebenfalls 1952, spielte 1967-70 Cello in Provinzorchestern und studierte ab 1971 zunächst Philosophie und Musikwissenschaft, dann Psychologie und Soziologie, um endlich, nachdem er noch Germanistik dazu gewählt hatte, im Herbst 1977 das Studium abzubrechen. Seitdem chronische Geldsorgen. Seit 1972 spielte und sang er in der Freiburger Improvisationsgruppe mit.

Mechthild Fuchs, Jahrgang 1949, studierte 1968-74 Schulmusik (mit Klavier, Cello, Gesang) und Musikwissenschaft in Freiburg, zwischen 1972 und 1974 auch Geschichte, machte 1973/74 ihr Staatsexamen für Schulmusik und ging danach in den Referendardienst an Gymnasien. Seit 1975 ist sie Musiklehrerin an der Gesamtschule Freiburg/Haslach. Seit 1970 versucht sie, neben dem Studium linke Musikwissenschaft in Arbeitsgruppen zu machen.

Werner Fuhr, Jahrgang 1950, studierte von 1968-72 an der Musikhochschule Freiburg Schulmusik und arbeitete während seiner anschließenden Referendarzeit an seiner Dissertation über „Proletarische Musik in Deutschland 1928-33" (veröff. Göppingen 1977, Kümmerle). Seit 1977 ist er Redakteur der Abteilung Volksmusik am WDR Köln.

Hans-Peter Graf, 1949 geboren, schloß zunächst eine Lehre als Werkzeugmacher ab, ehe er 1969 über den zweiten Bildungsweg Abitur machte. Seit 1957 hatte er bereits Akkordeonunterricht, wirkte in Laienorchestern mit und trat auch bald als Solist auf nationalen und internationalen Wettbewerben auf (bis 1975). 1970–75 machte er an der Pädagogischen Hochschule Karlsruhe seine Ausbildung zum Musiklehrer an Grund-, Haupt- und Realschulen, studierte dann ab 1975 in Freiburg Philosophie und Germanistik, arbeitete zugleich – auch in Karlsruhe – als Instrumentallehrer in Privatmusikschulen, in Vereinen und an der Hochschule. Seit 1977 schreibt er an der Universität Bremen an einer Doktorarbeit mit dem Thema: Geschichte und soziale Funktionen des Akkordeons.

Freia Hoffmann, geboren 1945, seit 1964 Flötenstudium in Freiburg und Konzerttätigkeit, 1969/70 1. und 2. Examen für das Lehramt an Realschulen, 1973 Promotion im Fach Musikwissenschaft an der Universität Freiburg, 1973–76 Arbeit als Rundfunkautorin beim SWF, WDR und NDR, seit 1976 in Bremen mit Unterrichtstätigkeit am Konservatorium und an der Universität. Mitarbeit in Basisgruppen, Bürgerinitiativen und in der Frauenbewegung seit 1973. Veröffentlichungen: Musiklehrbücher in den Schulen der BRD (Luchterhand Arbeitsmittel, Neuwied 1974, Dissertation); Sterilisation, eine Notlösung, die wir uns erst noch erkämpfen müssen (Frauenoffensive München 1975); Ledige Mütter. Protokolle (Roter Stern Frankfurt 1976); Rundfunksendungen.

Peter Schleuning, Jahrgang 1941, Studium der Musikwissenschaft, Kunstgeschichte und Soziologie in Kiel, München und Freiburg zwischen 1960 und 1970, Promotion mit der Arbeit „Die Freie Fantasie. Ein Beitrag zur Geschichte der klassischen Klaviermusik", veröff. Göppingen 1973 (Kümmerle), 1975 Konzertreifeprüfung im Fach Flöte an der Musikhochschule Freiburg, darauf Konzerttätigkeit. 1971–76 war er Assistent im Fach Musik an der Pädagogischen Hochschule Karlsruhe und arbeitete zwischen 1973 und 1976 mit den Bürgerinitiativen gegen das Kernkraftwerk Wyhl, in der Freiburger Improvisationsgruppe, in der Freiburger Musiklehrergruppe und in der Blaskapelle „Rote Notc", veröffentlichte Aufsätze und Rundfunksendungen zur Musikgeschichte, -soziologie und -didaktik. Seit 1977 ist er Lehrbeauftragter für Musikgeschichte und Musikdidaktik an den Universitäten Bremen und Oldenburg. 1978 erschien das von ihm herausgegebene Buch „Kinderlieder selber machen" und das mit Walter Mossmann verfaßte Buch „Wir haben jetzt die Schnauze voll . . . alte und neue politische Lieder" (beides Rowohlt-Sachbücher).

Wolfgang Martin Stroh, 1941 geboren, studierte Mathematik, Physik, Musikwissenschaft und Germanistik, wurde Gymnasiallehrer und promovierte in Freiburg mit einer Arbeit über Anton von Webern. Einige Jahre Assistent am Musikwissenschaftlichen Institut Freiburg. Dann Wiss. Mitarbeiter am Oberstufenkolleg Bielefeld. Er arbeitete über Musik des 20. Jahrhunderts, Soziologie der Musikwissenschaftlichen Fragen der Musik. Veröffentlichungen über Webern, Berg, Schönberg, zur Soziologie der elektronischen Musik, zu Fragen der Musikpädagogik und der Reform der Musikausbildung, zur Ökonomie des Musikbetriebes. Mitglied der Freiburger Blaskapelle „Rote Note" und anderer politischer Musikgruppen. Seit 1978 Hochschullehrer für Musikwissenschaft an der Universität Oldenburg.